U0053342

墨西哥史

仙人掌王國

何國世——著

三民書局

增訂三版序

　　自 2014 年春天《墨西哥史》再版以來，墨西哥又經歷了革命制度黨重掌政權以及 2018 年國家復興運動在大選中擊敗傳統政黨脫穎而出等重大事件。在這五年多期間承蒙三民書局厚愛，也順利完成《祕魯史──太陽的子民》的再版。

　　短短五年後，本書第二度增訂，主要是因應廣大市場需求以及這五年多來墨西哥局勢的深刻變化與政權之三度輪替。再者從 2011 年開始，筆者幾乎每年一次甚至多次造訪墨西哥，或帶領青年大使赴墨西哥進行文化交流，與當地大學生及社會人士互動，傳遞臺灣文化的精髓，並學習墨西哥的風俗習慣。或隨同「臺灣民主基金會」，與多位專家學者組團前往墨西哥，擔任墨西哥總統及國會大選的國際觀察員。今年暑假，筆者再次前往墨西哥，訪視靜宜大學西班牙語文學系十數位在當地臺商企業實習的學生。這些寶貴經驗，讓筆者對墨西哥的政治運作、經濟發展、風俗民情以及臺商在當地創業有成，有更進一步且深刻的體驗與感受。

　　在第二度增訂中，除原有章節外，筆者增列第九章〈2013-2019 年墨西哥發展的問題與前瞻〉，描述墨西哥自 2012 年年底革命制度黨重新掌權，到 2018 年 7 月國家復興運動首次擊敗傳統兩大政黨完成政權三度輪替以及執政初期墨西哥在政治、經濟、

社會以及對外關係的發展。同時，筆者也在增訂版中補充這段期間墨西哥的大事年表，讓讀者能快速掌握墨西哥當代的歷史脈動。

本書第二度增訂，雖有個人實際經歷的觀點，但大多數論點都是參考有關墨西哥之書籍、期刊及網路資料。由於截稿時間緊迫，書中錯誤在所難免，尚祈讀者不吝賜正。

最後，本書能順利完成第二度增訂，要特別感謝內人曾素真及家人的全力支持。此外，個人特別感謝提供豐富且寶貴資料的靜宜大學蓋夏圖書館。

2019 年 10 月於大肚山麓靜宜大學西班牙語文學系

自　序

　　八十八年歲末應三民書局邀請，加入撰寫國別史的行列，期間利用課暇時間，蒐集、整理資料，至九十年初才完成墨西哥史的撰寫。三民書局的這套叢書是針對所有對外國史有興趣的社會各階層人士而設計，因此行文時力求簡明有趣，並提供豐富的歷史圖片佐證，筆者希望這本小書能夠對想一窺仙人掌王國——墨西哥歷史的國內讀者提供一些幫助。

　　坊間有關拉丁美洲及墨西哥的書籍極為欠缺，三民書局計畫推出國別史，值得敬佩。讀了本書的目次，讀者會從章節編排上發現筆者並不特別著重墨西哥歷史的某一階段，尤其沒有將重點放在近代，儘管近代常被認為特別重要。筆者認為，歷史就像一道長流，在這道歷史的洪流中，每一時代的人們過著屬於他們自己的生活，古往今來的任何時期應該都是沒有輕重之分。本書史事的敘述以政治為骨幹，俾使讀者能釐清歷史發展的脈絡。但筆者也非常注意社會現象、經濟生活及學術教育等。

　　本書共區分三篇、七章。在第一章中，概論墨西哥起源的神話傳說、地理環境、人民與宗教信仰、自然資源與經貿現況、政治體制、乃至於風俗習慣及飲食文化。第二章則描述馬雅和阿茲特克文化的興起發展與沒落。遠在西班牙人入侵以前，古印第安

人即在墨西哥建立了高度的文明。在整個殖民統治三百年間,墨西哥是西班牙所屬拉丁美洲最重要的殖民地,西班牙征服美洲大陸,是從墨西哥開始的。西班牙文化傳到美洲,對墨西哥的影響也最深。因此,征服與殖民:歐洲與新大陸文化的碰撞就成為第三章論述的重點。第四章主要在闡述獨立運動與獨立初期的墨西哥。在殖民時期,以墨西哥為中心的新西班牙總督區在政治、經濟、文化等方面,都占有最重要的地位,但真正的受益者不過是墨西哥的一小撮統治者,也因此爆發了獨立革命。獨立後墨西哥仍長期陷於混亂不穩的局面,甚至因而遭受外國的經濟入侵和美國對其領土的掠奪。在第五章中,筆者敘述迪亞斯的獨裁,墨西哥 1910 年的大革命及革命後的重建。至於六、七兩章則綜述 1940–2000 年墨西哥的發展與現代化及經濟全球化與民主轉型。

　　本書之作,多數論點均非獨創,大體上是參考各種有關墨西哥之書籍、期刊及網路資料。由於時間倉促,故書中錯誤在所難免,尚祈讀者不吝賜正。

　　本書能順利完成要特別感謝家人的支持、系上唐雨文老師及研究生徐秀瑩的大力協助。

2003 年元月於靜宜大學西班牙語文學系

墨西哥史
仙人掌王國

目　次 | *Contents*

Mexico

土地、人民與印第安文化

墨西哥的自然與人文

位於北美洲南部的墨西哥是美洲大陸上的一個文化古國。早在西班牙於十六世紀初入侵以前，勤勞有智慧的印第安人就在這裡建立了舉世聞名的古馬雅和阿茲特克 (Azteca) 等文化。在殖民統治的三百年期間，墨西哥成了西班牙在拉丁美洲最重要的殖民地。西班牙征服美洲大陸，是從墨西哥開始的。西班牙文化對墨西哥的影響也最深。

在淪為西班牙殖民地近三百年的歲月後，1810 年 9 月 16 日神父伊達爾哥 (M. Hidalgo) 領導武裝起義，開始了艱苦的獨立戰爭，墨西哥終於在 1821 年宣告獨立。1824 年建立聯邦制共和政體，定名為墨西哥合眾國。

第一節　墨西哥起源的神話傳說

根據相關出土文物顯示，墨西哥歷史可溯自二萬一千年前。古文明時代的墨西哥住民來自亞洲的西伯利亞，越過白令海峽到

圖 1：仙人掌王國──墨西哥

達北美的阿拉斯加，再經由加拿大、美國，歷經數代後，終於來到今天的墨西哥。有一些人並沒有在此定居，越過中美洲、南美洲，在約一萬三千年前抵達了今天的智利。

　　墨西哥素有「仙人掌王國」之稱。自古以來，墨西哥人就把具有頑強生命力的仙人掌看作國家和民族的象徵。不少神話和傳說也都與仙人掌有關。在墨西哥國旗、國徽及錢幣上都繪有仙人掌，及一隻展翅的雄鷹嘴裡叼著一條蛇，一隻爪子抓住蛇身，停在一個仙人掌組成的花環上。這個圖案就是根據墨西哥一則美妙的歷史傳說所構思的。為了弘揚仙人掌精神，在墨西哥城附近地區，每年 8 月中旬，都舉辦仙人掌節。

　　關於墨西哥城，有一段歷史傳說，在很久以前，居住在墨西哥峽谷的印第安阿茲特克部落之神──太陽神，命令阿茲特克人遷徙，並指示他們，如果見到一隻老鷹叼著一條蛇，停在仙人掌

上，就可定居下來。在祭司的帶領下，他們果真發現了太陽神預示的景象，於是就定居下來並逐步建立了高度文明的城市，這就是今天墨西哥的首都墨西哥城。墨西哥城的名稱，就是將太陽神的別名「墨西特利」的詞尾去掉，加上一個意為「地方」的「哥」字，整個意思就是神指定的地方。

　　但根據歷史記載，墨西哥城曾是阿茲特克帝國的首都。1325年阿茲特克人在今天墨西哥城東側的特斯科科 (Texcoco) 湖中心小島上建城，取名特諾奇提特蘭 (Tenochtitlán) 城。1521 年西班牙殖民者入侵時，該城遭嚴重破壞，以後西班牙殖民者在舊城廢墟上建起了墨西哥城。

第二節　地理與氣候

　　在地理位置上，墨西哥位於拉丁美洲的西北部，是屬於北美洲的一個國家，北以格蘭特河 (Río Grande) 與美國為界，東南與瓜地馬拉及貝里斯接壤，東臨墨西哥灣及加勒比海，西南臨太平洋。海岸線長一萬零一百四十三公里，全國共分三十一個州和聯邦區，領土面積為一百九十七萬二千五百四十六平方公里，僅次於巴西和阿根廷，在拉丁美洲占第三位。

　　墨西哥全國面積百分之六十五為高原和山地，堪稱高原山地之國。墨西哥也是個多火山、多地震的國家。變化多樣的自然界因素組合在一起，造就了一個在不遠距離內就有不同氣候、資源以及地理區域的絢麗多彩、變化萬端的世界。墨西哥的魅力之一

是它的各種地理差別和景色極端；但是上述的地理差別，也是造成全國各地區經濟、社會發展水平不平衡的根源之一。

墨西哥自然地貌的主要特徵是墨西哥高原居中，自北向南逐漸升高。北部高原平均海拔一千一百公尺，中、南部高原平均海拔則達二千公尺。高原兩側為東西馬德雷山 (Sierra Madre)，以南為新火山山脈和南馬德雷山脈，東南為地勢平坦的猶加敦半島。墨西哥高原曾是阿茲特克文明的重心，也是今日墨西哥人口最密集的地區。

墨西哥的河流以美墨邊界的格蘭特河最長（二千八百公里）。注入墨西哥灣的河流流量較大，有些甚至可航行；至於注入太平洋的河流長度較短。湖泊多分布在中部高原的山間盆地中。

墨西哥海岸線長達一萬多公里，島嶼面積則有五千多平方公里，瀕臨大西洋岸，除猶加敦半島外，地形較低且多沙岸，至於太平洋岸地形較高且陡峭。墨西哥灣岸，因地形平緩及眾多優美沙灘，形成墨西哥相當重要的觀光景點。

北回歸線橫越墨西哥中部以及瀕臨太平洋及大西洋兩大洋，對墨西哥氣候有相當重要的影響。墨西哥大部分地區處於熱帶和亞熱帶，但氣候複雜多樣，常依海拔高度不同而呈現變化。東南部平原及沿海屬熱帶氣候，全年溫差不大，平均 25–27°C。東南部平原及沿海降雨量較多，西南部沿海降雨量較少，最高溫可達 40°C 以上。北部高原乾燥少雨，為沙漠型氣候。東西馬德雷山北部地區氣候溫和少雨。南部高原及南馬德雷山區氣候溫和，夏季平均溫度在 18°C 以上，冬季也不很冷。

　　墨西哥的地形、地貌和氣候將全國分割成若干孤立地區和自然地區。各地區由北到南形成了獨特的地方文化和傳統，對全國的人種演變、社會發展、經濟類型都產生深遠的影響。墨西哥全國可粗略劃分為幾個大區，即首都、核心、西部、北部及南部等地區。每個地區都有著與其他地區不同的特徵，這是因為它們各有土著、自然生存環境、殖民地時期的傳統習俗及近年來政治開放的程度、人口成長速度、都市化發展狀況、貧富兩極化及人種同化等不同背景。

第三節　人民與宗教信仰

　　墨西哥境內的人類出現可追溯到遠古時代。遠在舊石器時代的早期，即距今二萬年前到一萬五千年以前，這裡就有人居住。最初人民生活以漁獵及野果採集為生。而根據出土的考古文物及遺跡顯示，西元前 1000 年左右，原始居民已朝著定居方式過渡，農業、製陶和紡織生產以及宗教和藝術都已較發達。墨西哥境內古印第安人有很多是母系氏族制度，對自然力量的崇拜在他們宗教信仰中占主要地位。

　　歷經古印第安文化及十六世紀起西班牙三百年的殖民統治，墨西哥已成為民族的大熔爐。墨西哥人口約九千五百萬，是全球講西班牙語人口最多的國家。居民主要由麥斯蒂索人 (Mestizo)、印第安人和克里奧約人 (Criollo) 三部分組成❶，以麥斯蒂索人最多，印第安人次之，克里奧約人最少。此外，還包括少數黑人和

亞洲人。

　　雖然墨西哥宗教信仰相當自由，憲法中也沒有國家宗教的規定，但卻有近百分之九十的民眾信仰天主教。不過占墨西哥人口相當比例的印第安人則大都在信仰天主教的同時，也保有對印第安傳統神祇的信仰。墨西哥人甚至以融合天主教與印第安文化的聖母瓜達露佩 (La Virgen Guadalupe) 取代聖母瑪利亞，成為他們的守護神。每年 12 月 12 日墨西哥全國上下舉辦各種活動，慶祝守護神瓜達露佩的顯靈日。

圖 2：相傳在 1531 年 12 月 9 日清晨，一位已皈依天主教的貧窮印第安青年璜·迪亞哥經過位於今天墨西哥城的特佩雅克 (Tepeyac) 山時，耳邊響起天堂神樂且聞到一股芬芳的香味，接著他看到在一片光芒中，顯示出一位端莊、慈祥和貌美的女神。祂對璜說，祂就是聖母瑪利亞和墨西哥的守護神，祂希望璜能轉告主教在這山坡上為祂建一座教堂，以便祂能將愛賜給人們。璜將情況向墨西哥主教作了報告，並轉達聖母的要求。主教表示口說無憑，需要得到某種聖母的信物才

---

❶　麥斯蒂索人就是印第安人與歐洲西班牙人的混血；而克里奧約人則是指十六至十八世紀間在美洲出生而雙親是西班牙人的白種人，以區別生於西班牙而遷往美洲的移民。

行。12日璜重返特佩雅克山坡，聖母再次顯靈，對璜說山頂上有一座玫瑰園，要他摘些玫瑰花，包在斗篷裡，帶給主教看，主教便會相信。璜登上山頂，當下目瞪口呆，因為在這原本只能生長仙人掌的不毛之地，竟奇蹟似地長出又美麗又芬芳的玫瑰花。他順手摘了一束放在斗篷裡便前去求見主教。當璜在主教及眾人面前打開包著玫瑰花的斗篷時，在場的人都看見了斗篷上顯現了色彩鮮豔的瑪利亞聖母像，祂身披綠色斗篷，皮膚呈棕色，具有印第安婦女的特徵。聖母也替璜的舅舅治好了病。聖母顯靈和治病的消息不脛而走，在短短幾年裡，竟使絕大多數的印第安人放棄了原有的宗教信仰皈依天主教，主教還為聖母瑪利亞起了個易為印第安人接受的名字——瓜達露佩。

墨西哥主教在印第安人中大力宣揚聖母瓜達露佩的神蹟，以傳播天主教。教會也在聖母顯靈處建造聖殿，供奉聖母原像，吸引大批印第安人前來頂禮膜拜。傳說中的瓜達露佩顯靈處原是阿茲特克人所崇拜主豐饒繁衍托南奇恩 (Tonantizin) 女神的地方。在不少印第安人心目中瓜達露佩聖母就是托南奇恩女神。這種混合的信仰更容易為印第安人所接受，天主教終得以在墨西哥廣泛傳播開來。

1737年教宗及西班牙主教正式承認聖母瓜達露佩為新西班牙總督區（即今日的墨西哥）的守護神，更在1895年成為墨西哥的女王。這項宣示無疑地為墨西哥天主教會塑造了本土性的信仰，也意味著從此出現了屬於美洲特有的天主教信仰。

墨西哥人對聖母瓜達露佩的崇拜是墨西哥國家統一的一項重要因素。墨西哥人對祂的信仰，起源於墨西哥谷地，之後再擴及全國各地。而信仰的人士也從最初的印第安人，慢慢地擴充到麥斯蒂索人和克里奧約人，最後更越過墨西哥疆域，傳到拉丁美洲及世界各國。

第四節　自然資源與經貿概況

　　墨西哥地下礦產資源相當豐富，礦業也是墨西哥國家收入的

主要來源。其礦產儲量不少，居世界前茅，主要有石油、天然氣、金、銀、銅等。石油儲量已超過委內瑞拉，居拉丁美洲首位。石油和天然氣主要分布在東南部地區及其沿岸的大陸棚。石油工業在 1938 年收歸國有，非常現代化，是墨國很重要的輸出品。金礦則大多集中在中部地區和西馬德雷山脈。一向占世界首位的銀礦主要分布在奇瓦瓦 (Chihuahua) 和瓜納華托 (Guanajuato) 等州。硫磺儲量為一千一百萬噸，居世界首位，主要分布在東南部地區。

在農、林、漁、牧方面，農業生產約占全國生產毛額的百分之九，玉米是最大宗的產物，也是一般民眾最基本的糧食。從古印第安時代起墨西哥即盛產玉米，因此墨西哥長期以來有「玉米的故鄉」雅號。由於具有多樣的氣候類型，墨西哥盛產溫帶及熱帶作物，像是：小麥、大麥、稻米、大豆、蔗糖、香蕉、菸草、棉花等作物。墨西哥林業相當發達，全國森林覆蓋面積為四千五百萬公頃，約占全國總面積的四分之一。墨西哥的畜牧業也相當重要，以牛的飼養為主，總數近三千萬頭，豬的養殖也有一千五百萬頭左右。由於瀕臨太平洋和大西洋，墨西哥的漁業也相當發達，每年約有五十二萬多公噸的漁獲量。

至於工業產值則占全國生產毛額的百分之三十二。製造業有長足的發展，並且在全國各地區形成重要的工業中心。食品工業以麵粉、麵包、罐頭、啤酒及製糖業為主；以棉花為主的紡織工業也蓬勃發展。冶金等重工業集中在美、墨邊境的蒙特雷伊 (Monterrey)。此外，墨西哥也有許多製造汽車、火車車廂及各種機具的工廠。因為盛產石油，所以墨西哥石化工業也極為興盛。

　　墨西哥國內貿易相當重要，主要市場集中在墨西哥城、瓜達拉哈拉 (Guadalajara)、蒙特雷伊等大都會區。墨西哥在 1994 年正式成為北美自由貿易區的成員後，對外貿易日益重要，主要貿易伙伴為美國、歐盟和拉丁美洲各國。主要進口物品為機械、工具及工業用品。在 1974 年曾占墨國六成以上外貿總值的農、漁、礦等第一級產物，最近幾年已逐漸被工業產品所取代。

第五節　政治體制

　　根據 1917 年 2 月 5 日頒布的憲法（即現行憲法），墨西哥是一個聯邦共和國，正式名稱為墨西哥合眾國。國家由行政、立法及司法三權所組成。行政權歸屬總統。總統由全民直選，任期六年，不得連任。總統權力很大，政府由他親自領導，賦有廣泛的任免權和否決權，各部會首長均由總統任免，並只對總統負責。2000 年的總統大選由國家行動黨（Partido Acción Nacional，簡稱 PAN）的福克斯 (V. Fox) 當選，中止革命制度黨 （Partido Revolucionario Institucional，簡稱 PRI）自 1929 年創黨以來的連續執政。

　　代表立法權的國會由參議院和眾議院組成。參議員由各州及聯邦區各選出二名，總額六十四名，每六年選舉一次，每三年更換半數。眾議員每三年選舉一次，總額五百名，其中三百名依選區採多數決當選，另外二百名則依比例分配給總得票率超過百分之一．五，但未在各選舉區獲得席次的政黨。參、眾議員都不得

連選連任。司法權則由最高法院行使，二十一名大法官由總統提名，並經參議院提案通過任命。

　　墨西哥全國分成三十一個州及一個特區，也就是墨西哥市的所在地。1997 年墨西哥市舉行第一次市長直選，由民主革命黨（Partido de la Revolución Democrática，簡稱 PRD）候選人當選。在此之前墨西哥市長是由總統指派。

第六節　風俗習慣

　　墨西哥曾是馬雅和阿茲特克等古文明發展的重心，至今居住在這裡的眾多印第安人部族仍保留著許多奇異的民情風俗，尤其是他們奇特的婚姻習俗，使外來人士感到新奇有趣，大開眼界。

　　在墨西哥的伊達爾哥州地區，農村姑娘和小伙子定情後，還要在婚前舞會上接受水和舞的考驗；新郎將盛滿清水的三只杯子交給新娘，要她頭頂一只，一手各捧一只，不停地旋轉歡跳，直到表演完，才將水原封不動地交到情郎手中。

　　而墨西哥的吉普賽人也保留著世代相傳的婚禮習俗，在婚禮時，吉普賽長者先分別給新婚夫婦吃一口拌了鹽和酒的麵包，此舉意味著這個世界上除非沒有了酒和麵包，夫婦永不分離。隨後新郎、新娘同用一把鋒利的匕首，在各自的左手腕上劃一個交叉口，此時，長者立即把他們流著鮮血的左手壓在一起，象徵著愛情融合在一起。因此已婚的吉普賽男女左手上都有這樣的傷痕。

　　墨西哥南部約有二萬人的印第安薩波特克 (Zapotec) 族人與

其他部族相反,薩波特克人的女子都生得修長貌美,黑頭髮,深褐色眼睛,棕黃色皮膚,比墨西哥其他印第安女人都美麗高大。但是這部族的男人則矮小瘦弱,平均要比女人矮二、三英寸,而且他們顯得嬌羞柔順,毫無男子陽剛之氣。夫婦走在街上,那種大女人妻子帶著小男人丈夫的情景,看來甚是有趣。

因為這個部族男女體質倒置,生活習慣也陰陽顛倒。外邊事務全由女子掌管,男子則負責洗衣、做飯、照料子女等家務事,雖然如此,小丈夫們並未感到厭煩或屈辱,他們認為此乃天職。在日常生活中,丈夫對妻子唯命是從,即使對妻子有些意見也不敢和妻子爭吵,只能借酒消氣,酒醒後,又愉快地依照妻子的意思去做事了。

此外,墨西哥也有許多怪異的節日。每年 11 月 2 日的亡人節,在這一天,骷髏成了吉祥物,骷髏雕刻藝術是墨西哥古印第

圖 3:墨西哥年輕人喜歡在每年 11 月 2 日亡人節當天,把骷髏糖送給自己心愛的人以示愛慕。

安阿茲特克人最常出現的圖案。人們在信封上貼著畫有骷髏的圖案，孩子們玩著骷髏形成的各種玩具，年輕人把骷髏糖饋贈給自己的心上人以示愛慕。總之，和我國大不相同的是在墨西哥，骷髏不僅與災難和死亡毫不相干，而且是代表著友誼、幸福和愛情的吉祥物。

墨西哥人忌諱十三和星期五。女子在公共場合穿長褲則被認為是有失體面的行為。此外，墨西哥人也忌諱他人贈送黃花和紅花，因為黃花代表著死亡，紅花象徵晦氣。他們也忌諱蝙蝠及其圖案和造型。墨西哥人還忌諱用手勢來比劃小孩的身高，他們認為只有比劃動物的高度時才使用此手勢。墨西哥的查穆拉人(Chamula)拒絕照相，認為這是一種可怕的巫術。他們也把鼻子作為衡量一個人是不是漂亮的重要標準，對白花有特別的偏好。

墨西哥人同一般客人見面時行握手禮，在親人和朋友之間擁抱或親吻。在送別朋友時有贈送弓箭和剪紙的習慣。

墨西哥人的身軀是西班牙人，但思想和感情卻是印第安人，精神上的富足超過物質的滿足。大多數墨西哥人勤思索善推理，待人接物謹慎小心，躲躲閃閃，疑神疑鬼。在名譽問題上，他們十分在意和警覺。他們被迫辛苦工作，但憧憬舒適的日子。墨西哥人熱情、風趣、多愁善感，有時變得粗暴、殘忍。他們充滿創造力、富於想像力，但是很難把他們組織起來，因為他們內心深處有自己明確的主見，而在外表，又是不受約束。人與人之間以及人與群體的關係大都根據傳統、實用、權利，而不是根據原則、思想和法律。墨西哥人更重視一個人是誰，而不是他在做什麼；

更看重人而不是他的職務；他們工作是為了生存，而不是活著為
了工作。墨西哥人也常用自己的感情來解釋世界。

　　墨西哥人不論在處理國家公務、外交事務、還是在日常生活
中，都有路見不平，拔刀相助的高尚品格。和其他拉丁美洲國家
的人比起來，墨西哥人性格比較內向。墨西哥人富有正義感，他
們常常不畏懼強者、富人，嫉惡如仇，扶弱抑強，他們也樂於助
人，不惜犧牲自我。

　　墨西哥是個大男人主義的國家。在墨西哥家庭中，當父親的
便是天經地義的一家之主，他和妻子很少有思想交流，對妻子也
不夠尊重。做父親的也很少關心子女生活、學習，但是卻總希望
妻子替他生個兒子並取他的姓。墨西哥男子結婚後，往往另有情
婦。墨西哥人對婚外情常持容忍態度。總而言之，墨西哥男子很
少做家事，認為家事是妻子應該做的，男人做家事是不光彩的。

　　墨西哥人喜歡節慶活動。節日就是感情的總發洩、總爆發。
這就是過節、聚會時的墨西哥人的心態和表現。墨西哥人愛惜生
命，隨遇而安，對於生命的自然結束，也不大驚小怪。死神對墨
西哥人而言，似乎既引不起恐慌，也引不起特別的敬畏。在墨西
哥人看來，生命和死亡兩者互相擁抱、密切關聯。

　　和大部分拉丁美洲人一樣，墨西哥人也有嚴重的不守時間的
習慣，因此赴約一般以遲到十五至三十分鐘為宜。當然，並不是
所有的活動都不準時，最遵守時間的是鬥牛和足球比賽。

　　家庭是墨西哥社會最基本的組織單位，因此家庭對墨西哥政
治和社會的穩定與經濟發展有很重要的作用。墨西哥人繼承了古

代馬雅、阿茲特克和西班牙傳統家庭
價值觀念，家庭觀念比較強，重視家
庭的作用。近二、三十年來，隨著城
市化、現代化的加快，家庭數量激增，
家庭規模變小。而且，由於離婚、分
居率增高，家庭的不穩定性增加。未
婚同居、單親和單身家庭明顯增多。
此外，墨西哥家庭還具有：兒童在家
中占比重大以及貧富家庭差別懸殊，
貧困家庭占比重大等特徵。墨西哥有
很多非正規的經濟，如小商店、小餐
館、小農場等都是以家庭為經營單位。

圖 4：1990 年墨西哥的諾
貝爾文學獎得主帕斯

　　墨西哥大文豪——諾貝爾文學獎得主帕斯 (Octavio Paz) 在
其散文集《孤獨的迷宮》中曾寫道：「所有墨西哥人……我覺得他
們都是些性格封閉而執拗的人。墨西哥人的面孔是一幅面具，面
孔上露出的笑容也是面具。……他非常注意保護自己的隱私，也
同樣渴望了解別人的祕密……他的話語中句句帶有暗示、比喻、
影射，每句話都帶有意味深長的刪節號……總而言之，在現實與
個人之間，他豎起一道屏障，他既冷漠又遙遠，決不因為它是無
形，你就能輕易地逾越。」帕斯認為墨西哥「男子漢氣概的典範
就是永遠不鬆口。開口的便是懦夫。對我們墨西哥人來說，與其
他的一些民族相反，開口就是軟弱和背叛。墨西哥人可以屈服、
可以忍辱、可以彎腰低頭，但是決不鬆口……守口如瓶表明我們

本能的認為周遭環境是危險的……面對同情和溫柔，我們的回答是謹慎、保留，因為我們不知道那種感情是偽裝的」。帕斯的這席話該是對墨西哥人最好的詮釋。

第七節　墨西哥的飲食文化

　　在電影《巧克力情人》中，一幕幕令人垂涎三尺的墨西哥食物，想必讓大家記憶猶深。墨西哥的烹調藝術不僅在美洲，在世界各地也享有盛名。難怪不少墨西哥人自豪地說，墨西哥的烹飪藝術僅次於中國和法國，在世界名列第三。

　　墨西哥的烹飪技術歷史悠久。當 1519 年西班牙征服者首次抵達墨西哥時，不僅對印第安人高度的文化發展感到訝異，也發現他們有相當豐富且多樣的食物，在這些食物中，最具特色的就是香噴噴的玉米薄餅。

　　由於西班牙統治墨西哥長達三百多年，所以墨西哥的烹飪技術也受到西班牙、葡萄牙、法國等歐洲國家的影響，可以說，現代墨西哥烹飪是融合印第安烹飪及以西班牙為主的歐洲烹飪，但印第安的成分大於歐洲部分。

　　墨西哥是玉米的故鄉，玉米是代表墨西哥本土化的物產，玉米食品種類很多，最常見的有玉米薄餅、玉米捲餅、玉米麵粽子等。玉米薄餅是墨西哥上至總統，下至平民百姓一日三餐幾乎不可少的主食，其形狀大小和吃北京烤鴨時用的麵餅差不多。玉米捲餅是將玉米薄餅捲上一些奶酪、洋蔥、火腿肉等，再放在平底

鍋用油煎成焦黃色，吃時沾些辣椒醬，十分香脆可口。墨西哥大街小巷都有賣玉米捲餅的小吃或小攤。至於墨西哥人稱作塔馬爾的玉米麵粽子，用玉米或香蕉葉包裹，內包玉米麵及各種內餡，紮成長方形，蒸煮一小時就可食用，很像臺灣南部的粿粽。

　　墨西哥人愛吃辣椒。一般人家常在他們家的前後院種辣椒。墨西哥的辣椒有一百四十多個品種。莫蕾 (mole) 是印第安人發明的調味辣椒醬，是墨西哥最具代表性的食物，特別是大節慶上的佳餚。莫蕾是將一種或將幾種辣椒切碎，加上巧克力、玉米粉、香料、火雞肉、水等熬煮一、二個小時便可食用。通常將莫蕾抹在玉米薄餅或麵包上食用，也可加在各種菜餚上食用，有開胃的功能。墨西哥最好的莫蕾出產於普埃布拉市 (Puebla)，相傳是由該市一座修道院的修女們製成的。墨西哥每年都舉行莫蕾節展銷各種莫蕾。

　　墨西哥盛產的玉米和可可都是古印第安時代飲料的主要原料，所釀製的飲料被稱為窮人的飲料。此外，墨西哥素有「仙人掌王國」的美稱。我們往往以為仙人掌只是供觀賞的一種植物，殊不知對墨西哥人而言，特別是對墨西哥的印第安

圖 5：玉米為墨西哥人主食，這尊形狀渾圓的玉米神，象徵多產的印第安婦女。

農民而言，仙人掌是不可或缺的食物。仙人掌的汁和果實，可保護胃壁，又能促進消化。近年來，有研究報告指出也可用來治癌。墨西哥醫學部門已用仙人掌製成藥片和藥劑上市。被稱為印第安無花果的仙人掌，莖枝多刺，以致動物多不敢接觸它，故又稱霸王樹。這種仙人掌有一種寄生昆蟲叫胭脂蟲，能提煉名貴的紅染料。

至於同屬仙人掌科植物的龍舌蘭，主要分布在中央高原和東部地區。龍舌蘭的莖裡有大量的汁液，味道酸甜可口，是墨西哥印第安農民工作及趕路口渴時的天然飲料。

墨西哥有一種著名的龍舌蘭酒，叫「特吉拉」(Tequila)，被視為墨西哥的國酒，它產於墨國中部瓜達拉哈拉市附近一個名叫特吉拉的小鎮。經過提煉後的「特吉拉」龍舌蘭酒色透明，酒精濃度高。

墨西哥人喝特吉拉酒前，會在左手背上放一點鹽。先將左手

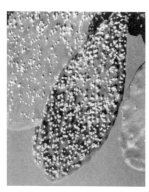

圖6：長在仙人掌上的胭脂蟲

圖7：和猶加敦歷史息息相關的龍舌蘭與龍舌蘭酒

圖8：特奧蒂瓦坎的克察爾科阿特
爾羽蛇神像

抬起來放在嘴巴舔一點鹽，同時用右手端起酒杯將特吉拉一飲而盡。如果有客人在場，常常和客人交叉手臂一起相互乾杯，以示友好。

墨西哥盛產製造巧克力的可可豆。據說在古印第安時代阿茲特克的主要神祇「克察爾科阿特爾」(Quetzalcoatl)，在離開當地時贈送阿茲特克子民可可樹。阿茲特克人從這神賜的可可豆中補充精力，因其貴重，可可豆還成為當時流通的貨幣。雖然哥倫布是第一位認識可可豆的歐洲人士，但他並沒特別在意這項阿茲特克人的產品。相傳是西班牙在征服墨西哥時一位聖方濟會教士將可可豆帶回西班牙。

目前世人所食用的是甜的巧克力，但在墨西哥的阿茲特克人喝的巧克力不是甜的，而是混合了辣椒粉的，而這種香辣的巧克力是貴族的飲料，平民是沾不到的。而且巧克力被阿茲特克人當成回春的飲料，據說阿茲特克皇帝在臨幸後宮佳麗前，一定暢飲香辣巧克力來增進元氣。另外，阿茲特克人還有一項風俗，是把可可豆放在去世的人口中，據說可使往生的人在來世復活。

巧克力被西班牙人從墨西哥帶回歐洲，並經由西班牙安娜公

主與法王路易十三世聯姻，將巧克力從西班牙帶往法國。但歐洲人不喜歡辣味，於是在巧克力中放入當時十分珍貴的糖，使得巧克力成為貴族社會十分珍貴的飲料。隨後法王路易十四世，令人將巧克力製成像黃金條塊形狀。

神祕的墨西哥
古印第安文化

　　墨西哥是拉丁美洲文明古國，是燦爛的古印第安馬雅文化和阿茲特克文化的搖籃。墨西哥印第安人留下宏偉壯觀的金字塔古蹟，精巧的曆法、費人猜想的象形文字、令人嘆為觀止的浮雕、壁畫等，這一切都顯示墨西哥印第安人的高度智慧和創作才能，也是墨西哥人民對世界文明發展所作貢獻的歷史見證。但是，印第安人來自何方？墨西哥古印第安的奧爾美加 (Olmeca)、馬雅文化、托爾特克 (Tolteca) 以及阿茲特克文化的發展情況及對墨西哥的影響，將是本章探討的重點。

第一節　墨西哥古印第安人的由來

　　當哥倫布在 1492 年 10 月 12 日第一次到達美洲時，印第安人在美洲的總人數估計達一千四百萬到四千萬人。我們對於印第安人，過去有許多誤解。首先，哥倫布把「發現」的美洲誤認為印度❶，所以當地居民被稱為「印度人」或「印第安人」。該詞雖

是誤用，但長期沿襲，約定俗成，成為指稱美洲原住民的用語。

其次，過去一般人都把美洲印第安人稱為紅種人。這也是誤會，因為印第安人皮膚實際上並不紅，只是他們常把紅色顏料塗在臉上而已。

美洲印第安人到底從何處來？他們到底屬於什麼人種，一直是人類學家爭論的問題，但隨著考古發掘工作的深入和遺傳學的發展，國際學術界比較接受的論點是：(1)由於至今在拉丁美洲沒有發現類似人猿的遺跡，拉丁美洲土著的祖先不可能是土生的，而是從其他大陸遷徙過去的。(2)通過 DNA 的抽樣測試分析，排除了拉丁美洲土著的祖先與非洲人和歐洲人祖先同宗的可能性，確認了與亞洲蒙古人種的同一性。(3)冰川時期（西元前 70000–前 12000 年間），亞洲東北部與美洲西北部有陸橋相連。蒙古人種的亞洲人經過此陸橋進入北美地區，而後南下進入拉丁美洲地區。(4)最早進入美洲的亞洲人是一批獵手，他們追捕獵物，通過白令陸橋，隨後也為追捕獵物南進墨西哥及南美洲。

這一批由阿拉斯加往南遷徙的美洲印第安人，根據考古資料測定，有一部分人約在二萬一千年前定居在墨西哥城附近。西元前 3500 年左右，今天墨西哥城近郊地區已出現原始農業，開始種

---

❶ 哥倫布終其一生都不知道他發現了新大陸。同時期的另一位探險者維斯普奇 (Américo Vespucio) 於 1502 年繼哥倫布之後航行到南美，他斷定所到之地是一塊新大陸。1507 年德國地理學者瓦德西穆勒 (M. Valdseemüller) 在其《宇宙學導論》中，建議將新大陸命名為「亞美利加」，因為是亞美利哥證實哥倫布所到之地是塊新大陸。

植玉米、西瓜、豆類、辣椒等作物。西元前 1500-前 900 年間墨西哥部分地區已進入原始公社繁榮期，以後逐漸形成相當發達的奧爾美加、馬雅、托爾特克及阿茲特克等燦爛文化。

各種印第安人在社會經濟發展方面，雖然各不相同，但大致可歸為部落公社制模型。這種模型多半採母系氏族，有些處於過渡階段，有些已達父系氏族階段，甚至已組成部落聯盟。這種部落成員多具有血緣關係。

第二節　奧爾美加文化

奧爾美加文化是由中美洲前古典期晚期的印第安文化，以印第安部族奧爾美加人而得名，年代約在西元前1200-前300年左右，分布在墨西哥維拉克魯斯州 (Veracruz) 和塔瓦斯科州 (Tabasco)。

奧爾美加文化的主體為三個文化點：聖洛倫索 (San Lorenzo) 文化、拉文塔 (La Venta) 文化和特雷斯薩波特斯 (Tres Zapotes) 文化。它們的發展與繁榮期雖有先後但相互銜接，其中聖洛倫索文化最早，特雷斯薩波特斯文化最晚。奧爾美加文化對後來美索亞美利加 (Mesoamérica) ❷ 文明的藝術及思想有相當深遠的影響。

奧爾美加文化最主要的特徵就是擁有特異的石雕。較大型的

---

❷　美索亞美利加指的就是包括今天墨西哥中、南部，瓜地馬拉、貝里斯、宏都拉斯及薩爾瓦多等地。

圖 9：奧爾美加文化時期用玄武岩製成的巨型人頭像

就是玄武岩製的巨型人頭像，據說所表現的就是奧爾美加社會的支配者。總共出土十六尊頭像，都是獨塊巨石雕成，最大者頭長三公尺，重約二十五噸。它們的形狀相似，頭部均刻有頭盔似的飾物，但飾物的花式各異，臉部表情也不盡相同。

奧爾美加人也擅長小型石刻技術。雕刻的形象大都是人身的頭像。典型的頭型是頭部扁平，中間有 V 型凹槽、獅子鼻、嘴唇豐厚。奧爾美加人很喜歡使用綠玉或是蛇紋岩來製造石雕、裝飾石板和面具。另外石碑也表現出奧爾美加人的文化水準和宗教信仰。石碑上刻有身著華麗服飾的貴族或人身的頭像。

奧爾美加文化分布在山脈和墨西哥灣間，有充沛的水源，濕度大，因此有豐富的魚貝類；也因為雨量充沛、土壤肥沃，農業是奧爾美加部族共同的經濟活動，主要種植玉米、豆類、南瓜等美索亞美利加民眾的主要糧食，一年可種植兩季玉米。奧爾美加人也已馴養了狗和火雞。從考古所發掘出土的遺骨證實，他們大多食用狗肉，同時也食用野鹿和魚等。

奧爾美加人是拉丁美洲文明發展過程中創造文字和曆法的始

祖。1939 年 1 月 16 日在特雷斯薩波特斯出土的一塊石碑，上有文字和表現曆法數字的浮雕，石碑背面刻有美洲豹的形象。奧爾美加數字以點表示 1，直線代表 5，因此這塊出土的石碑雕刻有與後來馬雅文明完全相同的曆法體系，同時還有西元前 31 年的年代。

奧爾美加人生活的地方洪水連年，為防水災，他們挖土築墩並建房子於墩上。建築物都是泥土砌成。奧爾美加文化曾經建造規模龐大的宗教建築，同時加工切製玄武岩的巨石，來建造高達三公尺的人頭像、石碑、祭壇等石雕安置在神壇四周。從建築和藝術的輝煌成就，證明奧爾美加人已生活在一個階級社會裡，已度過了部落時代，進入國家組織階段。國王或祭司的統治階層控制了民眾的剩餘勞力，且利用剩餘物資役使、供養一批工匠。

在一些石刻和石碑上的人像服飾華麗，手持權杖。他們是握有權勢的人物，很可能就是國王或祭司。奧爾美加人生活的地區沒有石頭。石頭是從上百公里外的山上採集來的。搬運數十噸的石頭，必須動用眾多勞動力，而這項任務無疑地是由下層民眾完成的。巨石運到目的地後由工匠雕刻而成。由此可以肯定奧爾美加人已出現了不同的社會階層和分工，已有國王、祭司、農民和手工藝人。

奧爾美加的支配者階層，透過頻繁的交易行為，大量收集寶石類，作為宗教祭典儀式用。正由於他們這種非常特殊的祭祀禮儀，因此寶石類經常感到不足，為了謀求更多的寶石，奧爾美加乃有向外擴張勢力的需求，並將其文化影響廣及於中美洲絕大部分地區，也同時強化了各地以神殿為中心的社會組織。

　　總而言之，奧爾美加文化在經過幾世紀的擴張，約在西元前
300 年滅亡，然而其影響遍及整個墨西哥和中美洲部分地區，並
為這些地區文明的進一步發展奠定了基礎。在奧爾美加文明基礎
上發展起來具有代表性的文明，一是特奧蒂瓦坎 (Teotihuacán) 文
明，一是馬雅文明。

第三節　特奧蒂瓦坎文明

　　特奧蒂瓦坎文明發祥於特奧蒂瓦坎谷地（毗鄰墨西哥谷地），
興起於西元 200 年左右，發展中心特奧蒂瓦坎是印第安古城遺
跡，位於墨西哥市東北方約五十公里處，面積二十多平方公里，
最盛時期人口約十二萬五千至二十萬人之間。特奧蒂瓦坎在印第
安語中意為「眾神之城」。西元元年至 150 年間，特奧蒂瓦坎人在
此建造了擁有五萬人口的城市，為中美洲第一座城市。西元 450
年達到全盛時期，出現大量的建築，其中包括著名的太陽金字塔
和月亮金字塔。縱貫該城南北的是「亡者之路」，長約二‧五公
里，寬四十公尺。太陽金字塔在大街東側，四周是大大小小的寺
廟、神壇和宮殿，構成規模龐大的建築群。

　　根據文化特徵，特奧蒂瓦坎文明的發展分為四個歷史階段：
第一階段（西元前 200 年–西元初年），初具城市規模，居民四、
五萬人。城市以南北向的「亡者之路」為軸心建成，文化成就以
金字塔和廟宇建築為代表。第二階段（西元初年–350 年），城市
規模擴大，達到二十平方公里；文化成就以建築、雕刻、製陶為

特色。第三階段（西元 350–650 年），城市人口達二十萬，文化發展鼎盛，建築、壁畫成就輝煌。第四階段（西元 650–750 年）走向衰落。後來的阿茲特克人仍然將變成廢墟的特奧蒂瓦坎，視為眾神聚集與創造太陽之處。

　　特奧蒂瓦坎是個繪畫世界，民居、宮殿和神廟等建築物牆壁均覆蓋著繪畫。壁畫是特奧蒂瓦坎文化的另一項偉大成就。繪畫

圖 10：特奧蒂瓦坎文明，著名的月亮金字塔及縱貫南北的「亡者之路」。特奧蒂瓦坎文明最高的成就是大型建築群。「亡者之路」並不是一條街道，而是一組從南到北的方形廣場。最北端是月亮金字塔，底部呈長方形，長一百七十公尺，寬一百五十公尺。太陽神金字塔坐落於「亡者之路」東側。這是墨西哥古代最高的建築物，塔基近似方形，正面底線長二百二十五公尺，兩側底線各長二百二十二公尺，高六十三公尺。至於民居、學校、宮殿和神廟等建築則分布於「亡者之路」東西兩側。

題材包括：人物、神像、山水、蝴蝶、馬獸等。繪畫的技巧自然簡潔，無透視性，以布局高低表示遠近。

從壁畫、石刻、陶器上表現出的形象顯示，特奧蒂瓦坎人崇拜信仰特拉洛克 (Tlaloc) 神。祂是特奧蒂瓦坎的守護神，有兩種形象：男性形象主司雨水，是為雨神；女性形象主司河水和湖水，是為水神。從繪畫上的無頭人像和豹、鷹嘴裡叼著滴血的人心看來，當時是用活人來祭祀神靈的。

第四節　馬雅文明

馬雅文明是世界著名的古文明之一，其文明發展於今天墨西哥南部的猶加敦半島，恰帕斯 (Chiapas) 和塔瓦斯科兩州的大部分地區，今貝里斯、瓜地馬拉的大部分地區、宏都拉斯西部地區和薩爾瓦多。這一區域總面積達三十二萬平方公里。

根據歷史學家的研究，馬雅的歷史大致可區分為前古典時期（西元前 1500–西元 317 年）、古典時期（西元 317–889 年）以及後古典時期（西元 889–1697 年）。但馬雅文明不是在同一個地區連續發展下來的，所以有的史學家又把它分為南部馬雅時期和北部馬雅時期。南部馬雅人居住在今天的瓜地馬拉、墨西哥的恰帕斯和宏都拉斯一帶，從西元前 1500 年－西元 900 年創造前古典和古典文明。這是馬雅文明早期發展的搖籃，最著名的中心是蒂卡爾 (Tikal) 和科潘 (Copán)。這些中心衰落以後❸，從九世紀到十五世紀中葉為北部馬雅文明期，又稱後古典時期。這時期的馬

雅人居住在墨西哥南部和猶加敦半島一帶，並興起奇臣伊察 (Chichen Itza)、烏蘇馬爾 (Uxmal) 和馬雅潘 (Mayapán) 三大中心。

　　十六世紀初西班牙人進入美洲後破壞了馬雅文明，毀壞了記載馬雅歷史的各種文物，對於後世研究馬雅文明和歷史造成很大的困難。現在關於馬雅文明的研究只能經由一些西班牙征服者的紀錄、殘存的歷史文獻及散落在墨西哥南部和中美洲叢林中的斷垣殘跡中尋找一些不完整的答案。

　　馬雅人在歷史上，特別是在南部馬雅時期創造了燦爛的古文明，因此被稱作「新世界的希臘人」。其實馬雅人所創造的文明在許多方面比希臘人的成就來得大。馬雅人對美洲文明和整個人類的貢獻，首先是在農業中對玉米、南瓜、可可等植物新品種的培育，其中以玉米的培育貢獻最大。此外，他們在建築和藝術、天文曆法和數學演算，以及宗教信仰都有非凡的成就和貢獻。

一、宗教與節慶

　　馬雅人是多神論者，萬物皆有神。在馬雅文明剛形成時期，宗教是簡單且自然的。當時還沒有祭司也沒有神殿，人們只崇拜打獵、捕魚、播種、收成、下雨等和生存息息相關的神。在祭司

---

❸　南部馬雅文明崩潰的原因可分為自然、社會、政治及經濟等多種原因。在自然方面，有人認為是因地震、颶風、土地貧瘠、病蟲害、傳染病等原因。社會與政治方面的原因，有人口大增、農民叛亂、城邦之間的戰爭、異族的入侵等。截至目前為止，雖然有關學說數量龐大，不過，任何人都沒有獲得確切的答案。

圖11：猶加敦奇臣
伊察古印第安人的
球類活動建築遺跡

階層出現後，馬雅的宗教慢慢變得複雜。神變得抽象，祭典也變得神祕莫測，同時也出現了神殿。此外，宗教也逐漸隱含強烈的政治意圖。

馬雅人崇拜的神相當多，主要的有太陽神、雨神、玉米神、死神等。太陽神是位階最高的神，是白晝和黑夜的主宰以及文字和書籍的創造者。對雨神的崇拜顯示出馬雅是個典型的農業社會。不同於西方人信教是為了得救，早期馬雅人祈禱不是為了避免災難或獲得永生，而只是希望雨下得適時適量，讓他們有好收成。

馬雅人敬神也祭神。他們在初期的宗教祭典中，只向神奉獻鮮花，並沒有用動物或活人來祭祀的習慣。直到後來才用動物及戰犯甚至本地罪犯來當祭品。這樣不人道的行為主要是領導階層欲藉此逼迫民眾順從，為其服侍並完成一座座雄偉的神殿。

在馬雅社會中，女性是不能參加祭典的。在節慶中，訪客致送毯子或瓷器給主人，而主人則提供豐富的食物。之後主、客以跳舞、喝玉米酒歡樂助興。而宴會最後，總是那些可憐的婦女拖著醉得不省人事的丈夫返家並為其解酒。

二、天文曆法與算數

馬雅人在天文曆法和數字演算方面在當時世界首屈一指。他

們發明了自己獨特的計算法，使用 20 進位制並有了零的概念，他們是世界上最早認識零的民族。

　　馬雅人用三個符號計數：貝殼表示 0，點表示 1，橫表示 5。點、橫組合成 1 至 19 各數。19 以上的數用向上移位表示，即 20 進位法，第二位為 20，第三位為 20 × 20 ＝ 400，第四位為 400 × 20 ＝ 8000，以此向上推算。

　　由於農耕及捕魚等生活需要，馬雅人善於觀察天象，認為日月星辰運行有序，周而復始。這使馬雅人崇尚秩序，相信更生、再生，好壞分明。馬雅人的這些認知都反映在他們的建築布局和藝術作品中。

　　良好的數字系統及精準的天象觀察，讓馬雅人擁有相當進步的曆法：太陽曆三百六十五天及祭祀曆二百六十天。祭祀曆有十三個月，每月二十天，太陽曆則有十八個月，每月也是二十天，另外五天，馬雅人視之為不吉利的日子。太陽曆與祭祀曆相配輪轉為一萬八千九百八十天，正好是五十二年。馬雅人認為五十二年是一個輪迴，以示天地之復始。

0	1	2	3	4
5	6	7	8	9
10	11	12	13	14
15	16	17	18	19

圖 12a：馬雅數字 0 和 1 到 19

20 Alau equal	1 Hablat	1,280,000,000
20 Kinchil "	1 Alau	64,000,000
20 Kabal "	1 Kinchil	3,200,000
20 Pic "	1 Kabal	160,000
20 Bak "	1 Pic	8,000
20 Kal "	1 Bak	400
20 Hun "	1 Kal	20
	1 Hun	1

圖 12b：馬雅 20 進位計算法

三、社會組織與政治體制

　　馬雅的社會是以家庭為基礎組織起來的，實行父權制。但是母親或年齡最長的婦女在家庭中仍保有一定的權威。在馬雅社會中，若干血親家庭組成氏族。其氏族以父系近支組成，共同生活在一處，構成了社會的基層組織——氏族公社。

　　城市是馬雅社會的中心，生活著不同職業、不同社會階級的人。其社會層級，大致可分為貴族、祭司、一般大眾及奴隸，而且每個層級又有不同的職稱，可謂相當複雜。貴族和祭司住在城市中心，一般平民大眾則住在外圍地區，並在貴族領導下，從事相關工作。每一個人的社會地位，可以從他和領導者住的遠近察知。社會階級最低的奴隸是由奴隸的後代、搶奪入罪者、戰犯、孤兒或經由買賣而產生。

　　馬雅人的葬禮也依其社會層級而有所不同。在古典時期只有成年男性才能葬在神廟，後來漸擴及女性及各年齡層。此外，在馬雅社會犯罪可分蓄意及無心。太太若因丈夫緣故而自殺的話，丈夫雖然是無心，仍然會被定罪。偷竊在馬雅社會中是一項嚴重罪行；被控通姦者需受落髮及裸體示眾的羞辱。

　　在馬雅的法律中，嚴禁離婚及同姓通婚。但是領導階層為維護血統之純正可以和姊妹等近親結婚。另外，馬雅人的婚姻具有濃厚的母系社會色彩。當男士欲結婚時，必須居住在丈人家並為其工作五年。離婚不容於馬雅社會的規定，但如果妻子不孕或沒做家事，丈夫可以休妻，反之亦然。休妻或休夫後，雙方都可以

立刻再婚。而鰥夫則必須在妻子過世一年後才可以再婚，若在一年內結識其他女性則將會遭社會唾棄。

　　馬雅人的政治體制很簡單，沒有形成什麼帝國。他們的政治組織類似古希臘的城邦國家。每個城市有其特色，聯繫鬆散，主要是經濟、貿易的聯繫。每個城邦由許多部落組成。各城邦行世襲制，最高統治者出於一家，集行政、立法及宗教大權於一身。城邦的地理位置和面積與其權力和影響力有關。地處貿易通道上或氣候適宜、土地肥沃、農業生產高的地區，經濟實力就強，政治影響也大。附近周圍的若干小城邦就會與之結成鬆散的聯盟。不過正由於政治聯繫鬆散，加上經濟利益的驅使，各城邦之間戰戰和和，分分合合，政局始終長期不穩。

四、藝術成就與生活習俗

　　馬雅的藝術品大多是為宗教目的所設。其藝術品多刻在宗教建築上，這些藝術品也成為後人考證馬雅文明相當重要的依據。

　　馬雅人的建築業發達，他們根據宗教、生活和生產的需要建造房屋、公共場所、交通和水利工程等。平民的房舍多為木柱、草頂、籬笆牆，外塗泥土，防風禦寒。貴族、高官的房舍則為長條形或四合院式，通常建築在比較高的臺基上。至於廟宇則建築在高高的金字塔形的臺座上。金字塔基座呈方形，層層收縮。馬雅的神殿和金字塔多半是用粗石子和泥土堆成核心，再用雕刻過的石頭裝飾外表。因為馬雅人不知拱的運用，所以沒有圓頂式的建築。

　　馬雅人的建築布局說明了其社會面貌。廟宇和府邸建築在城市的中心廣場周圍，與碑石、石座、賽球場構成宏偉的建築群。這顯示馬雅社會宗教與政治的合一和集權。平民百姓散居在城市的郊外，這也揭示了其社會的階級區分。

　　大部分的馬雅雕刻也都為宗教而設，使用的材質則是猶加敦半島唾手可得的石灰岩，另外也使用木材、砂岩等其他材質。

　　馬雅雕刻的主體是神像、人像或獸形，石雕很少留有空間，空白處通常填滿飾物或銘文。銘文記述雕刻或豎碑的日期，最高統治者出生、結婚、即位和去世的日期及其家族世系，重大歷史事件和祭祀典禮等。

　　他們的繪畫多為裝飾房屋牆壁的壁畫，也見諸於陶器及古書抄本。使用紅、黃、藍、白等多種多樣的顏色。顏料則來自植物和礦物。畫筆是用羽毛或獸毛製成。繪畫手法寫實，內容豐富多彩，有神話故事、戰爭場景、平民生活及祭祀典禮等。這一切有助於後人了解馬雅人的生活習慣、體型容貌、作戰武器、宗教信

圖 13：馬雅神殿及附近的千神殿

仰、勞動場景等。

　　馬雅人有許多相當特殊的生活習俗。例如他們認為頭形扁平及鬥雞眼是美麗的象徵。在小孩出生四、五天後，父母使用木板捆在孩子頭部的前後，一段時日再取下即成；此外，父母也在小孩前額髮梢綁一小球垂於眼前，假以時日小孩就形成鬥雞眼。

　　馬雅婦女的授乳期通常到小孩四、五歲時，這時母親會在女兒髮上佩帶紅色貝殼以示童貞，一般認為在成年前拿掉這項物品是件羞恥的事。男女在婚前界限分明，當女孩偷看男人時，眼睛會遭塗辣椒以示懲罰。另外，男性不願蓄鬍子，因此母親自小就在小男孩臉上不斷地熱敷以破壞毛細孔，當他們長大時就不再長鬍子了。馬雅人也非常恐懼死亡，當死亡降臨親人時，他們都哀嚎痛哭。親人過世，隨即用紙包裹屍體，並放一根玉米及一塊玉在口中，放玉米是讓死者免於捱餓，放玉則是讓死者能在另一世界復活。窮人通常葬在自家後面；領導階層的葬禮則相當繁複。

第五節　阿茲特克文明

　　在阿茲特克文明出現前，墨西哥形成了另外的古印第安文化——托爾特克文化及奇奇梅卡 (Chichimeca) 文化，對其後的阿茲特克文化產生先導作用。托爾特克是以托爾特克人而得名，屬後古典期文化，形成期約在西元 900-1520 年。其文化中心為墨西哥城西北八十公里處的圖拉 (Tula)。托爾特克人吸收了特奧蒂瓦坎文化的成果，創建並發展出自己的文化。

　　托爾特克人的建築、石雕和繪畫藝術具有新的特徵。這新的
特徵集中體現在一座羽蛇金字塔上。托爾特克人的建築特徵就是
占地面積廣大，且率先使用蛇形支柱，同時採用巨型門廊及巨型
人像柱。人像柱為石質，雕刻成全副武裝的武士。托爾特克人供
奉嗜血的部落神是該文化的特徵之一。這一文化盛行以活人心臟
為祭品，後來被阿茲特克文化所繼承。此外，托爾特克人還善於
製作陶器，凹形三角杯是其代表性作品。

　　托爾特克人的出現，標明墨西哥和中美洲尚武精神的興起。
在托爾特克時代，武士國家開始形成而政府趨於世俗化，出現了
「雙首長制」——武士主持政務；祭司主持宗教事務。托爾特克
人所在的圖拉城邦和其他四大城邦結盟。在這一聯盟中，商人發
揮很大的作用，他們不僅進行商品交易，還相互傳遞訊息。

　　西元十二世紀初，圖拉城邦發生內訌，武士集團和祭司集團相互爭鬥，聯盟瓦解，奇奇梅卡人乘機而入，摧毀了托爾特克人在墨西哥中部的霸王地位。繼托爾特克人之後，奇奇梅卡人也在墨西哥盆地創造了文化。

圖 14：托爾特克文化時期畫有
特拉洛克神像的器皿

一、歷史淵源

　　阿茲特克文明是前古典馬雅

圖 15：圖拉地區的石柱人雕像

文化之後在墨西哥出現的另一支具有高度古代文明的美洲土著文化。它深受馬雅文化的影響，但又有所創新。以時空而言，阿茲特克興盛之時，後古典馬雅文化仍然在發展，他們之間既是繼承又是並存的關係。

一般認為阿茲特克是一個比較年輕的印第安部族，最初可能居住在墨西哥灣西部的一些海島上，大概在十一世紀中葉才開始向墨西哥盆地遷移。傳說，阿茲特克部族的神指示祭司們，如果在某地看見一隻老鷹立在一棵仙人掌上啄食一條蛇，該處就是他們永久的居留地。十四世紀初這個部落由酋長率領，到達墨西哥盆地的特斯科科湖畔。1325 年他們就在湖中兩個小島上建立後來著名的阿茲特克帝國首都特諾奇提特蘭城。

阿茲特克人在特斯科科湖畔定居後，繼續向外擴張，且因其使用武力征服其他部落，阿茲特克人又被歐洲人稱為「新世界的

圖16：老鷹在仙人掌上啄食蛇是
特諾奇提特蘭城建城的標誌

土耳其人」。1437 年，阿茲特克人建立了強大的部落聯盟，著名的統治者是蒙特祖馬一世 (Moctezuma I)。阿茲特克人擴張地域非常遼闊，東西兩邊的界限達到了墨西哥灣和太平洋。

十六世紀初西班牙征服者到達墨西哥前，阿茲特克正處於由盛而衰之時。首都特諾奇提特蘭城非常繁榮，人口約三十萬，而同時期的倫敦卻大約只有二十萬人口。 1517 年西班牙殖民者開始向墨西哥滲透。 1521 年殖民者科爾特斯 (Cortés) 征服了阿茲特克，徹底破壞其文化，從此阿茲特克文化的歷史命運也就終結了。

二、社會與政治組織

特諾奇提特蘭城邦的社會基層組織是卡爾普利 (Calpulli)。每個人都隸屬於一個卡爾普利。卡爾普利原是以血緣關係為基礎的氏族。城邦國家形成後，卡爾普利的含義有了變化，或為城市中氏族聚居的街區，或為農村中氏族聚居的村社，它是一個獨立自治體，有自己的保護神、祭司、土地和學校，由長者議事會管理一切事務。總而言之卡爾普利是以農業耕種為基礎的經濟體，同

時兼具宗教、軍事與政治體的功能。

　　在阿茲特克人從游牧民族轉變為邦聯領袖時，也同時發展出嚴格的社會階級：貴族階級、平民階級及奴隸階級。貴族包括祭司、軍事首領與民政首領。貴族階級擁有土地等私有財產。平民階級由勞動者組成，包括農民、工匠、商人、基層官員等。阿茲特克社會不存在嚴格意義上的奴隸，所謂的奴隸大都是罪犯或戰犯。有些人是還不起債而以勞力抵債，有的人因收成不好，衣食無著自願以勞力換飯吃。另外，自由人和女奴有了孩子，必須成為女奴主人的奴隸，而且叛國者的子女和親屬也必須淪為奴隸。

　　阿茲特克人崇尚武力，所以很重視軍事組織，男子從十五歲開始接受軍事訓練，戰爭時以俘虜戰俘的多寡論功行賞，無者受罰，未曾貢獻俘虜者不得為王。

　　阿茲特克的社會是個開放性的社會。戰功卓著的平民可得高官並躋身貴族階級；而貴族不能善盡職責者則被降為平民。奴隸不是世襲，奴隸的後代不一定得成為奴隸；因債務淪為奴隸者，只要債務還清、服役期滿或勞動合約到期，他們即告自由。

　　阿茲特克帝國並不是狹義上的帝國，它沒有全境統一的行政機構。當時墨西哥谷地部落聯盟並不是政治聯盟而是軍事聯盟。最高軍事統帥為阿茲特克酋長，指導聯盟向外擴張、征服。其擴張、征服的目的並不是占領土地，而是擴大稅收範圍和增加納貢的部落。因此在被征服地區並沒有設置行政區域，不派遣行政官員，只劃分了三十八個繳稅納貢區。戰敗的部落仍獨立存在，自主發展。

　　阿茲特克帝國採行神權政治，酋長為最高統治者——國王，同時也是大祭司，行使宗教最高職能，又是最高軍事統帥。他的職務是終身的，但不能由自己的兒子繼承，而是由貴族議事會從貴族中選舉出來的，議事會成員由各氏族派代表組成。

三、宗教信仰

　　阿茲特克基本上是一個多神教的部族。其宗教信仰是融合了本身及奧爾美加、特奧蒂瓦坎等先前美索亞美利加部族的信仰，這與阿茲特克人在擴張領土的過程中，對各地文化採取兼容並蓄的政策有關。他們相信靈魂永生和一種由至高無上的主宰者統治一切的觀念。靈魂永存說與宇宙主宰論是阿茲特克社會現實的反映。統治者擁有至高無上的權威，所以都希望不死，而且統治者被尊為神，反映了統治階級的思想，即使死了也想靈魂升天，繼續在天國統治人間子民。

　　阿茲特克的宗教信仰無關道德，他們的宗教信仰是對大自然力量的敬畏並試圖去控制它。他們崇拜對他們生活和農耕有利的自然神，如太陽神、月神、雨神、玉米神等。祭祀時以戰俘作為犧牲，在特殊情形下也有從特殊家庭中選出，因為這被視為一種榮譽。由於阿茲特克人強烈的宗教信仰情緒，僅首都特諾奇提特蘭城就有四十座廟宇，五千個僧侶。

　　宇宙對阿茲特克人而言，宗教意涵大於地理意涵。火神是墨西哥最古老而且主要的神，統治中央地區；東方是雨神及雲神，代表富饒地區；南方代表險惡，不過有春神及花神的保護；西方

是智者之神；北方由死神主宰，代表悲慘和恐怖。至於垂直宇宙有天堂與地獄之分，上天堂或下地獄無關道德，純粹只是上層與下層社會的分野。

在阿茲特克部落中，教士扮演導引的重要角色，初期教士是由一般平民兼任，只在儀式中擔任神職角色。但隨著阿茲特克文化的日益繁複以及宗教儀式的日益多元，終於形成一群專職教士階級。每位教士依其等級負責唱歌、祈禱、引導遊行、舞蹈、研究曆法、教育年輕人或準備犧牲品等工作，為此阿茲特克人在神廟附近設立學校來訓練這群教士。

四、生活習俗

根據日月運行的規律和季節性自然現象變化，阿茲特克人相當精確地制定曆法，他們的日常生活，如農業生產活動、祭祀、紀年及天文都依照這套曆法來實行。其曆法分太陽曆及儀式曆。太陽曆，一年十八個月，三百六十五天，每月二十天，剩餘五天為不吉祥日；儀式曆，一年十三個月，二百六十天，每月也是二十天。每五十二年兩種曆法重合一次。

在五十二年一次的新火節慶典中，阿茲特克人象徵性地熄滅持續燃燒五十二年的火把，再重新點燃新的火炬，代表新生命的開始。在太陽曆不祥的五天中，阿茲特克人也熄滅家中的火光，毀壞家具，並以節食懷著惋惜的心情等待災禍的來臨。懷孕的婦女須待在穀倉中以避免成為野獸；而小孩則必須不斷走動，保持清醒，才不至於淪為老鼠。

　　阿茲特克人也有算命的習俗。當小孩出生後，父母親會請教士為小孩占卜未來的命運。小孩三歲後就必須學習成人社會該具備的技能及該擔負的責任。阿茲特克手工藝相當普通，學習手工藝是小孩參與成人社會很好的途徑。小孩在八歲後若不聽話必須接受嚴厲體罰。十六歲時男孩子必須接受使用武器、學習歷史與服從等一般及宗教儀式教育；女孩子則學習更精細的織布工作。

　　阿茲特克的法律中規定平民同姓不婚也嚴禁近親結婚。男女適婚年齡分別是二十及十六歲。通常父母親會先徵求當事人的意願並請教士卜算這樁婚姻未來是否美滿。在典禮中雙方長者有冗長且莊嚴的祝辭，之後由長者將新郎與新娘的衣服結在一起，代表永結同心。

　　由於經常征戰，男性人口驟減，阿茲特克社會盛行一夫多妻制；不過原配權力最大，也只有其子女才有繼承權。其社會也存在同居及娼妓的現象。雖然離婚被認為是不名譽的事，但阿茲特克婦女若不孕、脾氣不好或疏於家事，丈夫可聲請休妻；同樣的如果婦女受丈夫暴力相向或丈夫無力養育子女，也可訴請離婚。離婚婦女再婚對象不限，但若是寡婦，其再婚對象只限於丈夫的兄弟或丈夫的同姓族人。

　　阿茲特克男性的社會地位依其對社會貢獻的大小而定；例如戰士捕捉到犧牲用的戰俘可獲得最大的榮譽。婦女的社會地位雖不如男人，但她們有擁有財產、締約及上法庭尋求正義的權利。未婚少女必須貞潔，已婚婦女則須忠於丈夫。而做丈夫的只有在和已婚婦女有婚外情時，太太才可以向法庭申訴丈夫的不忠。

　　阿茲特克人部落共同體的意識相當強烈。每個人一生都屬於部落，一切行為也都受部落習俗所規範，因此每個人的一生都大同小異。阿茲特克人的法令相當嚴酷，小偷將淪為奴隸或科以竊物雙倍的罰金，一部分償還受害者，另一部分則納入部落財庫；除了在某些節慶外，平常酩酊大醉也是嚴重的罪行。毀謗者將受割舌割耳的處罰。通姦者將受嚴厲懲罰，最重者可處死刑。亂倫或獸姦也會遭社會嚴厲唾棄。

五、經濟與藝術發展

　　農業是阿茲特克經濟生活的基礎，而玉米則是其最主要的糧食作物。土地所有制分公有與私有。村社的土地為公共所有，各家父親分得一片土地，終身耕種，死後傳給兒子，但如果沒有後代或連續兩年不耕種，村社得收回其土地，重新再分配。貴族擁有私人土地，並由土地所在的村社農民耕種，以供給領導階層、教士及戰時所需。

　　貢品是阿茲特克另一項重要的經濟來源與支柱，這些貢品主要是食物、原料、戰士及教士的服飾、毯子或瓷器等。阿茲特克人的手工業也發展到了一個新的境界。手工業主要生產家庭所需的工具、用品及服飾，另外每個部落也因其所在的地理特色與原料，發展出較鄰近部落特殊、優質的手工藝品，像首都特諾奇提特蘭城就有最著名的製羽業。

　　阿茲特克的貿易十分活躍，有當地市集貿易和遠距離貿易。由於缺乏錢幣，其貿易方式是以物易物，貨物價值端視它的需求

及稀有性而定。到了後期,市場上逐漸有了一種大家公認的等價物,有的地方是可可,有的地方是錫,商品貿易較發達地區也有用金沙作為貨幣使用。

除了種植各類玉米,阿茲特克人也種植含有豐富蛋白質的各式豆類,此外南瓜、山薯、辣椒、酪梨及番茄等也是重要作物。龍舌蘭因其多汁液且可釀成酒,成為重要的家庭經濟作物;仙人掌上的胭脂蟲則是重要的染料來源。至於可作為貨幣的可可則是巧克力的原料,巧克力經由西班牙殖民者傳入歐洲後,已經成為世人所共同喜愛的一種甜食了。

相對於豐富的農作物,阿茲特克人對家畜的飼養則是乏善可陳,大致上以狗和火雞為主;至於牛、羊、豬、馬等則是在殖民者入侵時才引進的。

在建築、雕刻和繪畫方面的藝術成就,阿茲特克人並未超過前人,但也有創新。建築藝術以金字塔為代表。金字塔頂端建有兩座神廟。為此,金字塔正面建有雙階梯,分別通到兩座神廟。阿茲特克的雕刻藝術主要表現在大型石碑和小型石刻上。石碑多半刻著神像或神化的首領像。雕刻作品中出現了現實生活中的動植物形象。這反映了阿茲特克藝術的現實化與世俗化的一面。

使用顏色是阿茲特克藝術的一大特徵,以紅色和黑色為主。阿茲特克人在雕刻及手抄本上著色,以區別不同的神和物。

Mexico

第 II 篇

征服、殖民與獨立

第三章 | *Chapter 3*

征服與殖民：歐洲與新大陸文化的碰撞

　　當 1492 年西班牙驅逐在伊比利半島南部的摩爾人完成統一時，西班牙女王伊莎貝爾採納哥倫布的建議，支持哥倫布西航到東方去。同年 8 月 3 日拂曉，由「聖瑪麗亞」號、「平塔」(Pinta) 號和「尼那」(Niña) 號，三艘輕快帆船組成的遠航船隊，在哥倫布的率領下從西班牙南部的加地斯 (Cádiz) 港出發，開始了劃時代的航行。歷經二個多月的冒險犯難，越過浩瀚的大西洋，終於在 1492 年 10 月 12 日 ❶ 發現西印度群島的聖薩爾瓦多島 (Isla de San Salvador)，也到達了今天的古巴和海地。哥倫布抵達美洲時，誤以為是到達了印度，因此把當地土著稱為「印第安人」，即印度人，也把他到達的群島，稱之為西印度群島。這一稱呼，一直被將錯就錯地沿襲至今。

---

❶　西班牙將 10 月 12 日訂為國慶日，墨西哥則將這一天訂為種族節，其他西語美洲國家也將這一天訂為國定紀念日，以紀念 1492 年 10 月 12 日哥倫布到達美洲新大陸。

　　哥倫布前後航行美洲四次，他開闢的航程把美洲和歐洲連接起來。他把歐洲人引進了美洲，也把歐洲資本主義傳入美洲。此後西班牙人為掠奪財富、名位、傳播天主教思想，以及尋找他們夢寐以求的「黃金國」，以劍與十字架掀起了征服美洲大陸的狂熱。在此過程中，他們一方面無情地殺戮或奴役印第安人，掠奪或摧毀其文化遺產，消滅其宗教；另一方面又把自己的文化和宗教帶進了美洲，並強加給土著居民。墨西哥在被科爾特斯征服之前已有燦爛的馬雅及阿茲特克文化，不過後來都遭受西班牙征服與殖民的摧毀及破壞。

第一節　以寡擊眾——科爾特斯征服墨西哥

　　在科爾特斯對墨西哥的征服之前，西班牙人已從古巴島對墨西哥和中美洲海岸做過一些探險活動。1519 年 2 月 18 日科爾特斯承西班牙駐古巴都督維拉斯克斯 (D. de Velázquez) 之命，僅率領六百名遠征軍，十六匹戰馬、三十二副石弓、十尊銅炮及其他兵器，乘坐十一艘船艦，從古巴島出發，同行的戰士中有許多人後來都成為征服新大陸的重要人物。

　　在遠征軍通過猶加敦半島沿岸時,科爾特斯尋獲在 1512 年船難生還的神父阿吉拉爾 (Jerónimo de Aguilar)，他的馬雅語相當流利。隨後遠征隊又找到二十名印第安婦女；其中有一位就是著名的瑪琳琦 (Malinche)，她是阿茲特克的貴族，皈依天主教後改名瑪麗娜 (Marina)。因為她和阿吉拉爾神父的搭配傳譯，科爾特斯

圖 17：墨西哥的征服者科爾特斯 (Hernán Cortés, 1485–1547) 出生在西班牙埃斯特馬都拉 (Extremadura) 一處叫梅德茵 (Medellín) 的小村落。他是家中的獨子，父親是一位船長。十七歲時進入薩拉曼加 (Salamanca) 大學修習法律。他早就嚮往新大陸的生活，讀了二年大學後，於 1504 年輟學去了聖多明哥。他具有俠義的作風且名聲隨即傳遍聖多明哥，可是他覺得在此地難有出息，遂放棄農夫一職，在 1511 年參加了征服古巴的工作。他的才幹和組織能力受當時古巴省長維拉斯克斯的激賞。

科爾特斯充滿活力，儀容整肅，但遇到賭博時，他常不惜孤注一擲。不過，他堅毅勇敢，對待部屬亦照顧備至，加上具有遠大的眼光，所以甚得人望。

科爾特斯在征服阿茲特克人的過程中，曾發生墨西哥史上所謂的「悲慘之夜」，逢此重大挫敗，科爾特斯並不氣餒，經過一段時間的生聚教訓，終於在隔年的 1521 年 8 月占領並摧毀特諾奇提特蘭城，阿茲特克帝國也隨之滅亡。1528 年科爾特斯帶了三百四十個印第安貴族及豐富的禮物回到西班牙，但是當時的國王卡洛斯一世並沒有將這塊科爾特斯辛苦征服到的土地交給他管理，科爾特斯僅獲得一大塊封地被封為侯爵。在晚年科爾特斯一直在為墨西哥的新總督權而爭執，1547 年在西班牙的塞維亞去世，遺骸最後葬在他所征服的墨西哥城。

征服墨西哥所遇到的語言上的困難，便迎刃而解了。瑪麗娜不但充當翻譯、顧問，最後還成為科爾特斯的紅粉知己。

　　在 1519 年 4 月 22 日即耶穌受難日當天，遠征軍終於在今天墨西哥維拉克魯斯城登陸，科爾特斯在此建立了西班牙人在墨西

哥的第一個城市。當時阿茲特克國王蒙特祖馬二世獲悉，立即派遣特使帶著大批金銀財寶面見科爾特斯，並請求他率領遠征軍離開。科爾特斯接受了財富但沒有離開，反而下令毀壞所有船隻，截斷自己的歸路，以加強部屬及士兵們志在必勝的決心。另一方面，科爾特斯進攻沿途利用非常狡猾的外交手腕「以夷制夷」，他採取賄賂、利誘、欺騙、脅迫等手段，拉攏對阿茲特克族不滿的印第安部族加入自己的陣營，使得原本只有六百人單薄的遠征軍突然變成一支十多萬人的軍隊並逐漸推進。遠征軍終於在同年的11月8日進入建立在墨西哥谷地的阿茲特克首都特諾奇提特蘭城。遠征軍入城後，阿茲特克人誤以為是其神話中主要神靈之一的克察爾科阿特爾❷神重返故土，因此國王蒙特祖馬二世不僅沒有反抗，反而親自出面歡迎，西班牙遠征軍將其劫持軟禁，並假借其名義進行統治。西班牙遠征軍進城後，對於城內富麗堂皇的廟宇和宮殿建築讚嘆不已，也同時大肆搜刮黃金、珠寶。

　　1520 年 5 月 ，西班牙駐古巴都督維拉斯克斯派納瓦埃斯

---

❷　克察爾科阿特爾是古阿茲特克人神話中主要的神靈之一，為宇宙創造神、人類為名的締造者、自然力量的統治者等。其名在印第安語中意為「羽蛇神」。供奉該神的神廟都以插戴咬彩鵬羽毛的蛇作為其象徵。根據阿茲特克人的神話傳說，該神形象為一蓄絡腮鬍的闊嘴男子，此神在一次戰鬥中戰敗，乘船離開，向東方一海外國家駛去。臨行誓言他會再返回特諾奇提特蘭城。因此當蓄鬍鬚的西班牙人在墨西哥東海岸登陸時，阿茲特克人誤以為是克察爾科阿特爾重返故土，而盛情接待他們。

(Pánfilo de Narváez) 前往墨西哥取代科爾特斯的職務。科爾特斯率部分軍隊前往海岸迎戰納瓦埃斯，留部將阿爾瓦拉多 (Pedro Alvarado) 駐守。5 月 23 日阿茲特克人在廣場舉行節日慶典，阿爾瓦拉多乘機下令屠殺，阿茲特克人死傷不計其數，這一殘暴行為激起阿茲特克人的反抗，將西班牙征服者圍困在皇宮內。6 月科爾特斯擊退納瓦埃斯，率軍返回特諾奇提特蘭城，但仍不能平息阿茲特克人的怒火。6 月 27 日被劫為人質的蒙特祖馬二世出面勸退圍攻人潮，卻反被憤怒的阿茲特克人用亂石打死。在糧盡彈絕之際，科爾特斯決定在 6 月 30 日夜晚悄悄撤退，但被阿茲特克人發覺。當夜風雨交加，阿茲特克人一路阻攔追擊，征服者落荒而逃，掉入特斯科科湖中，有的因不肯丟棄搶來的金銀財寶而沉入湖底淹死，只有少部分士兵僥倖逃脫。據說科爾特斯突圍後在一棵大樹下痛哭失聲。歷史上稱此夜為「悲慘之夜」。而這棵樹被視為墨西哥市一景，稱為「悲慘夜之樹」。

倉皇脫逃後，科爾特斯並沒有因此善罷干休。在維拉克魯斯城生聚教訓一年後，於 1521 年 5 月 30 日又重整旗鼓，捲土重

圖 18：曾多次抵禦外侮，位於維拉克魯斯的聖約翰烏魯瓦碉堡。

圖 19：悲慘夜之樹。1520 年科爾特斯從阿茲特克首都特諾奇提特蘭城兵敗撤退時，在這棵樹下哭泣。

來。這時阿茲特克人在新任國王夸特莫克 (Cuauhtemoc, 1500–1525) 領導下英勇抵抗，但經過兩個多月的肉搏戰後，終因寡不敵眾，8 月 13 日特諾奇提特蘭城淪陷，夸特莫克被俘，後因被人密告謀反，科爾特斯在 1525 年 2 月 28 日下令將其絞死。根據科爾特斯的隨軍史家迪亞斯德爾卡斯提約 (Bernal Díaz del Castillo) 的記載，城裡居民全部殉難，首都特斯科科湖湖水血紅一片，而且美麗的墨西哥城被征服者付之一炬，征服者隨後在該處建立了一個新的城市──墨西哥城，以後成為西班牙在北美洲的統治中心。夸特莫克是墨西哥古阿茲特克帝國第十一代，也是最後一代國王 (1520–1521)。夸特莫克在印第安語，意為「撲擊之鷹」。

　　1519 年 11 月 8 日，科爾特斯率領西班牙遠征軍進攻阿茲特克首都特諾奇提特蘭城，劫持阿茲特克第九代國王蒙特祖馬二世並對阿茲特克人進行血腥鎮壓。憤怒的阿茲特克人推選庫伊特拉華克 (Cuitláhuac) 為第十代國王繼續領導反抗西班牙人的入侵。

1520 年 6 月 30 日西班牙遠征軍欲趁夜暗悄悄撤退，但被阿茲特克人發覺並給予致命的打擊，史稱「悲慘之夜」。然而，不幸的是庫伊特拉華克卻染上西班牙征服者帶到美洲的天花，喪失了生命，而天花也造成成千上萬阿茲特克人的死亡。在這艱難的時刻，年僅二十歲的夸特莫克，在沒有任何慶祝儀式下繼承王位，成為第十一代國王。

1521 年 5 月 30 日科爾特斯捲土重來，大軍重重包圍首都特諾奇提特蘭城，並切斷了該城唯一的供水道。隨後征服軍開始進攻。阿茲特克人沒有一人退卻，沒有任何人投降，在經歷七十五天的殊死戰後，8 月 13 日終因寡不敵眾，首都淪陷，夸特莫克被俘且被帶到科爾特斯面前，此時夸特莫克毫不畏懼，大義凜然地表示：「我已盡了一切努力保衛我的臣民和社稷。當下，我已無能為力。既然被押到你面前，就用你的劍馬上處死我吧！」科爾特斯並沒有馬上處死夸特莫克，他想利用夸特莫克的威望，協助他征服今天宏都拉斯境內的印第安人。到了 1525 年 2 月有人密告夸特莫克密謀殺害科爾特斯，為免除後患，科爾特斯下令 28 日就地絞死夸特莫克。

夸特莫克像矯健般的雄鷹那樣死去。但是他堅貞不屈，英勇就義的形象卻永遠活在人們心中。墨西哥人民視他為抵抗侵略，捍衛獨立的民族英雄。在墨西哥市的改革大道與起義者大街交叉處，豎立了一座巍峨的夸特莫克青銅像紀念碑。

科爾特斯在完成征服墨西哥之後，毀掉所有阿茲特克人的神廟，並在原址上建立天主教堂和修道院。而科爾特斯也終於在

1522 年 10 月 15 日獲西班牙國王任命為新殖民區最高的行政、軍事及司法首長。1524 年十二位聖方濟會修士抵達墨西哥，開啟西班牙對墨西哥殖民地信仰上的征服。1535 年西班牙在這塊新殖民地上成立了新西班牙總督區❸，到 1821 年墨西哥獨立為止，西班牙在這個地區進行長達三百年的殖民統治。

　　為什麼西班牙憑著僅六百人及少數武器組成的遠征軍，竟能在短時間內征服當時文化燦爛、軍事力量強大的阿茲特克帝國？首先是當時墨西哥谷地的政治情勢使然。在十六世紀初，阿茲特克帝國強徵其他印第安部族稅收，引起這些部族不滿，當西班牙遠征軍抵達時，這些部族自然的加入並壯大西班牙征服阿茲特克帝國的行動。因此實際上應是這些印第安部族征服了阿茲特克，而科爾特斯接收這些征服成果；此外，征服者從歐洲帶來的天花等瘟疫造成印第安人銳減也是重要的因素。總而言之，誠如墨西哥市三文化廣場一塊石碑上所示：「1521 年 8 月 13 日，夸特莫克曾英勇地保衛特諾奇提特蘭城，而後該城陷入科爾特斯手中。這既非勝利，又非失敗，而是麥斯蒂索民族即今日墨西哥痛苦的誕生」，此語道盡今日墨西哥人的兩難與矛盾的情結。

---

❸ 西班牙為了統治新征服的美洲大陸，在殖民其間先後成立了四個總督區。1535 年成立新西班牙總督區；1543 年成立祕魯總督區；1739 年成立新格拉納達總督區，最後是 1776 年成立的拉不拉他河總督區。新西班牙總督區統轄範圍包括：墨西哥、瓜地馬拉、宏都拉斯、薩爾瓦多、尼加拉瓜、哥斯大黎加、西印度群島以及在亞洲地區的菲律賓等地。

第二節　三百年的殖民血淚史

自從科爾特斯在 1521 年 8 月 13 日攻下阿茲特克首都特諾奇提特蘭城，摧毀該城並在原址建立現今的墨西哥城，以及隨後西班牙國王於 1535 年在墨西哥設立美洲第一個總督區——新西班牙總督區，到 1821 年墨西哥建立民族獨立國家為止，整個三百年間，是西班牙的統治期。西班牙殖民主義者征服拉丁美洲乃至墨西哥，最大的慾望是為以王室為首的大封建貴族與大商業資產階級謀奪財富。從征服一開始，殖民者即採取極野蠻的殺燒掠奪的方式，攫取他們認為一切有價值的東西。不過這種直接掠奪的方式，並不能滿足西班牙統治者及征服者的貪慾。為了進一步搜括墨西哥以及其他拉丁美洲人民和資源，他們建立了一套完整的政治、經濟、軍事、文化和宗教的統治機構，實行了長達三百年的殖民統治。

一、政治統治制度

十五世紀西歐封建制度逐漸衰亡，君主制日益發展，王權不斷加強，中央集權制確立。西班牙國王根據本身利益、本國的政治和美洲殖民地的實際情況，在殖民地建立具有當地特色的政治統治制度。

十六世紀到十八世紀末，西班牙還是一個專制、封建和重商主義的國家，因此它對美洲的殖民政策和統治方式也沿襲專制、

封建和重商主義的色彩。在征服和拓展初期,西班牙王室對殖民地巨大的財富和重要意義還不十分了解,也不願從國庫撥款進行殖民活動;加上缺乏這種殖民統治經驗,所以對殖民地的征服者干涉不多,征服者可以享受很大的自主權。

隨著殖民領地不斷的擴張,殖民地政治、經濟、社會情況不斷地發展,西班牙王室對殖民地統治的方式和政策也不斷演變。為了防止殖民地征服者因權力過大引起分裂,王室為此制定了一系列的法令和訓令,採取恩威並用,逐步削減征服者的權力,以加強並鞏固王室在殖民地的統治地位。

西班牙的殖民統治機構是一個由上而下,非常龐大的官僚行政系統。從王室到殖民地的每個基層區域,都設有相對應的行政組織和管理人員。它不是一下子建立起來,而是隨著形勢逐漸發展形成的。這種統治機構分為兩套行政組織,在國內是「印度等地事務委員會」,在殖民地則採總督制。為了鞏固西班牙王室對殖民地的統治,印度等地事務委員會先後頒布了一系列法令。但因其總部設在馬德里,無法對遠隔重洋的各殖民地直接統治,所以設立總督直接統治。總督是國王在殖民地的代表,因而人選都是王室最親信和最忠實的大貴族。他們也是各自轄區的最高的統治者,權限很大,不僅負責行政、財物稅收工作,而且有立法權、宗教事務指導權和軍隊指揮權。

西班牙在美洲最早設立的總督區是 1535 年在墨西哥成立的新西班牙總督區,統轄今墨西哥、中美洲和安地列斯群島等地。西班牙王室也在該年任命第一位總督門多薩 (Antonio de

Mendoza)❹。

為了防止殖民地發生尾大不掉的現象，西班牙王室採取了一系列的監督措施。在總督區內，設有由王室和「印度等地事務委員會」直接指揮的檢審庭，對總督產生一定的制衡作用，檢審庭是殖民地的最高司法機構。此外，王室也經常派欽差大臣或巡訪官前往殖民地巡視，聽取殖民地各階層對總督和官吏的申訴，並收集有關資料。當時在新西班牙總督區內設有聖多明哥檢審庭，管轄安地列斯群島、委內瑞拉和今天美國的佛羅里達；墨西哥檢審庭，管轄墨西哥中部和南部地區；瓜達拉哈拉檢審庭，管轄墨西哥北部和今美國西南部地區；瓜地馬拉檢審庭則管轄中美洲。

檢審官不但有權審理司法案件，也有權對行政機關，包括總督在內進行監督，必要時甚至可傳訊總督。但在政治上，檢審官

---

❹　門多薩 (1493–1552) 屬於西班牙卡斯提亞的大貴族，從早年起就在宮廷服務，是卡洛斯國王相當重要的親信貴族。1535 年被西班牙國王卡洛斯一世任命為新西班牙總督區的首任總督。1536 年他為墨西哥及全美洲引進第一部印刷機，對於墨西哥成為殖民地後來的文化重鎮，助益良多。他對墨西哥大學的設立及教育的推展，功不可沒。早自 1538 年起他和墨西哥主教與市政會為在墨西哥創辦一所大學而積極活動，1551 年西班牙新任國王菲力普二世簽署了在墨西哥創辦大學的敕令，但是由於各種手續的經辦和大西洋兩岸距離遙遠，直到 1553 年 1 月 25 日墨西哥大學正式開辦。他在位期間也積極試圖改善印第安人的生活條件。1549 年，卡洛斯國王指派他接任祕魯總督區總督兼檢審庭主席。1552 年 6 月 21 日在利馬病逝，遺體和祕魯征服者皮薩羅(Francisco Pizarro) 一同葬在利馬的大教堂。

充當總督的顧問；在檢審庭所轄區域內，他執行總督的命令。

　　檢審庭下區劃分若干行省，設一名省督治理。省督在其轄區內行使行政、司法、軍事職權。行省又劃分若干市鎮轄區。市鎮轄區是最基層的地方行政單位，以市鎮為中心設置。市鎮設有市政議會，其成員大都是土生白人。它是一定程度的地方自治體，負責維持當地政治、經濟秩序；有權組織民團武裝、徵收賦稅、發布法令等。而甚為重要的一點是，如果國王的諭旨不符合市鎮轄區的實際情況，市政議會可以不予執行，這給了市鎮自行活動的自由。這種在政治上「尊而不從」的歷史現象，也成為十九世紀初拉丁美洲獨立意識萌生的溫床。但是，由於殖民地政府的干預，市政議會的權力還是有限的；再者，由於混血種人、印第安人和黑人被排除在外，所以事實上市政議會只被少數有權勢者壟斷，徒有民主形式而已。

　　1700 年西班牙更換王朝，由波旁王朝當政，在美洲領地上強化中央集權，變革政治統治機構。撤銷原先的省和市鎮轄區的建制，採行郡縣制，1786 年在新西班牙總督區設立了十二個郡。郡有郡守，由西班牙國王委任。

　　波旁王朝強化中央集權的另一項措施就是向美洲領地派遣正規軍。1771 年已有四萬多名士兵進入各總督區。為協助正規軍維持地方治安和抵抗其他殖民列強的入侵，也在各地區組民兵團，由各地民眾組成。

　　西班牙在新西班牙總督區及美洲殖民地雖有層層節制的官僚行政系統，但因官官相護，非常貪污和腐敗。殖民地的法令、法

律、制度和規定，都是從殖民地統治者狹隘的階級利益出發，目的就是在保證西班牙王室的絕對統治和西班牙地主資產階級的利益。政府職務被誤認為是提高社會地位和發財致富的捷徑，因此大小官吏都可以販賣，大小官員都貪污成風。

賣官、貪污的風氣高漲，加上中央集權與地方自治矛盾不斷增加，因而導致十八世紀末、十九世紀初西班牙美洲殖民地人民獨立意識迅速增強，爭取獨立、自由、民主運動的蓬勃發展。

二、經濟統治制度

西班牙在征服美洲之後，接著就對殖民地的各種經濟事務採取限制和壓抑政策，使之從屬於宗主國的利益。在這種政策下，只有那些能為宗主國統治者牟利的東西，才允許發展，否則就被嚴格限制。因此，在三百年的殖民統治時期，除了貴金屬、礦業和某些農作物外，經濟發展十分遲緩。

至於近代墨西哥的經濟結構基本上形成於殖民時期，在很大程度上是中世紀遺產。從殖民初期，西班牙人將歐、亞、非洲的作物和牲畜引進墨西哥，而且也移植了歐洲中世紀的經濟制度。殖民地時期墨西哥的農業、畜牧業、漁業和採礦業，都曾採用歐洲中世紀殘存的技術、方法、準則和習慣。

1.農牧業的發展

在征服後，西班牙人將伊比利半島的牛、馬、騾等牲畜及犁等農具、工具以及輪作制、使用動物糞肥和灌溉制引進墨西哥，大大的提高農業的生產。初期農牧產品以供應礦山生產和生活的

需求。這是一種消費性農牧業。內部需求和農牧業發展以後，又發展了供應外面市場的出口農牧業。

農業種植除拉丁美洲古代傳統作物，如：玉米、馬鈴薯、甘藷、棉花、可可、菸草、番茄、南瓜外，還從歐洲引進小麥、大麥、稻米、甘蔗、葡萄、咖啡、橄欖，以及桂皮、丁香、胡椒、香菜、大蒜、洋蔥等。

畜牧業方面，可食用的牲畜和家畜，大部分是從歐洲直接引進墨西哥，而馬則是征服者科爾特斯從古巴帶進墨西哥的。從十六世紀前半起，墨西哥接續西班牙在安達魯西亞平原飼養牛、羊的畜牧業。在墨西哥北部的無數山谷不適宜農業，但可提供牛、羊、馬豐富的飼料，這為墨西哥畜牧業發展提供了優良的自然條件。另外，西班牙固有的騎馬俯衝和用短扎槍衝刺抽籤的習俗也傳入墨西哥，隨著時間的遷移，由此產生流傳至今的鬥牛術；從其服裝中也演變出來現在墨西哥牧牛人的服裝，以及牧牛人的寂寞守夜中產生了牧牛人民謠和單調而沉鬱的歌唱。

正如農具的情況一樣，西班牙人也將捕魚技術傳入墨西哥及其他美洲地區，並沿用至今。例如，袋狀拖網使用於墨西哥的所有沿海和一些湖泊。另外像撒網和三重刺網捕魚法，從墨西哥到智利都在使用。

在農牧方面，西班牙殖民者也將其本土的大莊園制 (Hacienda)❺移植到美洲，按照各地區特殊的地理、氣候及環境，

---

❺ 西班牙王室為了籠絡、安撫和酬謝早期的征服和殖民者，也為了繼續

形成特殊的農產專業區。像古巴等安地列斯群島上種植甘蔗、菸草；南美洲的哥倫比亞、委內瑞拉、阿根廷則以大牧場和小麥為主；智利為小麥和葡萄；今天的墨西哥和中南美洲種植可可、菸草和甘蔗等作物為主，而墨西哥北部則發展畜牧業。在墨西哥，大莊園制出現於十六世紀，其大部分是土地賞賜的結果，爾後大莊園逐漸演變而形成村鎮和城市核心。

　　和大莊園並存的有拉丁美洲古印第安人傳統的村社公有土地制。此外，市鎮土地所有制，事實上也是承襲古印第安人文明之遺風，各市鎮擁有大片公用土地，由市政議會決定如何使用。

　　西班牙在墨西哥及美洲殖民時期實行的大莊園和大牧場的主要勞動力是土著和非洲黑人。實行的勞動制度主要是「委託監護制」(Encomienda)❻和「奴隸制」等。在種植園和牧場上勞動的

　　依靠和透過他們對殖民地人民統治，曾按照西班牙本土施行的封建土地制度，把從印第安人手中奪取的大批土地，任意分配給王室親信或為王室出過力的人，像是大貴族、大主教、軍事冒險家等。而王室本身，在每一次分配殖民地土地的過程中，也取得大量錢財，並為自己保留了大量的土地。這也是目前墨西哥及拉丁美洲各國普遍存在大地主及土地集中少數人手中的歷史根源。

❻　委託監護制是西班牙殖民者最早強加在印第安人身上的剝削制度。這種制度從西印度群島開始建立，以後逐漸推廣，從十六世紀末起，便成為印第安人和西班牙殖民者之間土地關係的主要形式。所謂委託監護制是西班牙國王將某地區一定數量的印第安人委託給監護人即地主監護。按照這種制度，土地所有權並不屬於委託監護主，而是屬於西班牙國王。監護人有保護印第安人並使其皈依天主教的義務，同時有

非洲黑人是從非洲販賣到美洲的奴隸。

　　從文化方面來看，委託監護制和大莊園制是促使墨西哥農村地區歐洲化的重要方式。委託監護制大力傳播歐洲基督教思想與信仰，促使被監護的印第安人迅速皈依新宗教。而大莊園制則成為農村地區傳播歐洲文化的核心，它們在歐式的新城鎮的建立和分布、歐洲文化習俗的傳播方面產生不容忽視的作用。

　　從十六世紀末起，西班牙政府根據其宗主國本身的利益及殖民地各地區的實際情況，採取下列三種不同的農業政策和措施。首先，對於一切和宗主國利益相衝突的農作物，加以嚴格限制。其次，對於殖民地人民生活所需而宗主國又無法供應的農業品如小麥、大麥和稻米等，則准許其在保證供應地區市場的限度內發展；最後，對於能在宗主國和國際市場上銷售並為王室和地主資產階級牟取暴利的各種農作物，如蔗糖、棉花、可可、靛藍和菸草等熱帶和亞熱帶作物，則大力發展。

微調印第安人耕種田地的權利。印第安人名義上為自由人，並獲准分配到一塊貧瘠的土地。印第安公社內部事務，由印第安酋長 (Cacique) 掌管。但是印第安人並不能離開自己的居留地，而必須在委託監護地區內永久居住。他們每年必須為監護主從事一定時期的無償勞動，或者交付代役租。委託監護制在 1720 年被取消後，原有委託監護地內的印第安居民並沒有得到土地。相反地，原有委託監護主變成了大莊園主或大地主。印第安人為了使用小塊土地，必須向大地主付出勞力或實物作為代價。有些人甚至不得不到大農場做短工，成為大農場主的雇農。殖民者也常利用預付工資或在其商店賒購貨物的辦法，使印第安人永遠無法還清貸款，世世代代成為他們的債務奴隸。

　　西班牙宗主國為適應其本身利益而造成某些作物種植的畸形發展，使拉丁美洲大多數國家一開始就走上單一作物的途徑。直到二十世紀中葉，這種單一產品制仍是造成大多數拉丁美洲國家不能擺脫帝國主義羈絆、發展獨立的民族經濟的重要原因之一。

　　總之，農牧業是基礎產業，本錢少、收益快，最穩定也是最有利可圖的行業，加上礦山一開完就沒有了，所以在西班牙殖民時期，農業產品的出口金額超過礦產品。

2.礦業發展

　　西班牙殖民者從重商主義的立場出發，首先掠奪新大陸金、銀、寶石一類的貴金屬，它是西班牙征服及殖民美洲主要的目的所在。但殖民地的金礦開採並不順利，採礦的重點是銀礦。銀礦是 1531 年首先在墨西哥的米喬阿肯 (Michoacán) 地區發現的 。1550 年前後又在墨西哥其他地區相繼發現銀礦。這一時期內，墨西哥提供了全世界用銀總量的三分之一，不過後來西班牙殖民者於 1545 年在上祕魯的波托西 (Potosí) 地區，發現了比墨西哥更大的銀礦區。

　　墨西哥的採礦業領域承襲了歐洲中世紀的遺產，當時德國地區的礦業掌握了先進的技術，身兼西班牙及德國國王的卡洛斯一世於 1536 年派人到墨西哥去開發礦產。早期以開採露天礦脈和淺層礦脈為主。深層礦的開採完全使用自然的坑道，礦石由工人用袋子裝好背著或拖到地面。1550–1560 年間，將極有利於白銀生產的新方法——混汞法引進墨西哥，直到 1887 年引進氰化法後它才被淘汰。

當時礦床的開採是透過一種對印第安人的特殊勞役制度進行的。這種制度稱為「米塔制」(Mita)❼，是借用前印加帝國的米塔制和前阿茲特克帝國的「科阿特基特爾制」(Coatequitl)。依此制，凡十八至五十歲的男性土著都有義務被輪流徵調到礦山，每期勞動六個月或一年。

3.工商業發展

在殖民時期，西班牙為保護宗主國工業的利益，只把殖民地當作原料供應地和工業產品銷售市場，而且還獨占這個市場，因此殖民地的工業發展遠比農業與礦業來得薄弱和緩慢。此外，王室授予西班牙商人向殖民地提供歐洲貨物的壟斷權，可以得到鉅額收入，所以更不願殖民地的工業有任何發展。他們尤其不希望

---

❼ 根據米塔制，印第安人每年一定要向殖民當局提供成年男性居民總數的百分之四（墨西哥）至百分之十四（祕魯），從事強制性的勞役。主要是採礦，也有一些是修築道路或在種植園工作。依照規定，印第安人雖可領取微薄工資，但實際上被西班牙官吏從中貪污了。這種勞動非常繁重，工作條件與環境非常惡劣。勞動時間每天高達十八至二十二小時，只有到死才能換班，死亡是他們唯一的休息。因為繁重勞動或不堪虐待，因此死亡率高達五分之四，米塔制的實施也是造成美洲印第安人銳減的重要因素。

由於死亡率高，依米塔制徵召的印第安人往往等於被宣判死刑，親友們事前要為他們舉行葬禮。這種死亡率甚至讓國王和教會感到驚慌。國王害怕失去勞動力來源和納稅者，教會則害怕失去教徒。雖然國王先後頒布一些禁止虐待印第安人的法令，但這種表面文章，似乎沒有達到效果。

因此而使殖民地民族資產階級和工人階級日益擴大，威脅到西班牙的殖民統治。

殖民地工業中，比較普遍的是紡織業。在歐洲殖民者征服以前，印第安人的紡織業已相當發達。馬雅人、阿茲特克人和印加人等知道把棉花紡織成布，把駱馬毛織成毛織品。在十八世紀末和十九世紀初墨西哥已有相當發達的呢絨、棉織和皮革手工業。

殖民地的商業和工業一樣，受到西班牙宗主國嚴格的限制與壟斷。西班牙政府規定，殖民地只限於和宗主國進行貿易，不能與任何外國往來；甚至殖民地各區間的貿易，也受到嚴格限制。外國船隻只有得到西班牙政府許可，才能在殖民地靠岸，否則一經發現，全部貨品連同船隻一併沒收。

西班牙於 1503 年在塞維亞創設了「商業局」，專管宗主國和殖民地之間的貿易和移民事宜。所有開往殖民地或由殖民地返回西班牙的船隻、貨品、乘客及船員都須經過商業局的嚴格審核和檢查，並經商業局的核准。商業局除制定頒布有關殖民地的貿易條例和法規外，還負責徵收關稅。商業局存在了兩個半世紀，至 1780 年才取消。

在殖民時期，西班牙政府還規定，每年只有兩次船期開往美洲，並指定只能停靠墨西哥的維拉克魯斯、巴拿馬的波托貝約 (Porto Bello) 及哥倫比亞的卡達赫納 (Cartagena) 等三個港口，然後再將物資運往內陸或南美各地。回程則將貴金屬等產品運回西班牙。另外還有另一船隊往來墨西哥的阿卡布爾科 (Acapulco) 港和馬尼拉之間。由馬尼拉運往美洲的貨物，主要是中國的絲綢和

瓷器、印度的細棉布、香料和寶石；由墨西哥運往馬尼拉的主要
是美洲的土產和銀元。

　　殖民地的商業因管理不善、受雇人員不忠實、航程太遠、運
費高、殖民地官吏的勒索以及英、法、荷等國走私競爭和海盜掠
奪等，有時使商人蒙受重大損失。

三、宗教、教育與文化統治

　　哥倫布於 1492 年「發現」美洲後，羅馬教皇就於隔年發布關
於所謂基督教世界的分界線，把新大陸定為天主教的世界。十六
世紀初宗教改革後，雖有許多國家從天主教中分離出去，信奉新
教，但西、葡兩國仍保留了天主教。為了鞏固對殖民地的統治，
西班牙殖民者憑藉其統治力量，在羅馬教皇的大力支持下，把天
主教強加在印第安人身上，影響所及遍於政治、經濟、文化生活
各方面，並將拉丁美洲逐漸變成了天主教的天下。

1.宗教信仰

　　從殖民一開始，基督教信仰就伴隨著西班牙武力征服的迅速
推進，在美洲殖民地得到廣泛而迅速的傳播。在這過程中，基督
教依靠劍與十字架很快的在神學領域占據了統治地位，但是它並
未達到徹底消滅土著宗教的目的，因為經過最初兩種文化、兩種
宗教的衝突之後，印第安人透過各種方式保存了其宗教的某些成
分；而天主教傳教士為了迅速廣泛地傳播天主教及皈依活動，在
保持基督教的基本原則不變下，將土著宗教的殘餘部分融入基督
教內，因此產生了美洲兩種宗教間的調和與融合現象。

　　在征服之初的墨西哥，西班牙征服者拆毀印第安人的廟宇、夷平金字塔，搗毀其宗教偶像，並將土著人的文化和宗教遺產或是洗劫一空、或是付之一炬，這引起了印第安人最初的、自發的抵抗。但為什麼十六世紀初的美洲，特別是墨西哥，西班牙人沒有遇到印第安土著嚴重的抵抗，而在短期內迅速地使印第安人皈依天主教呢？這一現象是由各種歷史和現實因素造成。

　　第一個因素是：基督教在歐洲形成和傳播的過程中，逐漸的形成了其某些原則和目的與印第安土著宗教儀式相結合的傳統，即基督教從一開始就形成了調和主義傳統，這一特點有利於它在世界各地迅速傳播。隨著征服者來到墨西哥的天主教教士們，在土著廟宇的廢墟上建起了新的教堂，但在新的聖殿內仍舊接受往昔給土著偶像差不多同樣的貢品：毯子、羽毛製的十字架等。另一方面教會雖破壞了土著的廟宇，但其神靈仍以某種方式保留下來，它們隱藏在占據其位置的基督教聖徒偶像或假面具後面。

　　第二個因素是：征服活動迅速推進，要求簡化印第安人皈依天主教的有關儀式，以便從精神上迅速保證印第安人歸順。1521年西班牙人攻占了阿茲特克首都，隨之又迅速地征服了墨西哥其他地區。在這情況下，大批印第安人被迫或自願皈依天主教。因此，傳教士不得不為印第安人舉行集體洗禮儀式。但事實上，這種集體洗禮儀式只能實現印第安人從形式上皈依天主教，而不可能從根本上消滅土著人原有的宗教信仰。

　　第三個因素是：基督教與土著宗教從教義到儀式都存在著不少共同特點。因此，征服後不久，新的印第安教徒很快就習慣信

奉基督教了：要求時時刻刻遵守教規，每天、每星期或每年都要
花一定的時間從事重複但又有某些變化的儀式。在聖母的偶像崇
拜方面，墨西哥聖母瓜達露佩崇拜的出現和發展是基督教與土著
宗教成分相融合的典型一例；同時祂對墨西哥民族形成也有明顯
的凝聚作用。

　　殖民地教育本身有一套自上而下的組織機構，它也受「印度
等地事務委員會」的直接領導，成為殖民地統治制度中的一個主
要組成部分。大主教、主教由國王任命，教士則由總督指派。在
墨西哥，如遇總督缺位，有時就由大主教代行職權。

　　1501 年 11 月 16 日教皇亞歷山大六世頒布訓諭，允許西班牙
國王在殖民地徵收什一稅。王室以該稅的一小部分即什一稅的九
分之二用來建造教堂和向宗教崇拜提供資金。此外，在墨西哥殖
民時期，天主教及其教會影響不斷擴大，這表現在以下兩方面：
一是修道院不斷擴張；二是墨西哥地名、河流、湖泊或山岳許多
都是以聖徒名字命名。

　　教會對拉丁美洲社會生活實施嚴格的控制。在所有城市和村
落中，教堂照例要建立在當地的中心廣場上，而且是當地最美最
好的建築物。殖民地人民，一生下來就要受教會洗禮，以後無論
是受教育、結婚，一直到死，都要受教會的管轄。另外，教會也
掌握所有拉丁美洲的文化教育事業。所有由外地傳到拉丁美洲的
書籍，事前都要經過教會嚴格的審查。

　　在殖民時期，教會對印第安人的暴行，層出不窮，並不比世
俗統治者遜色。他們焚毀印第安人的手稿。不少教士甚至認為印

第安人是「沒有靈魂的動物，像野獸一樣不能領會基督教」。1569年1月25日，西班牙國王菲力普二世命令在殖民地建立宗教裁判所。利馬和墨西哥城的宗教裁判所，先後於1570年和1571年成立。

2.教育與文化

墨西哥近、現代的文化和教育是殖民時期文化教育的延續和發展，而殖民時期的文化教育又是中世紀歐洲傳統的翻版。實際上，和歐洲情況相仿，天主教會利用政教合一的勢力壟斷了美洲殖民地的教育。不過，在殖民統治者和天主教的專橫壟斷下，殖民地的文化陷於非常閉塞的局面。為了防止殖民地人民的反抗，西班牙統治者對印第安人、黑人、和各種混血人種採愚民政策，所以他們幾乎個個是文盲，就是土生白人知識也少得可憐。

在教育方面：美洲殖民地的教育完全為天主教所控制。各類學校都由教會或修道院主辦，在這個時期的墨西哥，修道士也把中世紀教會學校的傳統全盤搬來。因此，1523年聖方濟會在墨西哥創辦西半球的第一所學校，招收一部分土著子弟，教授宗教、西班牙文、音樂、繪畫等課程。另外，1536年聖方濟會也在墨西哥城附近建立了第一所印第安人的學校。但是教化印第安人的學校並沒有堅持很久，到十六世紀後半已經名存實亡了。此後，西班牙人把辦學校的重點放在城市裡。

拉丁美洲的第一所大學是根據1538年10月28日羅馬教皇的諭令在聖多明哥成立的，因為只有開設神學課程，所以只算是一所神學專門學校。墨西哥的大學教育也是起源於殖民地時期，

同樣是歐洲中世紀教育的翻版。在十六世紀中期，墨西哥的大主
教和總督多次向西班牙國王反映，墨西哥應創辦大學，以就地培
養神學家、文人和醫生，而且透過這種最高學府，一方面可將文
化教育領域中最純正的中世紀精神移植到美洲，一方面也可以培
養殖民地所需要的政治和宗教人才。

　　因此，從 1538 年起，墨西哥第一任總督門多薩和主教及墨西
哥城市政會就為在墨西哥創辦一所大學而積極活動。1551 年 9 月
21 日，菲力普王子簽署在墨西哥創辦大學的敕令。1553 年 1 月
25 日，墨西哥皇家天主教大學正式開辦。這所大學比美國最早於
1636 年開辦的哈佛大學還要早八十年。此外在 1773 年，墨西哥
還建立了一所藝術學校，1783 年又設立了一所礦業專科學校。不
過整體而言，西屬美洲的教育很不發達，直到殖民地時期結束總
共僅十二所大學。

　　在文化發展方面：西屬美洲不但教育落後，而且對書刊的發
行與流傳嚴格控制。凡是與天主教教義不相符的圖書，或不利於
西班牙國王統治美洲殖民地的書籍，一概不得運往美洲。凡偷運
者嚴懲不貸。根據十八世紀西班牙宗教裁判所的規定，總共有五
千多位作者的作品不准出版銷售和銷往殖民地。而且統治者對殖
民地的書店、圖書館、大學及私人藏書，也不斷地進行搜查，並
規定有人保存禁書，財產要沒收，人要法辦，書要公開燒毀。但
是宗主國和殖民地比較進步的人士，仍然想盡各種辦法，避開政
府和教會的檢查，運來一部分他們所需要的書籍。十八世紀後半
期，政府和教會的檢查工作逐漸鬆弛，因此英、法兩國一些啟蒙

運動思想家的作品，在殖民地中也比較廣泛流傳，甚至還促成後來的獨立戰爭。

殖民地擁有自己的印刷業和出版業。美洲最早的印刷所於1533–1534年間出現在墨西哥，特別用來印刷宣傳教義的書籍和小冊子。就像某些礦業加工法一樣，印刷術傳入墨西哥可能是依靠西班牙與德國的聯繫，因卡洛斯一世同時統治這兩個國家。

美洲的發現、征服與殖民，為文學和藝術創造提供了更廣大的新天地。無論在詩歌、散文、戲劇、小說、繪畫、雕刻、建築和音樂等方面，殖民地人民都有相當出色的成就，也表現了特殊的風格。印第安人本來就有豐富的藝術傳統，雖然受到殖民主義者的重大摧殘，並沒有完全中斷。他們還一直保持阿茲特克、馬雅和印加文化的傳統。

墨西哥現代的民歌民謠、民間遊戲或舞蹈許多成分也都起源於殖民時期；也就是說，是由西班牙的士兵、教士移民者等從歐洲帶來的。在美洲，這些西班牙人在征服、探險和殖民過程中常觸景生情，即以腦海中記憶的歐洲民謠、民歌表達其騎士精神和喜怒哀樂的情感。而且從文學性和音樂性方面來看，墨西哥歌謠是伊比利半島民謠的直系後裔。眾所周知，在現代墨西哥的城市和鄉村，民眾最喜聞樂見的樂隊就是所謂「馬里亞契」（Mariachi）小樂隊，它起源於瓜達拉哈拉。據說在一百多年前，有一個法國人在該城為其親戚婚禮請來一些樂師助興，當婚禮達到高潮時，樂師們愈彈愈起勁，於是這個法國人也高興的彈唱起來，並且大喊「馬里亞契」（mariage，法語意為婚禮）。從此，當地人就把這

圖 20：墨西哥著名音樂馬里亞契演奏情況

種巡迴演出的民間樂隊叫做「馬里亞契」。

　　由於西班牙近三百年的殖民，現代墨西哥的官方語言是西班牙語。但是長期以來，西班牙宗主國與墨西哥殖民地間有著自然環境、歷史發展、社會經濟等條件方面的巨大差異，所以現代墨西哥的西班牙語和歐洲本地的西班牙語有著顯著的差別。其表現之一是，墨西哥的西班牙語中還保留了中世紀的語言成分，也就是擬古的成分，亦即西班牙文學「黃金時代」（十六至十七世紀）之前的語言。

　　在美洲的征服和殖民時期，歐洲的特別是西班牙的宗教劇和傳統舞蹈隨著宗教的傳播而流傳到墨西哥各地，其中有一些藝術形成與土著成分相混合，成為具有獨特風格的民俗文化形式。墨西哥的戲劇誕生於 1528 年 1 月 6 日，當時在主題節彌撒中，用印第安納瓦語表演了一齣戲劇。此外，由於西班牙征服者從歐洲帶

來的疾病，造成印第安人大量死亡，產生了墨西哥民間舞蹈和表演中常見的一種主題：死亡。墨西哥相當流行骷髏舞，在其中，死亡將其犧牲者帶到另一個世界之前，與其犧牲者跳舞。在墨西哥，這種舞蹈具有半戲謔的特點，並成為許多土著村莊舉行民間慶祝活動的一部分。

　　墨西哥的繪畫和雕刻藝術，也同樣存在印第安和歐洲兩大傳統。一般而言，在殖民地時期，這兩種藝術風格並沒有明顯的融合在一起，主要還是受中世紀歐洲的影響。實際上，殖民地時期美洲最豐富的藝術之一——墨西哥繪畫學派，是隨天主教的輸入而誕生的，它注重宗教題材。雖然土著壁畫家擁有自己的技巧和構圖傳統，但是墨西哥宗教壁畫的特點是哥德式的，並且有某些題材取自歐洲。此外，十六世紀墨西哥的繪畫也深受義大利流派的影響。在十六世紀墨西哥的許多雕刻作品中，表現出西班牙的藝術痕跡，同時也含有土著成分和哥德式的形象風格。

　　十六世紀墨西哥的住宅建築基本上是西班牙式，但它有深遠的羅馬根源，也並存著阿拉伯的風格。墨西哥的宗教建築，特別是修道院建築方面，保留了歐洲中世紀藝術的深刻痕跡。十六世紀初由於有大量的印第安人需要皈依天主教，所以當務之急是儘快地建築教堂和洗禮堂。於 1537 年動工，歷經近三百年至 1804 年才完工的墨西哥大教堂，被稱為是保存至今最典型的文藝復興式大教堂。

　　至於文學方面也有豐富成果。西班牙人來到美洲殖民地後，將對美洲的發現、占領和殖民等活生生的歷史記載下來，就形成

圖21：位於墨西哥市歷經近三百年才落成的墨西哥大教堂

了編年史。殖民者為歌頌他們自己的事蹟，也因而產生了史詩。
歷史和史詩便成為殖民地文學的開端。在殖民統治三百年間，曾
經產生過許多優秀的作家和作品，其中墨西哥最負盛名的是修女
文學家德拉克魯斯。

四、社會概況

1.美洲社會整體狀況

　　整體而言，十五世紀末、十六世紀初，西班牙殖民者移民到
美洲後即建立殖民據點，從事殖民活動。建立殖民據點，集中居
住，一是為了有效占有土地，二是為了有效占有自然資源和人力
資源。這殖民據點就是市鎮的雛形，在此基礎上發展形成了新興
模式的社會。當時一些市鎮就建立在原先的古代城址上，像今天

圖22：德拉克魯斯 (Sor Juana Inés de la Cruz, 1651–1695) 生於墨西哥波波山 (Mount Popo) 附近的農村，從小天資聰穎，三歲就學會閱讀，九歲進入墨西哥城的總督府。由於她的奇才和美麗，得到總督和總督夫人寵愛，成為總督夫人的侍女。總督為了炫耀他侍女的才華，特地邀了四十位有名的西班牙學者考察她的才能。結果她對答如流，把在場的所有人都嚇呆了，總督甚至將她比做「擊退了襲擊小船的一般巨大的西班牙戰艦」，從此她聲名大噪。十六歲時，她離開總督府進修道院當修女，潛心鑽研文學。

德拉克魯斯是一位音樂家和詩人。她寫了許多作品，包括十四行詩、諷刺詩和喜劇等，其中大部分都已失散，遺留下來的著名作品有長詩《初夢》和散文《答菲洛特爾·德拉克魯斯的信》。在這些詩歌中，她把世俗精練的形式與宗教神祕的內容結合起來，成為西班牙古典文學不可分割的一部分。詩也傳播很廣，其罕見詩才被同時代的人譽為「第十位繆斯」。她精通多種語言，她在韻文上的成就囊括了墨西哥多種族社會的整個文化領域，因為她常在書中使用印第安人和黑人講的通俗和混合的語言。在她的一些詩中，經常質疑墨西哥社會對男人和女人存在著雙重的道德標準，可說是美洲大陸第一位女權的捍衛者。

的墨西哥城就是建立在阿茲特克首都特諾奇提特蘭城上；另一些市鎮則是根據需要而設，像墨西哥的阿卡布爾科即是為了殖民時期海運而設立的。這些新市鎮逐漸發展為地區和地方性的政治、

經濟、宗教、文化中心。

殖民者在建立西班牙人市鎮的同時,也建立了印第安人的市鎮,以便有效地控制和徵調土著勞力及有利於誘導土著皈依天主教。一般來說,西班牙人市鎮是個比較穩定、不斷發展壯大的社會實體;而印第安人市鎮則因瘟疫的流行和勞累過度,造成土著人口急遽減少,因此是個動盪、不斷衰落、解體的實體。例如,墨西哥中部地區土著人口在 1519 年有二千五百萬人,1580 年減少到二百萬人,到 1630 年只剩下七十五萬人。

因為印第安人大量死亡,印第安人市鎮的土地大面積荒蕪,陸續被享有委託監護制的殖民者霸占、併吞,產生了新型地產制度:大莊園。也因而逐漸形成「城市一農村」的新社會模式。

在人口種族構成方面,因為西班牙對美洲初期的征服團隊幾乎清一色以男性為主,後來隨著統治基礎的穩固,西班牙單身女性逐漸到來,但為數仍相當少,因為缺乏女性,所以許多征服者便和印第安婦女結婚,其後代在美洲大陸形成另一新興且主要人種麥斯蒂索人。根據統計,1789 年西班牙美洲殖民地人口為一千四百零九萬一千,分別居住在大城市和農村,大致分為五個人種集團:印第安人、白人、麥斯蒂索人、穆拉托人 (Mulato) 和黑人(參見表一)。

土著印第安人是美洲古代文明的延續,大都生活在農村,主要在大莊園從事農業生產活動。十七世紀下半葉,隨著農牧業的發展和生活的安定,土著人口逐步回升,到十八世紀末、十九世紀初占了西班牙美洲殖民地總人口數的一半左右,為第一大人種

集團。白人包括西班牙人和克里奧約人。西班牙人來自歐洲，多半是國王派遣至殖民地的官員。克里奧約人則是出生在美洲的西班牙人後裔，通稱土生白人。西班牙人控制殖民地的政治；克里奧約人則控制了經濟和文化。由於被排除擔任重要職務，克里奧約人對西班牙人漸生不滿，最後甚至成為美洲獨立的主幹力量。黑人來自非洲，被販運到美洲賣身為奴，主要在種植園勞動。

　　土著、白人、黑人、加上少數亞洲人之間的通婚，誕生了混血人種。混血人種又分為幾個種族群體：土著和白人混血的後代稱麥斯蒂索人；穆拉托人則是黑白混血；桑博人 (Zambo) 是印第安土著和黑人的混血後代。而人數較多的是麥斯蒂索人和穆拉托人。前者大多生活在城市，從事商業和手工藝活動；後者多半生活在農村，從事農牧業生產活動。

　　西班牙美洲殖民地區領土遼闊，各地區人口種族構成有所差

表一：1789 年西班牙美洲殖民地人種分布

種族集團	城市人口			鄉村人口			總人口	
	人數 (千人)	占城市人口比例 (%)	占各種族集團人口比例 (%)	人數 (千人)	占鄉村人口比例 (%)	占各種族集團人口比例 (%)	人數 (千人)	占總人口比例 (%)
印第安人	1728	36.8	22.0	6132	65.3	78.0	7860	55.8
白　人	1670	35.6	51.8	1553	16.5	48.2	3223	22.9
麥斯蒂索人	666	14.1	64.4	368	3.9	35.6	1034	7.3
穆拉托人	419	8.9	39.1	653	7.0	60.9	1072	7.6
黑　人	214	4.6	23.7	688	7.3	76.3	902	6.4
總　計	4697	100.0	33.3	9394	100.0	66.7	14091	100.0

資料來源：郝名瑋、徐世澄，1999：135

異，大致分成三個不同地區：一是安地列斯群島和大西洋沿岸地區，土著幾乎全部消失，主要以黑人和黑白混血人種為主。二是新西班牙總督區和祕魯總督區，為古代印第安土著定居地，新人口構成以混血人種和印第安人為主。十九世紀初，新西班牙地區人口約六百萬，其中西班牙人約一萬五千、克里奧約人約一百一十萬、混血人種二百四十萬、印第安人二百三十萬、黑人不足二十萬。

殖民地的社會階級也帶有濃厚的種族色彩。大莊園主、大牧場主、大種植園主、大商人和礦主等組成社會上層階級，他們主要是克里奧約人，另有極少數的麥斯蒂索人。殖民地官員也屬於這一階級，握有行政、司法大權。社會下層階級是由廣大勞動群眾組成，他們從事農牧、礦業生產活動，絕大部分是印第安人、麥斯蒂索人、穆拉托人和極少數的黑人等。處在社會最底層的是奴隸。

2.墨西哥社會概況

在殖民時期，西班牙人把許多歐洲封建殘餘傳統移植到墨西哥，也把歐洲的古老民間習俗傳播到殖民地，有一些成分一直保持至今。其中，墨西哥總督府的奢侈傳統可歸因於征服者及其後裔的貴族化思想。殖民地的顯貴們講究浮誇的禮儀和過著紙醉金迷的生活，與廣大民眾貧窮的生活形成強烈對比，擴大社會內部的差距，這是近現代墨西哥社會兩極化的歷史根源。

在墨西哥城，最重要的城市慶祝活動開始於 1538 年的建城日。每年 8 月 13 日舉行城慶，該日正是西班牙征服者攻陷阿茲特

克首都特諾奇提特蘭城的紀念日。慶祝活動最重要的節目是戴著王徽、舉著旗標的遊行，極其奢侈浪費。這一習俗最後在 1822 年宣告終止。墨西哥城的王旗遊行是紀念建城日的慶祝活動，但不限於首都，在其他城市也舉行類似儀式，但不像墨西哥城那樣豪華壯觀。上述這些活動都是由殖民地顯貴組成，目的是為了宣揚和擴張他們的權勢。

不同於歐洲，在美洲的貴族在社會政治中僅享受一些不大重要的特權和禮儀，但他們掌握了土地、礦山和牲畜，在經濟上影響巨大。1700 年前西班牙哈布斯堡王朝的國王在墨西哥授予貴族的稱號很少，一直把這作為對效勞王室者的罕見獎勵。但隨著 1700 年波旁王朝入主西班牙，貴族稱號的授予是由王室任意出賣，而由資產階級、礦業主或商人購買。此時貴族特權很少且流於形式。1826 年，西班牙國會廢除了貴族的稱號。

雖然在獨立之前作為社會集團的印第安貴族已經消失，但在墨西哥還存在西班牙殖民者所承認的土著貴族。然而土著貴族沒有構成一個世系，因為其社會地位是可以變動的。在修道院裡長大者或在商業和手工業發財者都可加入這個階層；除此之外，透過婚姻關係也可取得貴族地位。

從中世紀歐洲傳播到墨西哥社會的另一種社會習俗是世俗或宗教嫁妝。事實上，這是在封建社會制度下通過聯姻或宗教關係實行的一種財產轉移形式。世俗嫁妝是女子在結婚時所帶來的財產，作為父親遺產的預支；而宗教嫁妝則是特倫托宗教會議規定的，就是一個修女在加入宗教社團時捐獻一定數量的財產。世俗

嫁妝既起源於日耳曼法，也起源於羅馬法，從十二世紀起在伊比利半島普遍化，並在墨西哥成為各上層階級的習俗且流傳至今。

孩子的父母與其教父之間的關係所形成的乾親關係，是另一種在墨西哥社會中根深蒂固的中世紀習俗。這是指透過宗教儀式建立的，幾乎是具有聖事特點的一種杜撰的親戚關係。這種乾親關係建立在兩個成人之間，並且具有立竿見影效果的一種社會關係紐帶。乾親關係既便利於新學徒進入行會，也有利於封建意義上騎士制的發軔。總之，乾親關係是社會經濟活動所要求的一種家庭關係的擴張。

隨著行會消失之後，乾親關係從原先的宗教意義脫離而演變成世俗性。如此，由於能夠結親的機會增多，人們不僅能在同一社會地位上，且能與較高的社會階層建立較緊密的社會關係，現代已發展出名目繁多的保護人。形形色色的保護人出現，說明現代社會中錯綜複雜的人與人之間的利害關係，甚至是一個人事業成敗的重要環節。

擁抱是表示友誼或政治結盟的身體動作，透過第一批探險者和征服者，從中世紀西班牙傳到了美洲。從殖民地時代起，擁抱就開始變為民俗，後來又變成墨西哥人最富特色的問候形式。

總之，西班牙人對墨西哥三百多年的殖民，構成墨西哥人相當複雜的民族情感。就如墨西哥城三文化廣場一塊石碑所載：「1521 年 8 月 13 日，夸特莫克曾英勇地保衛特諾奇提特蘭城，而後該城陷入科爾特斯手中。這既非勝利，又非失敗，而是麥斯蒂索民族即今日墨西哥痛苦的誕生。」長期以來，在墨西哥，西

班牙文化、印第安文化，加上非洲黑奴的大量引進帶來的非洲黑人文化，不斷發生撞擊、衝突、妥協和融合，大陸學者劉文龍把這種現象稱之為「文化碰撞的悲喜劇」。

對於墨西哥的麥斯蒂索人，他們有一個難以接受的現實：其祖先既是被征服者，又是征服者。他們既有印第安的種族特性，為墨西哥古代燦爛的印第安文化而自豪，但他們講西班牙語，信奉天主教，常把西班牙看作是自己的「母國」。

墨西哥麥斯蒂索人雖然信奉天主教，但是他們崇拜的是已經墨西哥化的聖母瓜達露佩，而非聖母瑪利亞。麥斯蒂索人喜歡吃的是玉米餅、辣椒醬。他們平時沉默寡言，待人接物謹慎小心；但是一到節慶聚會時，會將平時都積在心中的痛苦和憂傷全部傾吐發洩出來。麥斯蒂索人重視歷史、重視傳統。他們以歷史事件

圖23：墨西哥城的三文化廣場，它融合了印第安古文明殖民時期的特拉特洛爾神廟及墨西哥現代建築而成，是墨西哥城最具特色的地標。

與英雄誕辰為法定節日，在全國各地豎立英雄的塑像和紀念碑，也用英雄的名字、重大歷史事件的日期命名建築物、街道、學校等。這一切展現了墨西哥麥斯蒂索人強烈的民族性。

1810 年，神父伊達爾哥帶領一批臨時集結的農民軍在多洛雷斯，發動墨西哥脫離西班牙獨立的第一戰，直到 1821 年墨西哥才成為一獨立的國家。

獨立運動與獨立初期的墨西哥

第一節　墨西哥合眾國的誕生

　　拉丁美洲的獨立運動是 1790 年在海地開始，至 1810 年獨立
戰爭的火焰蔓延到整個拉丁美洲大陸。這一系列的獨立革命不是
一次偶然的事件，而是拉丁美洲人民經過長期醞釀形成的。革命
主要目的在於推翻西班牙和葡萄牙的殖民統治，完成民族獨立的
任務。拉丁美洲革命就其性質而言，是緊接美國和法國革命之後
一連串資產階級革命的一環，但因具體條件不同，和美、法的革
命不完全一樣。美、法的革命是由資產階級領導，具有明顯資產
階級革命性質。但在拉丁美洲，因為受到西、葡的封建專制統治，
工業不發達，資產階級勢力軟弱，真正的工人階級還沒出現。土
生白人克里奧約地主階層中的分離主義者，在革命中產生很大作
用。但是拉丁美洲的這場革命並不徹底，它沒有從根本上動搖封
建土地所有制。各國獨立後，西、葡兩國的殖民地統治雖已結束，

但英、美等新殖民主義者卻接踵而來。此外,拉丁美洲革命就所涉及的地區、人口和時間而言,都比美、法等國的革命廣泛得多,時間前後持續四十年之久。就人口而言,被革命波及的達二千萬人。

一、獨立的背景與原因

十九世紀初拉丁美洲爆發革命運動以前,以墨西哥為中心的新西班牙總督區,是西班牙在美洲殖民地最早的發號施令中心,在政治、經濟、文化等方面都占有最重要的地位。在 1814 年,它已擁有六百多萬人,占西班牙在海外殖民地三分之一的人口,但比 1810 年美國的七百多萬人口略少。出產當時世界上三分之二的銀,農業發達,商業繁華。墨西哥城為當時整個西半球的第一大城,居民達十三萬五千人。特別在文化、教育和藝術發展方面,它比其他拉丁美洲地區要高。但是,在殖民統治時期,享受墨西哥經濟文化利益的,並不是墨西哥人民,而是西班牙王室與西班牙在墨西哥的一小撮統治者。

在墨西哥,殖民者的力量比其他地區強,因此其統治也較為穩固。革命者在城市發展較為困難,因此革命的中心在小城市和鄉村。另一方面,墨西哥的階級矛盾也最尖銳。長期被奴役的印第安人和麥斯蒂索人❶,對西班牙統治者懷有仇恨。因此,墨西

---

❶ 墨西哥的黑人少,黑奴制度雖也曾被引進墨西哥,但並未盛行。這是由於墨西哥印第安人很多,而且他們大多早已改信了天主教,土生白

哥革命比其他西屬美洲地區更富群眾性。領導起義的大都是貧苦農民和下級教士，他們不但要求民族獨立，也從一開始就提出解放奴隸、廢除貢稅以及把土地歸還印第安人等重要訴求。

　　墨西哥獨立革命運動的基本原因，乃是殖民地制度下的種種壓迫。首先，殖民時期，西班牙對墨西哥經濟上的控制與壟斷是造成墨西哥人民反抗的最主要因素。再者，殖民制度本身，在社會上對克里奧約、麥斯蒂索和印第安人的歧視，也是主要因素。

　　在殖民時期，西班牙政府嚴格規定，殖民地只能和宗主國而不能和其他國家地區直接貿易。因此，墨西哥貿易必須經由西班牙才可以運往其他國家，而且必須支付百分之十五至十七的稅；外國貨物也只有經西班牙才能運送到墨西哥，且必須付百分之三十六‧五的關稅。墨西哥進出口的貨物有百分之九十以上經由西班牙轉運，因此在殖民最後二十年間，每年墨西哥須為此付出一千七百多萬披索的稅，約占墨西哥總收入的百分之七‧二。這項數據是英國對其北美殖民地獨立前夕所徵關稅的三十五倍。這種種經濟和貿易上的限制造成墨西哥人民普遍的不滿。雖然在十八世紀中葉以後，卡洛斯三世曾將貿易上的限制減少，殖民地嚐到了商業自由的味道，但卻使他們對西班牙的愛減少了。

　　在獨立前夕，墨西哥有百分之六十是印第安人，百分之二十二是麥斯蒂索人，白人大約占百分之十八。另外，在白人之間也存在很大的分野。在美洲出生的西班牙人（克里奧約人）就高達

人地主的莊園和礦山，已經有了足夠的勞動力供其奴役。

　　總人口的百分之十七‧八，而那些被墨西哥當地人蔑稱為「加丘賓」，來自西班牙的白人，大約只有一萬五千人，約占總人口的百分之○‧二。這些極少數的西班牙白人囊括了墨西哥所有高階的行政和軍事職位。

　　至於地位居次的克里奧約人，大都是農、礦業主、商人等，有些還頂著貴族頭銜。而且在 1811 年墨西哥城總督府的六百名各級公務人員中，克里奧約人占百分之六十五，其餘為西班牙人。雖然如此，大部分高階職務都是歐洲西班牙人占有，大多數的克里奧約人只能擔任較低的職務。此外，獨立時期，只有一位主教是克里奧約人。同屬克里奧約人的小商人、小地主、小礦主，以及低階軍官也對現狀感到挫折與不滿，這群人形成新的社會階級——資產階級，後來也成為墨西哥獨立的主力之一。

　　占總人口數八成以上的麥斯蒂索人和印第安人在法律地位、生活習俗上和特權階級有很大分野，他們也是極貧窮的一群。法律規定他們不能擔任公職和神職，也不能和西班牙人住在同一地區，他們只是社會的勞動者和供應者，他們還需納稅也受特別法律的限制。在獨立運動前夕，屬於墨西哥人大眾糧食的玉米價格飆漲，使得窮人的生活條件更加惡化。在 1790 年，二十二升的玉米大約賣十六到二十一里亞爾（西班牙古硬幣），到 1811 年已飆漲到三十六里亞爾。窮人必須將一半以上的收入花在購買玉米糧食上，且經常三餐不繼。

　　這場 1808–1811 年橫掃墨西哥的生活危機是 1810 年墨西哥群眾叛變，發動獨立運動的導火線。西班牙法律規定的種族分野

所產生的歧視與不平等，引發墨西哥大眾對政治的不滿，也是造成墨西哥經濟缺乏效率及低度發展的根源。

對於爭取個人自由和反抗西班牙帝國控制，還有那些外來的強大力量，自由主義的哲學家，美國獨立所爭取的民權，法國革命所獲得的自由、平等、博愛的思想，以及他們成功地推翻了君權的事實，都一幕幕地看在美洲克里奧約青年眼裡。此外，走私商人、旅行家和外國人帶來了許多啟蒙時代的書籍或其他宣傳品給已經不滿的克里奧約人帶來了更多的不滿。這些外在的因素也直接或間接促成墨西哥的獨立運動。1808 年拿破崙入侵西班牙，罷黜卡洛斯四世及費南多七世 (Fernando VII)，造成王室權力真空，更是導致墨西哥及其他西語美洲國家獨立的導火線。

二、獨立的經過、結果與影響

1808 年拿破崙入侵西班牙的消息傳到美洲以後，墨西哥的土生白人克里奧約人遂要求自治或進行獨立運動。但是由於西班牙人在墨西哥控制極嚴，他們動用殖民地軍隊，採取先發制人的手段，把一些有名望的自由派土生白人逮捕入獄，以確保墨西哥總督府及其他重要殖民地政府機構忠於西班牙。墨西哥城不但沒有能成為革命的發祥地，反而變成維護西班牙殖民權力的堡壘，這是墨西哥土生白人沒能像其他地區組成一個領導全國革命的組織，而只能分散各地區進行一些活動的主要原因。

同時，以西班牙白人為主的檢審庭也反對拿破崙，他們在國王的名義下，拒絕承認任何與西班牙平等及民權的思想。當時的

總督伊杜里加瑞 (José de Iturrigaray) 是當時卡洛斯四世國王大臣哥多依 (Manuel Godoy) 的黨羽，他是個具有野心的機會主義者，他心想，如能與拿破崙合作，必須抓住機會，或許可以因此做墨西哥國王。於是他選擇支持克里奧約人。但總督伊杜里加瑞的詭計被識破，大主教率領檢審庭及一群西班牙白人發動武裝政變攻進總督府。總督被廢，立一傀儡，等待來自西班牙的新總督。在被西班牙白人玩弄和欺騙下，克里奧約人組織了許多祕密會社並轉入地下活動。1810 年 8 月從西班牙來的新總督委內加斯 (F. X. Venegas) 悄悄的在首都就職。他到職兩天後就爆發了墨西哥的獨立運動。

圖 24 ：墨西哥革命之父伊達爾哥 (Miguel Hidalgo, 1753–1811) 出生於墨西哥巴亞多立 (Valladolid) 城的中上階層的土生白人家庭。獲得墨西哥大學神學學位後，他回到故鄉，擔任哲學和神學教授。他在 1778 年取得神父職位，1803 年接替已逝哥哥的職務，做多洛雷斯教區神父。從此，他一方面在當地白人和麥斯蒂索人中間積極鼓吹和傳播法國革命有關獨立、自由和人權的思想，使多洛雷斯有「小法國」之稱。另一方面，他倡導教育改革，鼓勵和協助印第安人種植為法律所禁止的橄欖、桑樹和葡萄，製造新的陶器和皮革，也教導他們養蜂，使印第安人的生活有顯著改善。這一切都大大提高了他在當地的威望

並獲得大眾的信任，為以後革命提供有利的條件。

1810 年伊達爾哥參加了克雷塔羅市的愛國團體，他們共同商定在 1810 年 12 月 8 日這天舉行武裝起義，宣布獨立。但是，起義的消息被叛徒洩漏。伊達爾哥當機立斷，決定提前發動起義。他下令釋放犯人，並派人通知其他愛國者。1810 年 9 月 16 日清晨，伊達爾哥和往常一樣敲響教堂大鐘。當印第安人齊集後，他上臺並大聲呼籲群眾抵抗西班牙政府的壓迫和統治，這就是著名的〈多洛雷斯的呼聲〉，這一呼聲宣告墨西哥獨立戰爭的開始。9 月 16 日後來被訂為墨西哥的國慶日。一開始，起義軍在伊達爾哥的統帥下，以聖母瓜達露佩肖像作為起義軍旗幟，士氣高昂，勢如破竹，攻占了許多城市。10 月底起義軍本有機會攻占墨西哥城，但統帥伊達爾哥卻猶豫不決，最後並決定撤退。在撤退時起義軍和卡耶哈 (Félix Calleja) 率領的殖民軍主力遭遇，起義軍傷亡慘重，且有近萬人逃亡。此後，伊達爾哥和阿彥德在戰略上意見分歧，起義軍遂一分為二。1811 年 1 月，卡耶哈率一萬名殖民軍進逼瓜達拉哈拉，起義軍與殖民軍在城外發生激戰，起義軍失敗。伊達爾哥被撤除軍事統帥職務，由阿彥德繼任。起義軍繼續向北撤退，途中中了敵人埋伏，伊達爾哥與阿彥德雙雙被捕。阿彥德等先遭殺害。7 月 30 日，為墨西哥勞動人民所熱愛的伊達爾哥，慷慨就義。他和戰友阿彥德的頭顱被送到瓜納華托，懸掛在一倉庫的牆上示眾，一直到 1821 年革命勝利為止。墨西哥人民為了紀念這位為革命犧牲的偉大戰士，尊稱他為「墨西哥獨立之父」。

　　不同於墨西哥城受到嚴密控制，北方諸城反倒成為獨立運動革命的搖籃，其中最活躍的是克雷塔羅 (Queretaro) 城。1810 年由於整個拉丁美洲革命形式的發展，克雷塔羅城愛國分子的活動更加積極。他們決定在 12 月 8 日發動一場革命，宣布墨西哥獨立並派人到墨西哥各城市進行聯絡。神父伊達爾哥也參加了此活動。後來，消息不幸走漏，一位年輕軍官阿彥德 (I. Allende) 於 9 月 15

日火速來到多洛雷斯 (Dolores)，向伊達爾哥傳達該項訊息。伊達爾哥當下決定提前起義，於 9 月 16 日發表著名的〈多洛雷斯的呼聲〉，起義軍打著聖母瓜達露佩為圖案的旗號，攻占瓜納華托城。這次革命得到社會下階層的支持，由教士領導，但卻被教會、西班牙白人和克里奧約人所反對。伊達爾哥的軍隊在一週內，便在瓜納華托城外聚集了五萬群眾，包括印第安人和麥斯蒂索農奴等下層階級。他們很希望伊達爾哥能帶領他們獲得更好的生活。當這支未經訓練的軍隊占領城市時，他們搶劫貴族人家，也殺害了許多克里奧約人的家屬。

　　當起義軍繼續向其他城市進軍時，伊達爾哥和其副手阿彥德為了軍隊的訓練和戰略戰術問題起了爭執，起義軍遂一分為二。1810 年 9 月間，伊達爾哥有意在瓜達拉哈拉組織政府，擬訂基本政策。他對從西班牙人手裡爭取獨立並不太熱心，但卻想解放農奴，為印第安人爭取土地，廢除印第安人的稅務等。翌年 1 月 17日，在瓜達拉哈拉附近，他的軍隊在殖民軍手下吃了一場敗仗。他們的補給車亦爆炸起火，引燃了附近的乾草，一時烈火沖天，情況至慘。阿彥德和伊達爾哥逃亡，但雙雙被俘。伊達爾哥的聖職被褫奪後，與阿彥德一同被視為普通罪犯處死。

　　伊達爾哥起義軍雖然宣布獨立是他們的目標，但整體而言，這次起義軍最大的弱點是缺乏明確的目標、具體的行動綱領，也缺乏穩固的領導中心。另一方面，由於他們一路搶奪貴族並且殺害土生白人家屬，引起西班牙白人及克里奧約人的恐慌，並將此次起義視同於 1780 年祕魯杜巴克阿瑪魯 (Tupac Amaru) 印第安

人的叛亂活動。天主教會也對這項行動加以禁止、嚴厲譴責，並宣傳這是野蠻的叛亂活動。

　　墨西哥獨立運動所點燃的革命火焰並未隨著伊達爾哥及阿彥德的就義被撲滅。另一位教士莫雷洛斯❷在當時被伊達爾哥指派帶領二十個弟兄，沿路探察並計畫攻取阿卡布爾科，因此逃過了一劫，遂號召九千名志願軍，在墨西哥西南部丘陵地帶，組成一支游擊隊，繼續對抗殖民軍。莫雷洛斯是比伊達爾哥高明的戰略家與組織家，因此他很快便控制墨西哥南部的大部分地區。1813年莫雷洛斯在所控制的地區召開國民議會；11 月 6 日在奇爾潘興戈 (Chilpancingo) 城宣布墨西哥為獨立共和國。1814 年 10 月又通

圖 25： 在莫雷洛斯神父的掩護下，1814 年 10 月 22 日墨西哥第一屆國會在米喬阿肯州的阿帕福新肯一處民宅召開。

❷　莫雷洛斯 (José María Morelos, 1765–1815) 是一個出身貧苦的麥斯蒂索人，年輕時曾在連接太平洋沿岸的阿卡布爾科和墨西哥城的「中國之路」上當馬伕。繁重的勞動，將他的身體鍛鍊得很結實。二十五歲時，進入伊達爾哥任教的聖尼古拉斯學院讀書。1797 年，他到一個小教區當神父，由於辦事認真，嚴以律己，所以深受教區居民的尊敬。1810年 9 月革命爆發後，他參加了革命。

過了共和國憲法，規定建立共和、廢除奴隸及社會和種族的不平等，實現了伊達爾哥曾經想做而來不及做的事業。但同樣不幸的是，他所領導的部隊也在 1815 年被西班牙殖民軍打敗。他本人被俘，並在同年 12 月 22 日就義。

在莫雷洛斯去世後幾年，墨西哥人民一直堅持游擊戰爭。這時，大多數地主因害怕農民，仍然支持殖民統治者。但是，由於 1820 年 3 月西班牙國內發生自由派所領導的起義，恢復了 1812 年的自由憲法，並實行了許多反封建、反教會的措施，如取消宗教裁判所，接收教會的什一稅，允許言論自由以及命令殖民地准許選舉等。墨西哥的保守派人士，如檢審庭人員、大地主、高級教士等認為西班牙 1820 年革命的立憲主義，反對教士干預政治以及民權思想，比墨西哥的獨立運動還要危險，便轉而支持墨西哥脫離西班牙。領導這個運動的是一位原屬殖民軍的軍官伊圖爾維德 (Agustin de Iturbide, 1783–1824)。他在 1821 年 2 月 24 日發表「伊瓜拉計畫」❸，提出以「宗教、統一和獨立」三項為基礎的

---

❸　「伊瓜拉計畫」是伊圖爾維德和起義軍領袖，印第安人格雷羅 (Vicente Guerrero)，在墨西哥南部小鎮伊瓜拉共同商量訂定。根據這項計畫，新西班牙總督區將成為一個獨立的天主教君主政體，如果費南多七世願意到新大陸來，便將大位給他，或是給他所推薦的任何青年王子。計畫並規定在墨西哥新憲法頒布前，暫時施行 1812 年西班牙在加地斯所公布的自由憲法。計畫中規定儘速召開議會，也規範新政府應保障天主教會的特權、建立獨立的君主政體、團結西班牙人及美洲人以及承認任何人只要接受這項計畫，就可以擔任政府官員、神職人員及軍

綱領。這項計畫由新總督俄當諾湖 (Juan O'Donojú) 於 1821 年 8 月 24 日在哥多華 (Córdoba) 簽訂一項條約加以承認。伊圖爾維德刻意選在 9 月 27 日三十八歲生日當天率領軍隊凱旋進駐墨西哥城，次日便組成政府委員會且擔任委員會首長。委員會隨後發表了墨西哥脫離西班牙獨立的宣言。伊圖爾維德獲得這項勝利後，馬上背叛農民和革命，在國會順水推舟下，於 1822 年 7 月 25 日在墨西哥大教堂正式即位，自行加冕為奧古斯汀一世。而原屬於新西班牙總督區的中美洲各省在一番激辯後也併入墨西哥帝國。

伊圖爾維德所建立的皇宮，其奢侈情形超過任何一位總督，因此引起各方領袖怨憤不已。克里奧約人權勢日弱，下層社會生活也日益貧困。伊圖爾維德甚至還解散國會。這時由瓜達露佩·維多利亞及聖塔安納兩位將軍所領導的反叛軍，提出「加薩馬塔計畫」(Plan de Casa mata)，要求召集一新國會並草擬一部聯邦共和國憲法。1823 年 3 月 19 日伊圖爾維德被迫退位，流亡義大利和英國，結束短暫的墨西哥帝國。他曾於 1824 年 7 月試圖重返墨西哥，被捕入獄後處決。1822 年合併於墨西哥的中美洲各國，於帝國瓦解後在 1823 年 7 月，脫離墨西哥另組「中美洲聯合省」，1838 年分裂成為目前獨立的中美洲五國。

1824 年，長達十多年的獨立運動終告結束，墨西哥合眾國正式成立。經過長期獨立運動的墨西哥傷痕累累。據估計，獨立戰爭中墨西哥人口減少了百分之十，大約六十萬人。國民平均所得

官等。這項計畫也保證墨西哥經濟和政治的穩定。

　　也從 1810 年的三十五至四十披索，跌至 1821 年只剩下二十五至
三十披索；礦業生產只剩原來的四分之一；農業生產減少了一半
以上；工業生產則減少了三分之二；貿易方面，逆差情況嚴重，
為此從 1824 年起墨西哥政府開始向英國銀行舉債。

　　墨西哥的獨立，整體而言和其他西語美洲國家的獨立革命一
樣，是屬於資產階級革命的範疇。但也具有墨西哥的民族特點：
首先，革命的過程中，印第安人與麥斯蒂索人在革命先驅者伊達
爾哥及莫雷洛斯的領導下，曾積極參加獨立戰爭，提出解放奴隸
與分配土地等進步的要求。但是革命的果實，完全由克里奧約人
的封建地主所竊取，麥斯蒂索人及印第安人毫無所得。其次，天
主教會與保守勢力，獨立後握有比革命前更多更大的權力。一切
掌權者都把教會看作是自己的同盟者。最後，軍隊在獨立後扮演
非常重要的角色。反動統治集團為了爭權奪利，常常以軍隊為後
盾。軍隊將領也與政客集團相勾結而干預政治。獨立後絕大多數
總統都是將軍。總之，大地主、天主教會、反動政客集團和軍隊，
是獨立後最初幾十年的主要統治力量，也是墨西哥改革與進步的
主要障礙。

第二節　獨立初期的墨西哥

一、尋找政治定位 (1821–1855)

1.中央集權與聯邦分權

在墨西哥獨立初期，為了爭奪政治上的統治權，從 1825 年起，各個統治集團先後成立了不同的黨派，主要是保守黨和自由黨。保守黨又稱為中央集權派或君主主義派，代表大地主、高級僧侶和高級軍人集團的利益，並公開要求在墨西哥建立君主制。自由黨又稱共和派或聯邦派，代表資產階級、部分地主和部分軍官集團。他們主張根據聯邦制的原則加強共和政體，要求限制教會和軍隊的特權，以及實施其他政治方面的一些改革。這兩個黨派從此展開長期的鬥爭。這種鬥爭往往是在一個時候，由一群將軍，在一個獨裁者的率領下，或者以保守派的面目出現，或者以自由派的面目出現，發表一篇「宣言」，草擬一個「計畫」，利用軍事政變或叛亂的方式奪取政權。而在另一個時候，又由另一群將軍，另一個獨裁者，用同樣的方式達到同樣目的。所以獨立初期，墨西哥總統的職位很不穩定，許多總統都以被謀殺而告終。1824–1848 年間曾經發生二百五十次軍事叛亂，更換了三十一位總統，其中僅在 1841–1848 年的七年內，就更換了二十位總統。總之，墨西哥的政局，長期陷入混亂不穩的局面。所謂共和只是形式；所謂憲法和法律，只是獨裁統治者的幌子而已。

圖 26：聖塔安納 (Antonio López de Santa Anna, 1795–1876) 是一位傳奇性的人物，出生於維拉克魯斯的哈拉巴 (Jalapa) 村落。1810 年成為西班牙的殖民軍的一員，從此參與鎮壓獨立軍。1821 年 3 月 1 日在他宣布贊同「伊瓜拉計畫」後，獲伊圖爾維德擢升為上校。1829 年 8 月 29 日獲當時的總統格雷羅提拔為將軍。聖塔安納是一位魯莽、猶豫不決及殘暴的軍官。

他曾幾度成為墨西哥的總統，並以眾多的戰功和政治事蹟著稱。他於 1829 年在維拉克魯斯附近的塔比可，擊潰欲奪回政權的西班牙軍隊而一戰成名，從此成為家喻戶曉的抗西英雄。但好景不常，在隨後阻止德克薩斯分裂的戰役中被美軍俘虜，且被迫簽訂《維拉斯科條約》，承認德克薩斯為獨立地區。被俘期間他曾寫信給當時美國總統傑克森，極盡卑躬屈膝，最後終於獲得釋放，回到墨西哥。

1838 年在對抗法國入侵的「糕餅戰爭」中，他企圖奪回維拉克魯斯的海關，以便償還債務，可是反而失去一條腿。他還為這條腿舉行盛大的葬禮，同時發表長篇的演說。後來的歲月裡，他以剩下的一條腿，去贏得別人的同情以激發他們的愛國心。但在幾年以後，憤怒的群眾卻把他那條埋入地下的腿骨挖出來，拿到大街上拖曳示眾。

1844 年聖塔安納的政敵以及保守和自由黨極端愛國分子，把他放逐到古巴。但是後來 1846 年聖塔安納又被請回來對美作戰，不過被德克薩斯人打敗，並俘虜其軍隊，以作為承認格蘭特河為這新興國家國界的代價。德克薩斯則在九年後才合併成美國的疆土。墨西哥人不承認聖塔安納對美國的一切承諾並將戰爭的一切過失推諉給他。他本人則逃

到牙買加。

1853–1855 年聖塔安納第九次也是最後一次擔任墨西哥總統。1854 年 9 月 15 日總統任內，在墨西哥城的聖塔安納歌劇院首次演唱墨西哥國歌。1855 年他再度被革職。1863 年法國軍隊入侵墨西哥城時，聖塔安納曾向當時的總統胡爾雷斯及稍後墨西哥第二帝國皇帝馬克西米連諾表示願意貢獻心力，但被兩人所婉拒。1867 年，他被捕並被判八年海外放逐生活。1872 年，他在度過被冷落而且為窮困所苦的放逐生活之後回到墨西哥，四年後孤寂地在墨西哥城去世。

　　聖塔安納利用這種混亂形勢，憑藉軍隊力量，成為獨立初期最著名的軍事獨裁者。他原是殖民軍隊的一個軍官，1821 年投奔伊圖爾維德，以後逐漸獲得提拔。聯邦共和國成立後三十年間，他使用各種狡詐和陰謀手段，或支使傀儡，或親自出馬，以操縱和控制共和國的政府。在 1855 年以前，他曾先後九次成為墨西哥的總統或實際獨裁者。

　　在獨立之初，大多數的墨西哥人民是文盲，高達八、九成的印第安人和麥斯蒂索人都沒有讀書的機會。勞力償債制到二十世紀初仍然存在，雖然當時大力提倡人權，可是民主與群眾間仍有一道極大的鴻溝。在這種環境下，遂使「首領制度」得以興盛。從獨立初期到 1876 年，墨西哥更可以由兩位著名領袖的生活敘述出來：一個是鬧劇式的克里奧約人物──聖塔安納；另一位則是面貌嚴肅，性格正直的印第安律師──胡爾雷斯 (Benito Pablo Juárez)。

　　前節談及伊圖爾維德在 1823 年退位後，結束了不到一年的墨西哥第一帝國。1823 年秋召集新國會，並草擬一部聯邦共和國憲

法。1824 年墨西哥合眾國正式成立，主張聯邦主義的自由派人士
瓜達露佩·維多利亞將軍擔任首任總統，副總統則為主張中央集
權的保守派人士擔任，加上軍隊為具有野心的聖塔安納所控制，
政局持續紛擾不安。

　1824 年瓜達露佩·維多利亞上臺，自由共和派首次獲得執政
的機會。他們依據美國的體制，草擬 1824 年的憲法，主張地方分
權的共和國，但因墨西哥三百年來始終為一個總督所統治的中央
集權政體，因此憲法起草人便隨意的創造了十九個州和五、六個
地方的聯邦政府 ❹，造成聯邦難於統治的局面。但是聯邦政府派
卻被在維拉克魯斯的商人以及北方的銀礦主和教會領袖等擁有特
權的中央集權派所反對。這派人士希望以墨西哥上層社會來統治
墨西哥。聖塔安納和他們站在同一陣線；著名的律師和史學家阿
拉曼 (L. Alamán) 是其發言人。

　自由派聯邦主義者從 1824 到 1828 年，雖然維持了四年的和
平，但也面臨了許多經濟上的難題，以及獲取外國承認及缺乏行
政人員等問題的困擾。此外，自由派政府還得面對兩個自由共濟
會機構的爭執。其一是蘇格蘭共濟會的中央集權派，此派由英國
公使所支持；另一派是約克共濟會，此派由美國公使旁塞特 (J.

---

❹　因為墨西哥曾受西班牙三百年中央集權式的統治，事實上聯邦制並不
　　是獨立初期最合適的政治體制，但最後卻施行聯邦制，主要是此制度
　　讓那些因獨立運動而出現的軍事首領能透過聯邦制而成為有實權的各
　　州州長，以建立其合法的首領地位，這是實行中央集權制所無法提供
　　的好處。

R. Poinsett) 所支持。1828 年選舉時，蘇格蘭共濟會的中央集權派候選人當選，但是聯邦派抗議並在聖塔安納和其在維拉克魯斯的警衛軍支持下，另立格雷羅為總統。接下來的四年中，局勢混亂不堪，格雷羅被推翻，並以謀反罪被處死；繼承他的副總統亦被聖塔安納攆出。1829 年 7 月聖塔安納率軍擊潰入侵的西班牙軍隊，頓時成為墨西哥的民族英雄，1833 年聖塔安納在一項計畫下使自己當選。

　　因為國庫空虛而使兩黨陷於無望的分裂狀態，聖塔安納曾暫時引退於其出生地哈拉巴一帶山間的農場中，允許聯邦派的副總統哥美士 (V. Gómez Farias) 主持政務，代其面對這不受歡迎的情勢。哥美士試圖進行根本上的改革，但受到克里奧約的貴族階級和教會團體反對。1834 年因霍亂流行及年輕軍官的叛變，聖塔安納再度復出，弭平蔓延於墨西哥城的變亂。哥美士則悄然離職。於是聖塔安納宣布集權，並另草憲法，統一政教，建立特權。墨西哥就在此情形下，由聖塔安納統治到 1855 年。

　　墨西哥雖然喪失了北方的領土德克薩斯，但在對歐洲的外交卻有相當的成績，1836 年底教廷和西班牙先後承認墨西哥為一獨立國家。1836 年在聖塔安納的主導下，制定了傾向保守的所謂《七條法律憲法》，將總統任期由四年展延為八年。1838 年法國軍隊入侵維拉克魯斯，其目的在為一法國民眾向墨西哥政府求取所受損害的合理補償，這就是著名的「糕餅戰爭」(Guerra de los Pasteles) ❺。聖塔安納雖然在這場戰爭中失去了一條腿，但卻讓他成為一英雄人物並成為墨西哥政治的中心。而這場戰爭後，法

國持續影響墨西哥的文化發展。1840 年原屬墨西哥的猶加敦地區
宣布獨立，在經過多年的協商，1844 年 1 月猶加敦政府表明接受
墨西哥政府 1843 年訂定的有政治組織基礎的憲法，雙方衝突宣告
落幕。1844 年年底，聖塔安納被捕入獄，之後被迫放逐古巴，墨
西哥也再度恢復 1824 年的聯邦憲法。不過後來因對美戰爭缺乏領
導人，所以他又被請了回來。

2.外國經濟的入侵和美國對墨西哥的領土掠奪

墨西哥在 1821 年獨立之後，殖民時期比較繁榮的採礦業，因
獨立戰爭時期，許多礦場機器受到破壞，後來又逢水災，出產極
為有限，收入減少又須支付大批款項給大權在握的將軍和政客，
政府的支出常兩倍於其收入。1821–1868 年間，政府歲入平均為
一千零五十萬披索，歲出為一千七百五十萬披索，國家預算始終
無法平衡。在墨西哥經濟財政困難的情況下，外資便開始滲入。

首先侵入墨西哥的是英國資本。英國在十八世紀末，即已爭
得西班牙各殖民地大部分財富。墨西哥獨立以後，英國曾以兩筆
各三百萬英鎊以上的貸款，供給墨西哥政府，因而控制了墨西哥
的大部分對外貿易。以後德國資本和法國資本也接踵而來，美國
船隊也愈來愈多地出現在墨西哥的港口。

---

❺ 這是發生在 1838 年墨西哥及法國之間的戰爭，法國在給墨西哥政府的
最後通牒中，要求墨西哥賠款六十萬披索，此外也附帶要求對一位叫
雷蒙特爾 (Remontel) 的法國在墨西哥糕餅商支付三萬披索，以賠償他
糕餅因戰爭所遭受的損失。因此，後來就將這場墨、法之間的戰爭稱
作「糕餅戰爭」。

　　至於美國對墨西哥的侵略，在十九世紀中葉以前，主要在掠奪土地方面。當時美國實行西進政策，就是把美國的領土從大西洋岸的十三州，向西擴充到太平洋岸，以實現所謂的天然疆界，所以墨西哥就成為這侵略政策的受害者。十九世紀二十年代末，美國總統亞當斯和傑克森曾先後向墨西哥要求「購買」當時美國西進移民已經到達的墨西哥領土德克薩斯地區，遭到拒絕。於是美國政府便在 1835–1845 年間，利用美國種植園主和奴隸主在這一地區叛亂，在 1855 年正式將德克薩斯併為美國的領土，並要求墨西哥政府承認格蘭特河為兩國疆界。1846 年美國政府為了打通直達天然疆界的西南走廊，曾布署重兵於美墨邊境，進行武裝恫嚇，接著就對墨西哥發動大規模的侵略戰爭。1847 年 9 月 13 日美國將領史考特率軍隊襲擊了墨西哥城附近的查普爾特佩克(Chapultepec) 堡的訓練基地，留在這裡的軍校學生，成為美、墨戰爭中真正的墨西哥英雄，他們後來被稱為「英雄的孩子們」。

　　遠在十二世紀，查普爾特佩克堡就是古印第安人托爾特克部落以及之後的阿茲特克部落為爭生存、爭自由而戰鬥過的地方。1841 年墨西哥政府在此建立了第一所軍事學校。1847 年美軍分幾路包圍了城堡，開始進攻。學校二百多名士官生在教官指揮下頑強抵抗。經過三天的激戰，到 9 月 13 日凌晨，這個六千平方公尺的城堡內，只剩六個年輕、機智和勇敢的士官生，年紀最小的只有十四歲，最大的也才十九歲。當美軍向城堡上衝鋒時，他們持槍舉刀，擊退敵人一次又一次的進攻。最後他們都身負重傷英勇就義。其中年紀最小的胡爾雷斯，在身負重傷後，為了避免莊嚴

的國旗落入敵人手中，受到屈辱，便把國旗裹在身上，縱身跳下山谷深淵，慷慨就義。雖然城堡最後失守，墨西哥城也淪陷了，但是美國侵略者也付出慘痛代價，死傷二千七百多人。

六位小英雄不畏強敵，死守城堡的愛國情操和壯烈事蹟，廣為墨西哥人所傳頌。墨西哥人稱讚他們為「英雄的孩子們」。1844年，政府決定正式稱這六位少年為「查普爾特佩克小英雄」，永遠列入軍事學校的名冊。1947年墨西哥議會通過法令，決定在當地豎立紀念碑，以激勵人民愛國主義精神。1952年紀念碑落成，始稱「小英雄紀念碑」，後來易名為「祖國紀念碑」。

查普爾特佩克堡被攻下後，美軍占領了墨西哥城，並在1848年2月2日在墨城簽訂《瓜達露佩－伊達爾哥條約》，結束戰爭，墨西哥邊境地區領土盡失，不僅丟了德克薩斯，還包括今上加利福尼亞、亞利桑那、新墨西哥等州的全部，以及俄亥俄、科羅拉多、猶他、內華達等州的一部分，幾乎占了墨西哥一半以上的領土。美國人僅以一千五百萬美元作為給墨西哥的補償，正式在這些地區定居。

在這次戰爭後，聖塔安納被放逐於委內瑞拉。墨西哥也已精疲力竭，政府瓦解，經濟情況較以前更亂更差，但此後墨西哥卻獲得得來不易的五年和平。這時候反對特權及反對教會的自由黨開始滋長，但是長期把持政權的保守黨對此情勢深感恐懼。保守派於是在1853年3月17日，由國會選舉聖塔安納為總統並請求他返國就任。他回國後取消了民眾的自由權，並驅逐胡爾雷斯等著名的自由派人士。雖然如此，聖塔安納還是無力重振墨西哥的

國力。1855 年自由黨又將他革職，流亡海外。1872 年再次回到墨西哥，四年後孤寂地死在墨西哥城。

3. 1821–1855 年墨西哥經濟、社會及文化概況

墨西哥在 1821 年獨立後陸續公布了更加嚴苛的關稅稅則。在獨立初期，進出口貿易關稅占聯邦總收入的百分之六十四，其中出口占了四分之一。另外，1825–1828 年間，貴金屬占出口總額的八成。至於工業方面，獨立初期，仍然對歐洲進口的產品加以保護，相對地扼殺了國內工業的發展。唯一較特殊的是 1830 年左右，紡織業有較蓬勃的發展。此外，由於開採工具的缺乏及資金的撤離，墨西哥的礦業也逐漸沒落。相對於其他產業，農產是唯一有擴張、成長的產業。在財政方面，經過獨立戰爭的消耗和破壞，以及戰後驅逐原來在墨西哥的西班牙高官及富商，使墨西哥面臨嚴重負債及破產的邊緣，據估計當時資金外流約五千五百萬到六千萬披索。

在殖民時期相當繁榮的維拉克魯斯，獨立後因和西班牙停止貿易，加上黃熱病的流行，已使此地荒涼不堪。這時候的墨西哥城約有十五萬至二十萬人口，城內排水工程未盡完善，郊區則破爛污穢不堪。至於蔬果則和古印第安時代一樣，仍用船從運河運到市場。在天主教堂前廣場的市場充斥法國、西班牙、德國和美國的商店和商品，這是形成今日墨西哥大都市的開始。

離開了城市，鄉下的生活仍以莊園為主體。莊主控制了農奴和印第安工人的生活。農莊種植咖啡、蔗糖、玉米以及牧養牛群等事業，但是所賺來的錢，大多落入城裡的地主手中或者供給發

動革命的將軍，作為私人軍隊費用。在這種莊園上，印第安人和麥斯蒂索人的生活情形和殖民地時期一樣，獨立革命對他們的生活毫無幫助和改善。

墨西哥北部的瓜納華托，聖路易士波托西 (San Luis Potosí) 與薩加德加 (Zacatecas) 和殖民地一樣仍為銀礦中心。這些礦區在獨立期間曾被忽視，到了 1840 年代又由英國人投資恢復開採。在這些礦區以外以及瓜達拉哈拉附近的河谷，人民多從事牧牛事業。

獨立初期，墨西哥人以孩子從軍或擔任神職人員為榮耀，其中軍人又甚於神職人員，因為只有軍人最後藉著槍桿當上總統或國王，另外一項因素是當時女孩子結婚對象的最佳選擇是軍人。至於靠薪水過活的中產階級，組織顯得散漫無章。當時想進入公家單位任職，憑藉議員或部長的推薦函而走後門的情況相當普遍且漸漸形成貪污腐敗的現象。其他像工程師、建築師、藥劑師等自由職業，大多是外國人尤其是法國人所占有。

至於日常娛樂方面，以鬥牛和鬥雞為主。在首都墨西哥城有兩座鬥牛場。平時鬥牛場也是人們跳舞歡樂的場所。而鬥雞也是一項全國性的娛樂，下賭注的情況相當風行。任何的節慶，大都以鬥雞作為壓軸好戲。

總而言之，獨立初期墨西哥社會階層沒有很大的改變。在西班牙人被驅逐之後，土生的克里奧約人取代成為政治、思想及科學上的特權階級。他們之中又分為兩派，一派主張繼續歐洲的傳統，另一派則認為墨西哥應創造出自己的風格。至於像印第安人及麥斯蒂索人等低下社會階層，住在遠離城市及文化中心的邊陲

地帶，他們的生活沒有很大的改善，不過卻逐漸創造出屬於墨西
哥特有的文化風格。

二、自由派的改革 (1855–1876)

對外的失敗、國家的削弱及殘酷的統治，終於動搖了保守黨
獨裁政府的統治。至五十年代聖塔安納垮臺後，繼之而起的是一
段社會革命時期，也就是為人熟知的改革時期。自由黨在「阿猶
特拉計畫」下，將聖塔安納放逐，並由年長不識字的印第安首領
阿爾瓦雷斯 (Juan Alvarez) 來做總統，發動起義且在 1855 年 8 月
9 日推翻了保守黨的獨裁政府。1855 年 10 月，阿爾瓦雷斯出任臨
時大總統。胡爾雷斯是他的內閣中主要的反對教權的領袖，1855
年 11 月 23 日阿爾瓦雷斯頒布《胡爾雷斯法》，取消特別法庭及軍
官教士的特權。阿爾瓦雷斯隨後又在 1856 年 6 月頒布了《雷多
法》。這個法律是由當時的財政部長雷多負責起草，主要目的是打
破教會擁有大量農業產權的情形，規定凡是教會直屬的地產均應
出售，禁止此後教會占有土地，但可以地產換取現款，政府對每
一項交易得徵收產稅。但是這些改革的實際領導人卻是司法部長
胡爾雷斯。這些法律嚴重打擊當時由克里奧約貴族所建立的殖民
地式的經濟和社會，造成政黨間的裂痕，也導致阿爾瓦雷斯的辭
職，並將大權移轉給副總統哥蒙福 (Ignacio Comonfort)。在風雨
飄搖的 1856 年，整年都在召開憲法會議，因而產生了 1857 年的
憲法和隨後 1859 年的改革法案❻。1857 年的憲法，是今天墨西
哥法律秩序的基礎，《雷多法》和《胡爾雷斯法》都被包括在這理

想的文獻中，並成為自由主義的標誌。

1.改革戰爭 (Guerra de Reforma)

　　胡爾雷斯在新憲法下，再度出任總統，並兼最高法院審判長的改革，引起保守黨和反對派人士的猛烈反對。教會、大地主和軍事野心家聯盟，積極策動叛亂。保守派的武力支持蘇洛爾加 (Félix Zuloaga) 將軍奪得墨西哥城並解散國會自立為總統。而自由派則在胡爾雷斯帶領下撤退到克雷塔羅，這時墨西哥出現了兩位總統，從此開始了有名的「改革戰爭」(1858–1860)。它是拉丁美洲史上最殘酷激烈的內戰之一。「改革戰爭」進行了差不多三年多。當時保守派擁有金錢和軍官，而屬自由派的胡爾雷斯則領導墨西哥的印第安農民和麥斯蒂索人，四處打游擊，最後抵達具有商業精神的維拉克魯斯城落腳，他控制海關以便支應戰費；他也宣布政教絕對分立，宗教寬容與離婚合法，使結婚和葬禮通俗化，並廢止為這些禮儀而花費的費用，他也設立國民學校以抵制教會學校。結果自由派擊敗了保守勢力。1860 年 1 月 11 日，胡爾雷斯由維拉克魯斯凱旋回到墨西哥城。1861 年 6 月，他在全國廣大人民支持下，就任墨西哥總統，成為美洲歷史上第一位印第安人總統，並以 1857 年憲法和 1859 年的改革法案為基礎進行改革。

---

❻ 這兩個法案規定：二十一歲以上或十八歲已婚男子都有選舉權；總統由選舉產生，四年一任；對人權也做了明確的規定。法案又規定：教會財產除教堂建築物外，一律予以沒收或出售；禁止宗教和世俗的團體占有不動產；修道院立即解散；教會與國家分離；廢除教會與軍事特別法庭；國家掌握教育；婚約應為民事契約等。

圖 27：胡爾雷斯 (Benito Pablo Juárez, 1806–1872) 出生在墨西哥南部貧困的印第安農民家庭，三歲時父母去世，由祖父母收養，但不到兩年祖父母也逝世，便由叔叔收養。胡爾雷斯從小就替叔叔放羊及從事其他繁重勞動，他先後當過染工與書籍裝訂工人。後來在一位神父介紹下，進了神學院讀書，不僅學會西班牙文，學習教會教義，而且讀了法國啟蒙思想家的著作。1827 年他進了瓦哈卡專科學校，研究法律，並以優異成績獲得律師職銜，後來曾在該校任教。

1831 年胡爾雷斯步入政界，當選瓦哈卡市議員，1833 年被選為瓦哈卡州州議員。1847 年當選瓦哈卡州州長。在當時拉丁美洲的政治圈內，是一位相當廉能的官員。胡爾雷斯是一個矮胖且黝黑的印第安人，沉默寡言，他與阿茲特克最後一位國王夸特莫克的英雄主義正好成為對比。但是今日大部分的墨西哥人，仍尊稱他為墨西哥的「林肯」，因為他曾在內憂外患交相苦惱情況下治理國政。

1853 年 5 月回國重建新政府的聖塔安納下令逮捕胡爾雷斯，不久又將他流放到美國的紐奧爾良，在那裡他和一些愛國志士一起從事革命活動。1854 年阿爾瓦雷斯發動武裝起義，1855 年 7 月胡爾雷斯返國參加起義，同年 8 月 9 日推翻了聖塔安納保守派獨裁政府。阿爾瓦雷斯擔任臨時總統並任命胡爾雷斯為司法、宗教和公共教育部長。1855 年他提出《胡爾雷斯法》，並在隔年制定了新憲法。1859 年，他頒布了《1859 年墨西哥社會改革宣言》也稱《改革法》。他的種種改革引起保守派人士激烈的反抗，因此在 1858 年爆發「改革戰爭」，經過大約三年的激戰，以胡爾雷斯為首的自由派獲勝。1860 年初他重返首都，並於 1861 年 6 月正式就任總統。

胡爾雷斯的改革受到外國勢力的仇視，1861 年底，英國、法國、西班牙以墨西哥政府宣布暫停支付外債為藉口，先後入侵墨西哥，胡爾雷斯派人積極交涉，英、西兩國於 1862 年 4 月同意撤軍，但法王拿破崙三世堅持武裝干涉，於 4 月 16 日向墨西哥宣戰。翌年 3 月法國大舉增兵，猛攻普埃布拉，最後因糧食斷絕，墨國軍民被迫退出，但法軍也死傷四千多人。該城淪陷後，胡爾雷斯將首都從墨西哥城遷往北方的聖路易士波托西市，繼續領導抗戰。

1864 年 6 月，法國扶植奧地利皇帝的幼弟馬克西米連諾大公為墨西哥的皇帝。法軍雖然占領了一些城市，但廣大農村仍舊掌握在墨西哥人手中並繼續英勇抵抗法軍。1867 年因法國正醞釀與普魯士戰爭，遂將軍隊撤出墨西哥，5 月 5 日，馬克西米連諾被俘，6 月 19 日處決。經過五年的浴血抗戰，墨西哥人民在胡爾雷斯總統領導下，終於贏得最後的勝利，凱旋返回首都。

勝利後，胡爾雷斯大刀闊斧地實行憲法改革，致力發展工農業生產以恢復經濟，振興國家。雖然同時也發生了一些叛亂事件，但在 1872 年春天，各地叛亂相繼平息。不過一生為墨西哥獨立自由奮鬥的胡爾雷斯總統，積勞成疾，心臟病發作，於 1872 年 7 月 18 日不幸去世。

2.第二帝國的產生與自由的恢復

　　三年殘酷的內戰後，墨西哥已經精疲力盡，國庫空虛，加上外債累累，戰後付不出利息，胡爾雷斯只得宣布延長兩年償付。1861 年英、法和西班牙正式發動對墨西哥的戰爭，控制了維拉克魯斯的海關，企圖推翻胡爾雷斯改革、進步的政府。後來由於胡爾雷斯允諾還債，英國和西班牙才都退出對維拉克魯斯海關的控制，但是法國卻仍然留而不退，而且增派六千軍隊干預胡爾雷斯政府。法軍在 1862 年 5 月 5 日被裝備不良但戰志高昂的墨西哥人逐出普埃布拉。那天保衛普埃布拉的年輕軍官之一是迪亞斯

(P. Díaz)，即 1876–1910 年掌控墨西哥政治的獨裁者。雖然這次的勝利卻引來法國更大的干涉，5 月 5 日仍成為墨西哥一個極重要的國家紀念日。

　　被自由派驅逐的教會及保守黨人士此刻認為墨西哥應該有一個強有力的歐洲天主教君主，以穩定和挽救被迫害的教會，並趁機建立一個防止美國擴張的君權，於是計畫把墨西哥出賣給拿破崙三世。這位法皇將此王位送給一位年輕的奧國大公馬克西米連諾 (Maximiliano de Habsburgo) 以及他的妻子。他們於是來到墨西哥就任這獨立帝國的君主，而且由法國軍隊做他們的靠山，實際上他完全是拿破崙三世的傀儡。他上臺後立即與法國簽訂條約，承認以往的外債，出賣墨西哥的權益，為墨西哥人民帶來沉重的負擔。他因為沒有子嗣，收養了 1822 年皇帝伊圖爾維德的孫子來做這虛幻王位的繼承人。

圖 28：十九世紀中葉法國入侵墨西哥的情景

　　雖然已獲得美國承認，卻遭法兵打擊的胡爾雷斯和其內閣，一直向北方撤退。不過法國人生命和金錢在墨西哥的消耗遠比拿破崙三世預期的還多。而且馬克西米連諾財產日趨拮据，幾乎付不出債款。他沒有訓練大量忠實的墨西哥軍隊來代替法軍，這時拿破崙在國內亦需用兵，以對付普魯士，所以馬克西米連諾的政權就更加無依無靠了。此外，這時美國的南北戰爭已結束，於是國務卿西華德 (William H. Seward) 寫給拿破崙一個備忘錄，告訴他這是妨礙《門羅宣言》❼，所以不久法軍自墨西哥撤出。

　　1865 年 10 月，馬克西米連諾下令，胡爾雷斯及其隨眾是非法叛徒，被捉到一律槍斃，這項舉動使得墨西哥人完全同情胡爾雷斯，也使情勢大為改觀。同時馬克西米連諾的妻子搭船返法，促請拿破崙別置他們於不顧並激動的向教廷申訴，這時她才了解他們的地位已經無望。而其夫也在 1867 年 6 月 19 日遭到槍斃。經過了五年的浴血奮戰，1867 年 7 月胡爾雷斯取得最後的勝利，光復了首都墨西哥城，結束了外國干涉者的武裝侵略活動。

　　在墨西哥邁向自由憲政國家的道路上，馬克西米連諾三年的帝國隨之成為世界史上的一個小小插曲。可是這個小插曲卻創造了墨西哥民族的自覺與統一，具有土地的教會領袖因支持外國人而失去人心。戰後，雖然國家經濟仍無起色，但是胡爾雷斯以其

---

❼　美國總統門羅 (James Monroe) 在 1823 年對國會所提的國情咨文中，單方面宣布美國的外交政策，反對任何歐洲國家干涉美洲大陸的事務。他也再度保證，美國絕對不干涉歐洲事務。門羅主義欲阻止神聖同盟援助西班牙重新征服新獨立的拉丁美洲各國。

本人是虔誠的天主教徒，贏得了與教會在政治和經濟權力方面戰爭的勝利。著名的法國文學家雨果 (Victor Hugo) 向胡爾雷斯致賀說：「現今美洲有兩個英雄：約翰和您。約翰‧布朗使奴隸制度滅亡；您使自由復活。」

　　1872 年胡爾雷斯再度競選總統，可惜當選後不久，因心臟病而使他壯志未酬身先死。由於與國內反動派和外國干涉者的長期搏鬥，1857 年的憲法和 1859 年的改革法案，始終沒有機會好好實施。然而，他卻掃除了墨西哥的行會制度及某些中世紀的封建規章。他也特別重視印第安人的教育。他把教育權從教會手中奪回，並籌辦自由的、世俗教育的計畫。此外，他還裁減了三分之二以上的軍隊，對於限制反動軍人干預政府，有著積極深遠的影響。他執政期間，墨西哥的工商業經濟逐漸的發展。從維拉克魯斯到墨西哥的鐵路，在他去世後一年通車。總之胡爾雷斯乃是十九世紀墨西哥悲劇第二幕的大英雄，直到如今，他還是大多數墨西哥人心目中真正的民族英雄。

第 III 篇

當代的墨西哥

第五章 | *Chapter 5*

迪亞斯的獨裁、墨西哥大革命與革命後的重建

第一節　迪亞斯的獨裁 (1876–1911)

　　胡爾雷斯的改革運動帶給墨西哥相當程度的自由與進步,但也隨著他於 1872 年逝世而終結。繼任的雷多 (S. Lerdo de Tejada) 總統為人民所不滿,總統職位於是在 1876 年由美國支持的麥斯蒂索人迪亞斯所攫取。迪亞斯本是胡爾雷斯手下的一個將領,他曾在美國籌款招兵以奪取政權,後來就憑著這些武力達到了目的。

　　迪亞斯上臺後即大量進用以李曼圖 (J. Y. Limantour) 為首的年輕優秀的科技官僚。迪亞斯和這些科技官僚都深切體認,此刻墨西哥人最渴望的就是政治上的和平穩定和經濟上的繁榮富庶,所以團隊治國的理念是 「行動第一」,這項改變獲得了立即的成效。在公共建設方面,尤其是交通建設有長足的進步;他們也積極美化大城市。在農業方面則籌設相關銀行支援農業生產。這批克里奧約知識分子組成的科技官僚讓預算平衡,並在世界貿易上

圖 29 ：迪亞斯 (Porfirio Díaz, 1830–1915) 出生於瓦哈卡，從小跟著寡母過著極艱苦的生活。1846 年，年僅十六歲的迪亞斯曾志願從軍以對抗美國的入侵，不過還沒上戰場，戰爭就結束了。隨後，迪亞斯曾公開支持胡爾雷斯對抗聖塔安納。胡爾雷斯上臺後，迪亞斯參加改革戰爭及對抗法國入侵，在對法戰爭中曾兩次被捕，但都幸運脫逃。後來胡爾雷斯指派他擔任東南軍事指揮官，1867 年 6 月 21 日，迪亞斯率軍攻入墨西哥城。雖然在戰爭中立下汗馬功勞，

大英雄一個，但最後一切大權仍回歸胡爾雷斯。迪亞斯因此憤憤不平，卸下一切職務回到家鄉瓦哈卡，做個農場主，而且因種糖獲利可觀。1876 年迪亞斯首度擔任總統，1880 年任期屆滿，為避免落人口實，迪亞斯邀請他的好友岡薩雷斯來繼任總統。1884 年再度當選總統。從此他一直都在「再選」中穩做總統到 1910 年。在幾年的混亂和內戰後，墨西哥在他一直連任下享有一段相當穩定的日子，不過這時的國會和法院形同具文，而且由他任意委派省長也可以看出他的獨裁性格。

在長達三十多年的獨裁統治時期，有不少年代，迪亞斯掌握住各階層以及各式各樣的人來忠於他。他用延擱和不劃分財產的方法贏得了保守地主的同情。他與教士階級的克里奧約人亦相處融洽，雖然他口頭常掛著 1857 年的憲法，但卻默許且不更動教會的地位。另一方面，迪亞斯又以高官厚祿籠絡克里奧約知識分子的心。許多麥斯蒂索人都成為他官僚組織中的公僕，只有印第安人是一無所獲。此外，迪亞斯也採高壓統治，將那些以言論文字攻訐他的人加以治罪。當時麵包或棍棒成為他的警語，於是那些識時務的人就見機選擇麵包，以求得一份安身的職業。迪亞斯執政期間為吸引外資，曾對外國資本家作各方面的讓步，所以這時大量外國資本充斥墨西哥，用以開發石油、發展畜

牧以及開採礦藏和興建鐵路。

雖然迪亞斯在位期間曾為墨西哥帶來和平與繁榮，但隨著執政的不斷延長，政權日益腐化，到 1910 年時，他的閣員年齡老化且至少在位二十年以上。當 1910 年 9 月 27 日國會宣布迪亞斯再次當選總統，馬德羅發表「聖路易士計畫」公開反對迪亞斯連任，並於 11 月 20 日爆發墨西哥革命。隔年 5 月 24 日簽訂和平協定，迪亞斯和副總統雙雙辭職。他首先流亡古巴，隨後輾轉到歐洲。1915 年 7 月 2 日，迪亞斯以八十四歲高齡於巴黎去世。

穩定墨西哥的披索。這些具有科學精神的政治人物極力主張，如果墨西哥人本身無法使國家效率提高，也不能善用自然資源，則由外國公司來做也極為合理。他們也深信獨裁乃是這個落後國家唯一可行的政府制度，並且盡力使之現代化。這些觀念和主張都深深影響、左右迪亞斯政府的政策。迪亞斯初期的種種作為，的確為墨西哥帶來了前所未有的安定繁榮及大量外資；但在這些美好景象背後，卻也逐漸衍生出迪亞斯的獨裁及大量民怨的累積。

　　為了籠絡人心，迪亞斯在上臺前喊出「民主」的口號，披上一層自由主義的面紗。但實際上，他代表的是帝國主義、封建地主、天主教會和各種反動勢力的利益。而這些人後來也都成了他忠實的部下和支持者。他在政治上採行中央集權個人獨裁，大量削減各州州長權力，並藉由大量的福利政策重整軍隊。他的治國口號是「麵包或棍棒」。他給一切擁護他的人麵包，即利用官職或金錢以換取支持；對以文字言論攻訐他的人則給予棍棒，對他們進行無情的剝削與壓迫。

　　首先得到迪亞斯好處的是大地主。迪亞斯將大批土地賤賣或

　　無償賜予擁護他的封建地主、將軍和政客。在他統治時間,強化
了墨西哥大農莊制度,土地集中的情況也更為嚴重,一般廣大民
眾手無寸土,這是導致 1910 年革命很重要的一項原因。迪亞斯深
知天主教會是獨裁者可利用的工具之一,因此對他們採取合作、
勾結、籠絡和控制的政策。雖然他口頭上總是掛著胡爾雷斯革新
運動所制定的反天主教法令,但是另一方面他卻默許、縱容教會
收回特權、重新累積財富,再度壟斷教育。

　　此外,迪亞斯也給予外國資本家許多特權。他曾頒布法令,
對於煤、石油、天然氣及其他礦產開採,除徵收少量印花稅外,
一律免除國家稅和地方稅。如此一來,外國資本,特別是美國資
本大量湧入墨西哥,但也形成墨西哥的土地、重要產業及鐵路都
被外資尤其是美國資本所壟斷。據估計,美國在墨西哥的投資到
1910 年已達十億美元以上,超過墨西哥人自己所有資本的總額,
到 1890 年,英國的投資額也將近六千萬英鎊;法國到 1902 年的
投資額達三億多法郎。因此,迪亞斯被譏為「外國人之父,墨西
哥人的繼父」。

　　迪亞斯雖然對大地主、天主教會和外國資本家慷慨大方,但
對於廣大民眾則採取嚴厲的鎮壓政策。儘管他本人是有著印第安
人血統的麥斯蒂索人,但他卻大量掠奪印第安人的土地。到 1910
年,墨西哥有百分之九十五以上的農人已沒有自己的土地。工人
的處境也沒有比較好,當時還沒有工會,工人每天要勞動十二至
十五小時。

　　從 1877 到 1900 年間,迪亞斯領導的政府曾大力地改變墨西

哥的內在與外在的形象。期間，只有在 1880–1884 年由他所掌控
的傀儡岡薩雷斯 (M. González) 當政，其餘時間他是全權的獨裁統
治者。不過從 1900 年以後，情勢有所改變，最主要的是他一再連
任，引起反對人士的批評，加上本身政策的錯誤，造成其形象日
益低落。不可否認的，迪亞斯政府對墨西哥在經濟和行政上的改
善和進步有相當成就，但是在政治和社會上則幾乎繳了白卷。在
這段時間，所謂民主程序喪失殆盡，一切的政策規劃都是由中央
由上直接發號施令。再者，雖然國家獲得某些進步和繁榮，但財
富分配不均，大都集中在少數富人手中。另一方面，雖然交通及
各項建設深入各地區，但整個社會卻顯現出更加不公平，也因此
日益累積爆發墨西哥革命更大的能量。

　　迪亞斯覺醒得太晚了。在他長期的執政過程中，他逐漸遠離
早期曾接近、傾聽的那些廣大的基層民眾，而被身邊一群爭權奪
利的人士所圍繞、蒙蔽。這批人為了維護自身的利益，一直不願
讓迪亞斯知道墨西哥的重大改變。當迪亞斯獲知情況後，隨即在
1908 和 1909 年提議進行政治和社會改革，吸納更多年輕優秀人
才加入決策核心，但為時已晚，相關措施也因而中斷。1908 年在
北方的馬德羅 (F. I. Madero) 出版《1910 年總統繼承》，書中先讚
揚迪亞斯的貢獻，繼而批評他一再連任只顧私人利益，忽略大眾
福祉，馬德羅同時成立「反對連任國家黨」，為此，迪亞斯曾在總
統府召見他。也許是年紀已大，或許是佞臣圍繞聽不到忠實的建
議，加上高傲自大，迪亞斯並未重視馬德羅的建議，也未採取應
變措施，終於在 1910 年 11 月 20 日爆發殘酷、慘烈的墨西哥大革

命，迪亞斯長達三十多年的政權在革命爆發後不到半年就垮臺。

第二節　墨西哥大革命 (1911–1917)

一、原因與經過

　　由於外國資本的大量流入和國際、國內市場的不斷擴大，到迪亞斯統治末期，墨西哥的工農業生產有一定的增長，資本主義也得到一定程度的發展。1901 年美國資本開始在墨西哥經營石油探勘，產量到 1911 年已增至一千三百萬桶。對外出口值在 1876 年為三千二百萬披索，至 1908 年增至五億披索；鐵路也從 1876 年的六百九十一公里，至 1911 年增至二十萬四千多公里。但是這些工礦企業大都掌握在英、美帝國主義手中，所獲得的高額利潤也大部分為英、美資本家所攫取，因此墨西哥本身依然是一個相當落後貧窮的國家。

　　在當時種種情況下，墨西哥革命的爆發其實是可以預見的，若能善加引導，應不至於持續那麼久、那麼血腥以及付出那麼慘重人物力的損失。這一場在 1910 年 11 月 20 日爆發的大革命，起因複雜多樣。

　　政治因素方面，由於迪亞斯長期在位，整個政治體系已老化不堪，內閣甚少更動，在位最短的，最少都有二十年以上，最年輕的閣員也都六十歲以上。參眾議員、州長及其他政府官員也都有類似久居其位的現象，讓人數不斷竄升的中產階級苦無出頭的

機會，引起這群人士極大的不滿。其次是迪亞斯對於不連任的承
諾一再食言，1910 年迪亞斯再次食言當選，讓大眾對迪亞斯民主
改革的承諾徹底絕望，這也是墨西哥大革命最直接的導火線。另
外，少數知識分子，像馬貢兄弟（R. Magón 及 E. Magón），他們
受到社會主義及無政府主義學說思潮影響，進行群眾性的宣傳與
鼓動工人，要求政治改革、爭取工人權益及要求重新分配土地。

　　經濟因素方面，大部分的銀行貸款都被迪亞斯身邊的科技官
員及親近人士所囊括，一般從事貿易、農工的小企業主，急需資
金卻一直都沾不著邊。另外，經濟利潤分配不均，大多歸支持迪
亞斯政權的寡頭階級所有，中、下階級人士認為迪亞斯政府的政
治和經濟制度是他們往上發展的障礙。至於社會因素方面，迪亞
斯將大批土地賤賣或無償賜予那些擁護他的封建地主、將軍和政
客，形成土地愈來愈集中在少數人手中，大批農民喪失原有的土
地。另外對於工作的壓榨、剝削以及超時工作，爆發一連串的罷
工事件。至於受薪階級也對於墨西哥人和外國人同工不同酬感到
相當不滿。

　　首先發難的是馬德羅。他在 1910 年大選中，提出反對獨裁、
保護民族工業和建立憲政國家等綱領，獲得人民的支持，但迪亞
斯利用恐怖手段將他逮捕入獄，並且利用非法手段讓自己再度當
選為總統。大選後馬德羅被釋放出來，他在 1910 年 10 月 5 日發
表了「聖路易士計畫」，要求迪亞斯辭職，進行選舉改革和重新分
配土地，並號召墨西哥人民起義推翻迪亞斯政權。11 月 20 日，
馬德羅在墨西哥地方起義，立刻得到人民的響應。1910 年底和

1911 年初，起義者與政府軍之間發生武裝衝突，革命很快就席捲
全國。特別是農民，因長期遭受壓迫，反抗特別強烈。在農民起
義軍中出現兩位傑出領袖，他們就是南方的薩帕塔 (Emiliano
Zapata) 和北方的比亞 (Francisco Villa)，領導農民為爭奪土地和自
由與大莊園主進行不妥協的鬥爭。當農民起義軍勢力一天天壯大
後，馬德羅和他們取得聯繫。1911 年 2 月薩帕塔開始向墨西哥城
進攻，在比亞和薩帕塔兩支農民軍南北夾攻下，迪亞斯不得不在
5 月 25 日被迫辭職，逃往法國。這個統治墨西哥三十多年的獨裁
者終於被人民推翻了。

　　迪亞斯被推翻後，墨西哥陷入了混亂的局面。馬德羅雖然在
6 月 7 日就進入墨西哥城，但為了不願做個不合法的總統，先將
政權交給巴拉 (León de Barra)，自己則握有軍權，直到 11 月 6 日
才合法當選就任總統。馬德羅這項行動招致比亞和薩帕塔質疑他

圖 30：1911 年 6 月 12 日，馬德羅於墨西哥革命
初期抵達奎亞那瓦卡的歷史鏡頭。

為何遲遲不就位，迅速推動改革；另一方面，迪亞斯餘黨也盼透過巴拉保有他們的特權。總之，馬德羅的遲疑讓自己勢力受挫不少。由於馬德羅上臺後並沒有兌現將土地歸還農民的承諾，因此在就任二十天後，薩帕塔宣布「阿亞拉計畫」在南方揭竿起義。另一方面，國內的反動分子和帝國主義者，利用人民對馬德羅不滿的情緒，加緊策劃政變。1913 年 2 月，馬德羅的軍隊參謀長維爾塔 (V. Huerta) 在美國駐墨西哥大使的直接支持下，發動政變，結束馬德羅的統治，並將馬德羅逮捕入獄，暗中刺死。

　　由於維爾塔的上臺是代表美國帝國主義、反動地主等勢力的復辟，因此他的政權是墨西哥史上最不受歡迎的政府之一，並讓已四分五裂的革命勢力再次團結對抗他的政權。至 1914 年初，維爾塔政權搖搖欲墜之際，美國總統威爾遜 (Thomas Wilson) 以美國大兵在邊境塔比可 (Tampico) 禁區被扣留為由，派兵侵犯墨西

圖 31：1913 年維爾塔發動政變時眾議院內部實況

哥灣，占領維拉克魯斯城。美國的武裝干涉引起墨西哥人民更大
的革命情勢。在農民軍的打擊且在工人和卡蘭薩 (V. Carranza) 等
憲政主義者有力配合下，到了 7 月 15 日維爾塔被迫辭職。8 月，
卡蘭薩部將奧布雷貢 (A. Obregón) 進占墨西哥城。8 月 20 日卡蘭
薩專政奪權。美國侵略軍也被迫從墨西哥撤退。

　　卡蘭薩深刻認識到所處環境，因此不易受騙、掉入政敵的陷
阱，或是存有不切實際的理想主義。他利用奧布雷貢的力量而上
臺，派人暗殺薩帕塔，並有效重挫比亞的「北方師」勢力。卡蘭
薩上臺後解散承襲迪亞斯的軍隊，並致力於經濟和社會改革。雖
然如此，以比亞和薩帕塔為首的農民軍仍不滿卡蘭薩的作為。卡
蘭薩政府進行溝通協調無功而返，最後又爆發新的暴力衝突，政
府也更加顯示欲完全控制局勢的決心。

圖 32：1914 年墨西哥農民革命北方領袖比亞坐在總統座椅上，
左邊是另一位南方農民的革命領袖薩帕塔

圖33：1914 年 8 月 13 日墨西哥大革命時期，奧布雷貢等人
在墨西哥州簽署《德奧洛猶坎條約》。

二、制定 1917 年憲法

　　基於人民群眾的壓力，卡蘭薩在 1916 年 12 月召開全國立憲
會議，並在翌年 2 月 5 日，通過了包括兩條重要的新憲法，一是
關於土地問題的第二十七條；另一是關於工人問題的第一百二十
三條❶。基本上，這兩條憲法條文將墨西哥革命最主要的兩項訴

---

❶　墨西哥 1917 年憲法主要條文，第二十七條包括：⑴國家是一切土地、
　　河流和礦藏的主人，私人只有開發之權，國家有權徵收或限制私有財
　　產。國家既是一切自然資源的主人，就有權收回一切為外國壟斷組織
　　所攫取的土地、礦產和油田。這對於外國控制者是一個沉重的打擊。
　　⑵國家將收回迪亞斯時期讓與封建地主的公共土地與河流。印第安人
　　的公共土地，自此以後不得再轉讓，作為鄉村公有土地，依照印第安
　　人的習慣法，劃分小塊，供農民個人使用。⑶教會不得領有，經營或

求：重新分配土地及工人權利的爭取，都含括進去了。但在 1917
年憲法公布後一段長時間內，當局並未認真執行甚至不願執行。
儘管如此，這部憲法的頒布，對國內封建勢力還是給予沉重的打
擊，而且也依照憲法第二十七條，國家是一切土地、河流和礦藏
的真正主人，將原本為美國所占領的土地及壟斷的礦產及鐵路交
通等收歸國營，暫時打擊美國侵略者的氣焰。

第三節　革命後國家的重建 (1917-1940)

　　與其他政治、社會運動一樣，墨西哥大革命造就了一批有權
勢的地方政治首領，這群人包括比亞、卡蘭薩、奧布雷貢、卡耶
斯 (P. E. Calles) 等，都認為他們有權甚至不惜以武力奪取政權。
因此墨西哥雖然在 1917 年頒布革命憲法，但整個二十年代墨西哥
並沒有獲得穩定，仍然處在軍事動亂及總統繼承的紛擾、叛亂情
勢中。這也是一個政治、軍事領袖迭遭暗殺的年代，薩帕塔、卡
蘭薩、比亞、奧布雷貢分別在 1919、1920、1923 及 1928 年慘遭

承典不動產。(4)採取適當方法拆散大地產，發展小土地所有制，並鼓
勵與保護農業。第一百二十三條包括：工人有組織工會舉行罷工的權
利；確定八小時工作制，每週工作六日，夜工工作七小時；規定最低
工資；廢止童工；廢止農奴制；廢止只能在雇主商店購買物品的限制；
雇主應供給工人以住宿和學校；工人可以分紅利；工人受傷害可以得
到賠償；無正當理由不得解雇工人；以及用仲裁與協商方法處理勞資
糾紛等。

暗殺，幸運者則流亡海外。在這種情況下，國內外仍不斷要求創造有利國家重建的契機，其中最重要的是將參與革命的團體與個人納入正式體制內進行競爭，因此在 1929 年成立國民革命黨，此政黨成立後，讓墨西哥的政權終能在 1934 年和平移轉到卡德納斯 (L. Cárdenas) 身上。卡德納斯在六年任內，有效執行憲法土地重新分配及將石油等事業收歸國營等規定，奠定墨西哥現代化的基礎，也因此贏得墨西哥「現代化之父」的雅號。

　　大致上而言，1917 年革命憲法公布後到 1940 年卡德納斯卸任為止，是墨西哥人民為爭取 1917 年革命憲法而努力奮鬥的時期。這場奮鬥是長期的、艱辛的也是曲折的。為此，墨西哥人民曾付出了代價，但也獲致了一定的成果。這些成果是同時期其他拉丁美洲國家所未能獲得的。也讓墨西哥較其他拉丁美洲國家，享有更安定的政治環境與更繁榮的經濟發展。

一、動盪不安的後革命初期 (1917–1934)

　　墨西哥的革命憲法是在卡蘭薩總統任期內制定通過的，但卡蘭薩本人卻無強烈意願實現革命憲法。不過在人民的壓力下，卡蘭薩還是在任期內勉強將四十五萬英畝的土地分配給四萬八千戶農民。對工人階級，他同樣採取壓抑政策，解散工人委員會，宣布罷工者一律格殺的命令。不過對美國的入侵、干預，卡蘭薩政府還是採取了一定程度的抵抗。他對美軍入侵墨西哥北部提出抗議，又在 1918 年 2 月頒布石油工業家納稅額的法令；同年 6 月又頒布外國人的產業必須重新進行登記的法令。此外，由於革命時

期，不同的革命團體擅自發行紙鈔，卡蘭薩上臺後，下令發行新
鈔，回收革命時期使用的舊鈔，並構想成立專責機構。不過這個
成立中央銀行的計畫一直到 1925 年 9 月卡耶斯任內才實現。由
於局勢動盪，卡蘭薩政府於 1920 年被奧布雷貢所領導的革命勢力
推翻，他本人也被暗殺身亡。

　　1920–1929 年間，墨西哥的政權掌握在資產階級自由主義者
手中。這時期內的主要執政者是奧布雷貢 (1920–1924) 和卡耶斯
(1924–1928) 兩位總統，他們都是資產階級自由主義者，不過卡耶
斯後來卻愈趨反動。他們的政策代表資產階級的要求，對於大農
場和外國資本家則採取妥協政策。對於革命以來農民最關切的土
地問題，他們和卡蘭薩政府一樣，並沒有認真執行。

　　奧布雷貢一上臺後，立即面臨了對外信貸的重建及財政重組
等兩項攸關國家經濟重建的難題。首先，奧布雷貢政府同意償付
外債和補償在革命時代沒收美國資本家在墨西哥的財產。這些措
施，有利吸引外來投資；另一方面，也使得美國總統哈定
(Warren Harding) 終於在 1923 年 8 月 31 日承認奧布雷貢政府。美
國在政治上的承認和資金的挹注，對墨西哥經濟重建有相當大的
幫助。不過這也讓美國擺脫 1917 年憲法第二十七條的規定，繼續
控制墨西哥的主要經濟命脈。此外，奧布雷貢政府積極從事教育
改革、廣設學校，培育國家重建所需要的人才。

　　1923 年 2 月總統繼位的問題，再次引發卡耶斯和德拉維爾塔
(A. de la Huerta) 的激烈爭鬥。現任總統奧布雷貢支持卡耶斯，但
德拉維爾塔派則認為現任總統無權指定繼承人，總統候選人應經

過所有革命領袖的同意認可。叛亂活動於 1923 年 12 月 6 日在維拉克魯斯爆發，隨即迅速蔓延到全國各地。後來由於美國提供武器給奧布雷貢這一派，加上資產階級以及工、農的支持，因此在 1924 年 3 月政府終於平息維爾塔派的叛變，維爾塔流亡美國，卡耶斯當選總統。

　　卡耶斯上臺後，於 1925 年 8 月成立墨西哥中央銀行，統籌單一貨幣的發行、流通以及匯率和利率的制定。在農業政策方面，卡耶斯政府和前任的奧布雷貢政府都在農民壓力下，分別釋出七百五十萬及三百萬英畝土地給農民。不過整體而言，從 1917 年憲法頒布到 1933 年底，歷屆政府一共只分配一千九百萬英畝的土地給七十五萬戶農民。還有三億英畝的土地依然掌握在私人地主手中，其中有五分之四屬於擁有二千五百英畝以上的大莊主；而另一方面，卻還有近二百五十萬戶農民沒有土地。

　　卡耶斯在位時深切體認到教育對國家重建的重要性，因此規劃成立「農村學校」、「印第安學生之家」以及「中央農業學校」；此外，卡耶斯政府也積極進行掃盲工作，但這些計畫因經費短缺及農村信仰天主教，農民因中央政府反教會所引起對政府的不信任，最後成效並不如預期。另一方面，卡耶斯政府頒布《石油法》，此舉引起美國政府強烈反對，隨後經由美國駐墨西哥大使摩洛 (D. Morrow) 的居中斡旋，使得一觸即發的衝突和平落幕。

　　1926 年在卡耶斯任內，墨西哥爆發一場血腥的宗教戰爭，造成包括官兵、農民、天主教派人士等九萬多人死亡，若加上一般民眾，死傷更為慘重。眾所皆知，從改革戰爭乃至 1917 年的憲

法，教會權力受到相當的剝奪，因此長時間以來，政府與天主教會間即存在嚴重的敵視關係。1926 年 9 月，天主教主教團向國會提出憲法第三、五、二十七及一百三十條修正案，但遭到國會的否決封殺，隨即爆發了宗教戰爭。經過一連串的衝突，最後美國大使摩洛起草備忘錄，公布〈協議書〉，協議中規定，暫時中止卡耶斯所頒布的《宗教法》，承認教會權力，以及特赦叛亂分子等，天主教派人士才放下武器，一個月後墨西哥才趨於平靜。1928 年卡耶斯任期將屆，前總統奧布雷貢當選總統，不過卻在就職前一次宴會中遭到暗殺，此舉無異更加鞏固卡耶斯個人的勢力。

奧布雷貢遭暗殺身亡後，卡耶斯在一項演說中，對此事件表示痛心惋惜並劃清與此暗殺事件的關係。他同時宣布，無論任何考量或情況下，絕不會再擔任墨西哥總統。雖然如此，卡耶斯在 1929 年 3 月 4 日卸任後，創立了國民革命黨，掌控了黨機器，成為 1928–1934 年史稱「最高領袖」時期，墨西哥政治上唯一的強人與領袖。這段時期最大的特色即是建立以黨領政，黨政二元領導的局面。

這段史稱「最高領袖」，形成的原因相當多。首先，卡耶斯經由掌握國民革命黨這部黨機器，集中個人政治勢力，並由黨來遴選較順從、易於掌握的候選人當總統，來貫徹他的政治理念。再者，卡耶斯趁著 1929 年 6 月艾斯科巴爾 (J. G. Escobar) 因總統選舉反叛失勢後，撤換那些忠誠性遭質疑但位居要職的軍事將領，讓卡耶斯進一步掌握軍權。最後，卡耶斯透過該黨在國會絕對的優勢，抑制其他反對勢力發展，進而矮化並向輪任的總統施壓，

建立墨西哥黨、政二元化的領導體系。由以上因素，我們可以進一步了解卡耶斯如何逐步掌控黨、政、軍，最後成就自己至高無上的權力以及為何卡耶斯不重視工農群眾所主張改革的社會問題。

　　1928-1934 年墨西哥由三位總統輪流擔任，但實際大權卻掌握在卡耶斯手上。在這段時期，墨西哥政府賦予墨西哥大學自治的權利，並規定教育的非宗教化。農業方面則持續土地分配的政策，但顯而易見的是，政府只重視農民擁有土地，而不是如何增加產能，即政治考量大於經濟意義。1929 年發生世界經濟危機，使墨西哥的社會及經濟受到嚴重的打擊。一向在墨西哥產物中占主導地位的銀、有色金屬和石油，由於世界經濟的不景氣而大大減產，並導致國家財政的困難及上百萬的失業人口。在這種局面下，到處發生大規模的罷工和農民起義。而這一時期先後執政的魯畢奧 (P. O. Rubio, 1930-1932) 及羅得里格斯 (A. Rodríguez, 1932-1934) 等，都無力解決所面臨的嚴重問題。在這種情況下，卡德納斯將軍所宣布帶有資產階級進步性質的競選綱領「六年計畫」便得到墨西哥廣大民眾擁護，在 1934 年 7 月當選為總統。

二、卡德納斯的銳意改革 (1934-1940)

　　卡德納斯 (1895-1970) 是一個印歐混血的麥斯蒂索人，出生於墨西哥米喬阿肯州一手工織匠家庭，家中貧寒。青年時代曾經當過印刷工人。1913 年維爾塔奪取政權，卡德納斯參加卡蘭薩的軍隊，討伐維爾塔，屢建戰功，1920 年被授予准將軍階，同年擔任米喬阿肯州臨時州長。此後又屢建軍功，1928 年晉升為少將。

同年 9 月，當選米喬阿肯州州長。任州長期間，他採取了一些改革措施，如沒收大莊園主的閒置土地，分給無地的農民耕種；規定最低工資；發展文教事業等。這些改革為他後來擔任總統時的改革奠下了基礎。

1930 年 10 月卡德納斯擔任執政黨國民革命黨主席，隨後陸續出任內政部長及陸海軍部長，1933 年 12 月被提名為國民革命黨總統候選人。1934 年，他以「六年計畫」為施政綱領，參選總統獲勝，同年 12 月就職。

卡德納斯上任仍住在原先的住宅中，將總統官邸查普爾特佩克堡，改為墨西哥歷史博物館，對全民開放，並且取消他進國民宮辦公時，衛兵向他行禮的儀式，同時下令關閉所有賭場和私人俱樂部。

卡德納斯任內最偉大的成就即是根據 1917 年憲法和 1934 年制定的《土地法》，在墨西哥農村加速土地改革，發展農村經濟。1935 年，他頒布《財富國有化法令》，沒收了教會所有的不動產。1937 年及 1938 年分別頒布《鐵路國有化法令》及《沒收石油公司財產法令》，將鐵路及石油全部收歸國有。石油國有化後，初步扭轉墨西哥經濟過分對外依賴的局面，有利於推動民族工業的發展。

卡德納斯政府還修訂《全國勞工法》，賦予工人一定的企業管理權，規定工人的最低工資額。此外也取消了言論限制和黨派禁錮，允許各黨派自由活動，承認共產黨的合法地位。

1940 年 12 月，他總統任期屆滿卸任。隔年出任太平洋岸防

圖 34：卡德納斯總統於 1938 年 3 月 18 日宣布
將石油收歸國營

區司令，1942–1945 年出任國防部長。二次大戰後，他積極參加
國家經濟建設和保衛世界和平運動。1970 年 10 月 19 日卡德納斯
在墨西哥城病逝，遺骸被安放在墨西哥城共和國廣場的革命紀念
碑下，以為永久紀念。

　　卡德納斯上臺後，開啟墨西哥制度化革命的新紀元。他把重
點集中在民眾的參與及確立墨西哥為總統制的國家。他的政府是
一個激進的極左派政府，並且比較認真執行 1917 年的憲法。在土
地分配、自然資源國有化、工會運動的發展及教育事業方面，獲
得較大的成就。

　　在土地分配方面，成績卓著，卡德納斯在任內將一千八百四
十多萬公頃的土地，分配給約一百萬戶印第安及麥斯蒂索農民，

比 1917 年憲法公布後近二十年多了一倍。他同時設立國家農貸銀行幫助農民，也鼓勵、幫助農民組織成立合作農場，發展商品作物和糧食生產。

卡德納斯政府的社會政策主要表現在他對工人、農民及印第安人的積極的行動上。在工人運動方面，卡德納斯在 1936 年鼓勵、協助成立以產業工會為組織基礎的墨西哥勞工聯合會（Confederación Trabajadores de México，簡稱 CTM），這個組織後來就成為卡德納斯的重要支持者。卡德納斯還修訂和加強《全國勞工法》，規定工人最低工資，提高工人所得。此外，在從外國資本手中收回的鐵路石油企業中，卡德納斯也同意工人參與某些管理權。總之，在卡德納斯執政期間，墨西哥工人的權利和生活，獲得相當程度的提升和改善。至於印第安政策方面，卡德納斯改變往昔作法，提供印第安人必要的科學和技術，並以尊重印第安人的傳統和習俗為原則，開發印第安人生活周遭的天然資源，希望藉此將印第安人納入國家文化及經濟發展的體系內。此舉立意雖佳，但事實上墨西哥

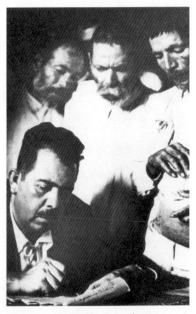

圖 35：卡德納斯在位時致力土地改革，圖中他正簽署授予農民土地書。

印第安社會並不是一個聯合的實體，相反地它是受地理及風俗隔離且散居各地的農業村社，因此不容易將印第安人融入墨西哥整體文化、社會及經濟的發展中。

在教育和婦女運動方面，也有較大的進展。婦女在卡德納斯任內第一次參加基層選舉的投票。卡德納斯一上臺後，即積極修改憲法第三條條文，將墨西哥教育定位為社會主義式的教育，排除天主教的干預和介入。此舉引起民眾和天主教激烈的反抗，反對政府將社會主義納入教育制度中。不過卡德納斯卻堅定這項憲法的修正，並否認社會主義教育模式會造成家庭的解體，親子的疏離。他強調這項改革是為去除墨西哥人盲目崇拜的陋習。到了1945 年，由於當時墨西哥政治和社會生態有相當大的變化，因此再次修訂憲法第三條條文。

1938 年卡德納斯斷然把原來的國民革命黨，改組為墨西哥革命黨，將工會、農民及合作社等革命組織團體納入黨組織內，雖使得墨西哥革命力量的發展受到一定程度的阻礙，但也為墨西哥帶來長期的政治穩定和社會發展。事實上，透過將工人、農民、民眾及軍人階級變成墨西哥革命黨的四大支柱，不但鞏固卡德納斯的群眾基礎，也讓他能大刀闊斧的進行改革。

此外，卡德納斯也依靠墨西哥民眾支持，大力進行國有化。1937 年，把一向為外國資本壟斷、控制的鐵道，全部收歸國有。1938 年，他又發布法令把屬於英、荷、美等國十七家石油公司收歸國有。但這些石油公司卻拒絕承認。美國及英國等政府決定以禁止購買墨西哥白銀作為抵制，並運用各種方法向卡德納斯政府

施壓。卡德納斯不但不屈服於美、英兩國的施壓，更義正辭嚴的表示，墨西哥願意進行賠償，但決不取消國有化政策。

雖然卡德納斯有心改革，但執政初期，前總統卡耶斯被視為國民革命黨的「最高領袖」，卡耶斯集團仍控制該黨，並透過國民革命黨，阻撓卡德納斯的改革。1935 年 6 月卡德納斯與卡耶斯決裂。同年年底，卡德納斯趁卡耶斯集團密謀策動政變時，改組內閣，清除卡耶斯的黨羽，撤換卡耶斯派的州長和軍事首長，組織以左派為主的聯合政府。1936 年 4 月卡德納斯將卡耶斯及主要追隨者逐出墨西哥。

墨西哥憲法規定總統任期六年，不得連任。卡德納斯在 1940 年任滿卸職後，又曾先後出任太平洋岸防區司令及國防部長。此後，由於各種情況的轉變，墨西哥的政權又走上了一條新的右傾的道路。

總而言之，從 1910 年爆發墨西哥大革命，連續幾十年來的革命，給墨西哥人民帶來相當深遠的影響。封建主義與帝國主義的勢力，在某些方面而言，比 1910 年前削弱許多。人民，特別是工人和農民，獲得不少較為重要的權利。但是，這一連串的革命，並沒有完全解決墨西哥人民的根本問題。到 1940 年為止，墨西哥有三分之一的土地為大地主所據為己有，上百萬農民仍然沒有土地。外國資本，特別是美國資本仍然控制著墨西哥大量的財富。

墨西哥的發展與現代化

　　1934–1940 年墨西哥在卡德納斯左傾政府的勵精圖治，大刀闊斧的改革之下，墨西哥的大地主制度和帝國主義受到沉重的打擊。在這段時期，墨西哥獲得長期的政治穩定環境，也奠下墨西哥經濟發展深厚的基礎建設。因此，從 1940 年以後，墨西哥政府即藉著第二次世界大戰和韓戰等有利的外在形勢，致力於推動經濟的成長。這種稱為「內向經濟成長」的模式，主要是建構在「進口替代」❶及「保護貿易主義」兩項政策上。

　　1940 年起墨西哥由右派的卡馬喬 (M. A. Camacho) 接任總統。他在就職演說中指出，墨西哥將從革命時代過渡到經濟發展

---

❶ 1929 年的世界經濟大危機迫使處於依附地位的拉丁美洲國家從二十世紀三十年代進入了「進口替代」或稱「替代進口」的階段。所謂進口替代就是用本國生產產品來替代必須從國外進口的產品。具體而言，「進口替代」就是透過外匯管制，實行進口許可證制度以及經由控制關稅和價格等辦法，限制外國工業品湧入本國市場，並在本國政府領導下有計畫、有目的地發展輕工業乃至重工業，以替代進口商品。

的時代，這代表著墨西哥歷史上的一個重要轉折，也是墨西哥大規模發展工業資本主義的開始。在卡馬喬和阿雷曼 (M. Alemán Valdés) 時代，墨西哥政府在經濟、政治和外交等政策都和卡德納斯時期不同。在經濟方面，卡德納斯政府最為關心的是資源的民族主義和財富的分配，卡馬喬和阿雷曼則主張提高生產力和經濟效益，實行城市工業化，並且不再重視土地分配，而是鼓勵土地私有制。在政治方面，新時期最重要的改變是將墨西哥革命黨改組為革命制度黨，取消黨內軍人陣線，吸收大批工商業企業主，擴大黨的資產階級基礎，加強對黨內工人陣線的控制，鞏固並加強執政黨的一黨專政。在外交方面，卡德納斯政府時期因實施鐵路及石油國有化政策，和美國關係緊張。卡馬喬上臺後，特別是阿雷曼時期，對美國採取讓步政策，同意對 1938 年因石油國有化而受到損失的美國石油組織支付補償費，並重新和美國公司簽訂石油探勘和開採的協定。

第一節　全國團結與工業化 (1940–1952)

　　1940 年起墨西哥由右派的卡馬喬接任總統，由於缺乏自己的班底及政治勢力，一上任不得不向掌握國會多數的卡德納斯黨羽的左派人士讓步。經過兩年的摸索期，卡馬喬決定成立「群眾組織全國聯合會」，當作自己的政治班底。這個組織從成立之初，主要在吸納小農、合作社人員、青年及婦女團體、手工藝業者、中小企業人士及知識分子為主，因此在緊接著而來的國會改選中，

執政黨──墨西哥革命黨獲得一百四十四席，卡馬喬一手策劃成立的「群眾組織全國聯合會」也一舉拿下五十六席，凡此種種都強化、穩固了卡馬喬的政治勢力。此外，卡馬喬也持續卡德納斯的政策，降低軍隊在國家政治上的影響力。墨西哥革命黨也將原來四大支柱之一的軍事部取消。不過親近卡馬喬的軍方人士後來還是在「群眾組織全國聯合會」中擔任重要的職務。

　　雖然如此，卡馬喬的內閣中對是否持續卡德納斯的社會主義改革路線仍然意見分歧。為此，卡馬喬特別呼籲全國團結，並在內閣中吸納代表各種勢力的人士。卡馬喬一方面在 1940 年 9 月新頒布的《農業法》中，納入卡德納斯時期所頒布的相關規定，以保護小農、牧主的權利。另一方面又在 1941 年的 12 月頒布「公地小塊化」的命令，對於卡德納斯時期所建立以公地為生產基礎的制度，無疑是一項致命的打擊。

　　相對於卡德納斯政府積極地分配土地給農民，卡馬喬政府所執行的土地分配面積則急劇減少，而且所分配的都是不毛之地，加上過程的官僚化及牛步化，引起廣大農民不滿。為了弭平農民的不滿情緒，卡馬喬特別在 1945 年頒布法令，免除農民承接土地積欠的所有債款。卡馬喬政府也實行一系列以出口為導向的農業商品化政策，這項政策在墨西哥造成新的現代農業企業主階級，也使得墨西哥在 1940–1950 年間，農業生產成長百分之七。不過這項因應第二次世界大戰爆發而形成的農產品出口政策，卻也同時犧牲了國內市場所需農產品的生產，進而導致國內糧食的缺乏及通貨膨脹。卡馬喬政府的另一項重要農業政策即是透過相關措

施及規定，強化聯邦及州政府對相關農業組織的掌控。根據 1945
年的調查，墨西哥土地集中的情況仍然很嚴重。

　　除了農業政策的不同外，卡德納斯政府所實施的社會主義教
育政策，也對卡馬喬政府是否針對憲法第三條有關教育規定的修
正，造成許多難題。雖然新政府教育部長力主放棄社會主義教育
制度，回歸民族主義，但最後卻未能如願。卡馬喬只得採取緩慢
改革步調，並在 1940 年 12 月 31 日通過的憲法第三條修正中，載
明墨西哥的教育仍採取社會主義，但表明這是源自墨西哥所採行
的社會主義。卡馬喬的暫時讓步及爾後的持續協商，包括執政黨
及工會領袖等終於在 1945 年 11 月達成共識，簽署協定，一致同
意修憲，取消社會主義教育的規定，並明訂教育必須符合民主及
民族的原則，這項修正案終於在同年的 12 月 5 日獲得通過。

　　在勞工組織方面，卡馬喬政府也極力擺脫卡德納斯時期左派
工會領袖的影響。他在 1941 年推出自己的人馬接掌墨西哥勞工聯
合會，進一步掌控全國勞工組織。1942 年墨西哥參加第二次世界
大戰，墨西哥勞工聯合會及重要工會領袖達成協議放棄罷工權，
委由總統仲裁，全國上下一致團結對外。在此情況下，政府也善
意回應，在 1942 年 6 月成立「全國勞工委員會」。這個委員會的
成立，並沒有如預期般消除不同工會之間的衝突，但卻有助於政
府進一步掌握勞動情勢。為了進一步安撫勞工情緒，政府宣布成
立社會保險制度，原是一樁美意，但由於延宕執行及保費問題，
竟導致勞工抗議及動亂。另一方面，這段時間的經濟雖然有明顯
成長，但物資缺乏及通貨膨脹的情況卻更形嚴重。不過在政府的

強力運作下，墨西哥勞工聯合會及其他工會組織，已無法為廣大
勞工爭取調高薪資。在卡馬喬執政時期，政府和工商業界的關係
也有明顯改變。卡馬喬政府向國會提出修法將原來合而為一的工
業及商業工會一分為二，以降低他們的影響力。

　　四十年代的國際情勢有助於拉近執政當局與社會上層階級的
關係。1942 年墨西哥和美國關係正常化，並為雙方關係開啟一新
的里程碑。由於正當二次世界大戰，墨西哥竟有百分之九十的進
出口是依賴美國。卡馬喬也利用美、墨關係良好的時刻，要求美
國不再追究前政府時期將石油收歸國營導致美方損失的後續問
題，並且要求美國給予墨西哥保護工業產品關稅的優惠。不過，
美國也不是省油的燈，利用各種限制及行政程序阻礙墨西哥食品
銷往美國，並刁難墨西哥所急需的機械及工業用品的進口，此舉
使墨西哥於 1942–1943 年間產生嚴重的物資缺乏及通貨膨脹的
現象。不過二次世界大戰期間因消費品進口不易，反而有助於墨
西哥工業化的發展。

　　在 1946 年卡馬喬執政的後期，他盡全力支持左派勢力，並使
總統擁有更多的權力。因此，他不但修訂 1918 年開始實施的《選
舉法》，更將執政黨墨西哥革命黨改組為革命制度黨❷，並推舉阿
雷曼為該黨總統候選人，且在當年 7 月的大選中順利當選總統。

---

❷　在二十世紀墨西哥歷史上扮演重要角色的革命制度黨成立於 1929 年 3
　　月 4 日，稱為國民革命黨。1938 年，卡德納斯執政時改稱為墨西哥革
　　命黨，1946 年改為現名，目前有一千三百多萬黨員。在 2000 年墨西哥
　　總統大選中輸掉了政權，結束長達七十一年一黨獨大執政的局面。

革命制度黨藉由選舉制度的改變，重整黨的紀律，讓該黨國會議員全力支持中央政府的相關政策。另一方面，該黨也透過政黨及選舉制度改革，逐漸削減墨西哥勞工聯合會在政治上的影響力。此外，卡馬喬也在執政後期核准共產黨成為合法的政黨，以強化其政府的民主形象。

隨著阿雷曼在 1946 年 12 月 1 日的宣誓就職，以往出身革命、群眾運動的軍人領袖退出政壇，並由新一代的技術官僚全面接掌政權。阿雷曼上任後宣示卡馬喬政府緩慢的改革及協商的態度已成歷史，並顯示出堅定改革的企圖心。

在政治方面，阿雷曼積極突顯總統的政治權力，任內撤換十一位不遵行總統決策及不宣誓效忠的州長。此外，在其任內取消執政黨「革命制度黨」由黨員普選產生各項候選人的制度，改採由他比較容易掌控的黨代表大會產生。

至於農業方面，阿雷曼原則上持續執行卡馬喬的基本政策，但強調致力推動商業化及農村私有財產的發展。在上任的第一個月，他就進行憲法第二十七條的修正，增加小農階級的數目並訂定保護與發展農業相關法令。例如政府透過開發新的灌溉區，發展專業化農業生產使主要農產品產量逐漸提高，成本明顯下降。推廣先進農業技術，開展「綠色革命」，且積極發展出口農業，而農產品出口為國家賺取大量外匯，增加了資本的累積。此外，阿雷曼政府也以公共用途為由，強行徵收在城市周邊遭竊占的公有地。

在勞工政策方面，阿雷曼政府也展現出逐步改革時代已成歷史，他對勞工運動採取強硬政策，以促進經濟的快速發展。另外

因時值冷戰時期，美、墨擁有密切的經濟和外交關係，阿雷曼藉
著配合美國防杜共產擴張的政策，提出國家安全口號，將其壓迫
勞工運動的作為合理化。其主要的作法就是清除墨西哥勞工聯合
會內部的共產黨及左派人士，並藉此機會迫使工會成員必須加入
革命制度黨。另一方面，阿雷曼政府也禁止成立獨立且重要的勞
工組織。由於警察及軍隊的直接鎮壓，在其任內勞工衝突及罷工
事件明顯降低，但也使得廣大勞工的生活水準每況愈下。

　　在工業方面，雖然阿雷曼執政初期工業發展較二次世界大戰
時略緩，但仍持續發展。然而在戰後，工業發展則有明顯復甦，
特別是在農業方面，因長期致力於灌溉系統的建設，此時已開花
結果。此外，阿雷曼也堅持致力於工業發展的政策，擴大支持工
業發展的相關措施及保護政策，其任內也成立了許多目前仍存在
的國營企業。

　　在對外關係上，阿雷曼政府的對外政策越來越多受到美國巨
大的影響。1947 年 6 月，阿雷曼政府頒布有利於外國投資的法
令，以適應美國壟斷資本的需求。同年 9 月和美國的石油公司簽
訂石油探勘合同。此外，在 1947 年里約熱內盧 (Rìo Janeiro) 的美
洲國家會議上，墨西哥參加了為美國所控制的 《西半球聯防公
約》。在韓戰時，雖未派兵參戰，但支持美國在聯合國反中華人民
共和國的提案。不過由於民族經濟日益成長和人民大眾的壓力不
斷增加，墨西哥政府不得不對外維持一定程度的外交獨立形式。
因此，墨西哥始終拒絕和美國簽訂雙邊軍事條約。墨國政府也常
發表反對原子彈、軍備競賽、主張大國締結和平共處協定等較開

明的言論。

　　總而言之，阿雷曼政府將總統由以往仲裁者的角色轉化成擁有更大且合法實權的行政首長，這也意味其政府有明顯獨裁政府的特質。另外，他也更直接、獨裁地控制了勞工團體，革命制度黨及其執政團隊。最後，他為了快速推行工業化及農業現代化而引起衝突時，經常捨棄協商而直接訴諸鎮壓，也是他任內另一獨特的行事風格。

第二節　穩定發展與獨裁主義 (1952–1970)

　　墨西哥在二次大戰後幾十年的經濟發展過程中，大體上在五十至六十年代實行以「進口替代」工業化和穩定財政金融政策為特徵的「穩定發展戰略」，其主要目標是：保持經濟高速均衡發展，進一步推行「進口替代」工業化，實現農業現代化，穩定物價和匯率，平衡財政和收支，實現社會和政治穩定。墨西哥政府爭取了一些策略，以實現上述目標。首先，增加公共投資，促進能源和交通運輸業的發展，以加速工業現代化。鼓勵私人投資，發展新興工業和國內急需工業。在農業現代化方面，政府重視土地改革，支持村社和私有小農業轉向成為發展資本主義的現代化大農業，開發新灌溉區等。因為財政穩定是「穩定發展戰略」的主要目標之一，為此，墨西哥政府以壓縮公共投資、增加稅收、保持預算平衡、控制貨幣流通量等措施加以因應。五十、六十年代的「穩定發展戰略」雖獲得明顯的經濟成長，但也使得墨國經

濟出現新的不平衡，對外依賴加深，國民收入分配極不平均，社
會貧富懸殊，財富集中在少數人，廣大勞動人民特別是農民生活
貧困化和嚴重失業，導致社會矛盾愈趨尖銳。

　　1952 年魯伊斯克提內斯 (A. Ruiz Cortines) 當選戰後墨西哥
第三任總統，但阿雷曼派的勢力仍在新政府內擁有相當影響力。
因此，他採取相關措施，以逐步降低這派人士對其政府的影響。
另外，他也撤換屬阿雷曼派的多位州長。

　　墨西哥經濟雖然在卡馬喬及阿雷曼政府任內十二年中發展迅
速，但到魯伊斯克提內斯接任總統時，已經相當不穩定。首先，
墨西哥經濟是在第二次世界大戰及韓戰的特殊情況下，靠延長工
人的工時及工作量而發展起來的，技術基礎薄弱。戰爭結束後，
工業發達國家經濟恢復後，墨西哥工業就因缺乏競爭力而陷入困
境。1953 及 1954 年，墨西哥通貨膨脹高於其他拉丁美洲國家，
物價也節節上升。更嚴重的是 1954 年美國發生經濟危機，工人失
業，使得在美國工作的墨西哥勞工不得不回國謀生。因此魯伊斯
克提內斯的首要任務就是設法穩定經濟。

　　1954 年魯伊斯克提內斯提出著名的「穩定發展戰略」，主要
內容是實行「硬通貨」、低膨脹策略。首先政府在 1954 年 4 月宣
布披索貶值，從 8.65 兌 1 美元降為 12.5 兌 1 美元，以有效抑制進
口並增加出口。接著，再透過保守的財政金融政策，穩定物價和
金融市場，維持既定的匯率不變。披索貶值後，因為社會秩序惡
化，1954 年 5 月 14 日，政府提出新的經濟計畫以回應混亂的經
濟及政治情勢，重點包括：將公務員及軍人待遇提高百分之十，

同時要求私人企業比照辦理，以提高工人及城鄉居民的購買力；
實施工業原料及糧食等農業產品的低價政策；取消貨物的出口稅
及必要工業物資的進口稅，以及給國內外投資者更多的保障等。
經濟情勢的改變及上述措施的奏效，從 1955 年起國內外投資增
加，薪水也為之提高。

　　不同於前任阿雷曼政府的鎮壓政策，魯伊斯克提內斯任內對
工會有較多的讓步，有效緩和政府與勞工對立的情勢。不過另一
方面他卻持續前幾任政府的政策，試圖整合勞工組織，因此在
1952 年成立了「工農革命聯合會」，隨後並成為革命制度黨的一
個組織。

　　由於長期以來，政府缺乏對村社的支持及吸引小資產階級的
有利方案，在魯伊斯克提內斯政府時代，傳統的農村衝突現象再
度浮現。另外，1954 年因為美國經濟危機，使得在美工作的短期
勞工被迫返墨，這次經濟危機也從 1956 年起影響墨西哥農產品的
出口。上述情況深深影響墨西哥農業現代化的進程，造成民眾侵
占土地的情況普遍增加，也使得墨西哥北部發生農民運動，並迫
使新任的羅培斯馬特奧斯 (A. López Mateos) 政府重新設計墨國
的農業政策。

　　當魯伊斯克提內斯任期快結束，羅培斯馬特奧斯已成為執政
黨候選人時，電信、教師、電力、石油、鐵道工會及學生再度掀
起沉寂多年的勞工運動。雖然其主要目的是要求加薪，但更重要
的是他們質疑隸屬於革命制度黨的工會的領導，並進而要求更民
主且獨立於政府機構的工會組織。在這些組織中，以鐵道工會最

具代表性，它最後成為凝聚各工會不滿勢力的中心，並進一步對政府構成嚴厲的挑戰。

　　1958年羅培斯馬特奧斯當選總統。當時他才四十七歲，衝勁十足，他表示要把革命推向左轉，以便和前三位總統的保守政策分道揚鑣。他執政後的一個明顯的變化就是恢復了卡德納斯的土地改革政策。執政不到兩年，共分配三百二十萬公頃土地。在六年任內，羅培斯馬特奧斯將九百多萬公頃的土地分配給農民以消弭農村日益高漲的不滿情緒，這是三十年代卡德納斯後最大規模的土地改革運動。不過，他並沒有排除鎮壓手段，最激烈的手段就是殺害哈拉米歐 (Rubén Jaramillo) 及其家人。哈拉米歐是莫雷洛斯州的革命領袖，曾以武力逼迫政府解決該州的農業問題。

　　羅培斯馬特奧斯在墨西哥現代史上是一位頗得人心的總統，之所以如此，是因為在他任內進行了一系列改革，維持了墨西哥經濟的穩定發展。首先是經濟改革。在農業方面，非常重視農業科學技術的發展，堅持發展以改造耕種技術和培養優良品種為中心的「綠色革命」，以不斷提高農作物單位面積產量。首先成立全國種子試驗、生產和推廣中心，並積極發展化學肥料工業和推廣農業機械化。由於「綠色革命」成功，墨西哥幾乎所有農作物的單位產量都有顯著的提高。農業快速發展使得墨西哥工業和整個國民經濟穩定平衡的發展，也使得墨西哥從四十年代末、五十年代初每年需進口大量糧食，進步到六十年代後期不但自給自足，而且每年還有一百多萬噸糧食出口。

　　在工業方面，持續實施「進口替代」策略，並強調在實施工

業化上應更加考慮到民族和普通百姓的利益。在經濟外交方面，他堅持實施經濟民族主義政策，認為石油國有化立場不能退縮，且在執政第二年，進一步將電力工業實施國有化。

其次是政治改革。由於前幾任總統的獨裁、任人唯親和革命制度黨因缺乏反對勢力，造成內部官僚腐敗現象，到了五十年代末、六十年代初，一些選民已開始對一黨專政的政治制度產生懷疑。在這種情況下，羅培斯馬特奧斯於 1962 年修改了憲法第五十四條，改革選舉制度，確立了政黨代表制❸。由於這一改革，墨西哥最大反對黨——國家行動黨於 1964 年在眾議院獲得了二十個席次。

在社會勞工方面，新上任的羅培斯馬特奧斯政府雖在加薪方面對工會讓步或容忍，但卻不容工會擁有更多的自主權並進而挑戰政府的公權力❹。面對政府的強硬態度及鎮壓行動，這些勞工運動紛紛瓦解。最具代表的鐵道工會也因其主要領袖被捕入獄、解雇一萬名勞工及軍隊占領工作場所及工會而被迫臣服。

1959 年的鎮壓勞工行動後，羅培斯馬特奧斯政府試圖成立全

❸ 這項措施就是讓那些在政黨對決中落敗，但獲得百分之二‧五以上選票的反對黨候選人，能藉以晉身國會殿堂。每一個政黨依此方式可獲得的最高席次為二十席。1964-1973 年間，反對黨因此獲得的席次占國會總席次的百分之十八‧七。

❹ 羅培斯馬特奧斯出於天主教勢力最強的普埃布拉州，被喻為「二十世紀最保守的執政黨總統候選人」。他曾經擔任前政府的內政部長，援引刑法中有關破壞社會罪的條文鎮壓激進分子，改革派對他十分反感。

國勞工總部，以吸納四分五裂或較不受政府掌控的工會組織。另外也釋出社會福利政策，並頒布法律允許勞工可分享公司利潤，同時規定最低工資提高百分之二十二，藉以改善和勞工階級的關係。在教育方面強調發展農村教育，為此，他在 1963 年把教育經費列為國家預算中最大的項目，其數量甚至比國防預算多一倍。

羅培斯馬特奧斯政府在執政初期除了面臨勞工和經濟問題嚴峻的考驗，在國際情勢方面因為四十年代的經濟起飛及五十年代的穩定發展，墨西哥國家實力在六十年代有很大的成長，所以亟思在國際事務上發揮更積極的作用。羅培斯馬特奧斯為此提出各國一律平等原則、不干涉原則和自決原則為墨國外交的三原則。不過在上臺不久，即需面對古巴革命成功所帶來的複雜局勢❺。在美國施壓下，他的政府在外交上不偏袒古巴革命而採不結盟政策以為因應。不過後來因為經濟日益惡化，以及急需資金及外匯以持續工業的發展，迫使羅培斯馬特奧斯政府向美國靠攏。墨西哥政府雖未放棄其傳統的外交獨立原則，但至少對古巴革命採保留的態度，並在古巴飛彈危機時宣稱贊成以美洲安全防衛為整體考量。羅培斯馬特奧斯政府外交上最大的成就是圓滿解決美、墨兩國之間的查米薩爾 (Chamizal) 邊界爭端❻。

❺　古巴革命在墨西哥形成受到政治人物及企業界支持的群眾運動。同時也成立「人民解放運動」，試圖取代墨西哥現行的民族主義及民主體制。此外，墨西哥共產黨也想伺機而動，凡此種種都讓美國極為擔憂。

❻　有關美墨查米薩爾邊界爭端起因及韓戰經過，請參閱李春暉等著《拉丁美洲史稿》第三卷，商務印書館，北京，1993，頁 130。

　　在內部方面，羅培斯馬特奧斯政府藉由財政的改革拉近和企業界的距離。從此刻起，墨西哥的經濟政策強調公共投資，不過卻使得外債不斷增加。另外，墨西哥政府也以刺激私人投資尤其是吸引外資作為發展的策略。因此，墨西哥在 1962 及 1963 年外人投資及公共投資都有明顯的增長。1964 年墨西哥的經濟成長甚至高達百分之十。事實上，從 1958 到 1970 年在所謂「穩定發展」的這段時期，墨西哥國內生產毛額每年平均成長百分之六‧五，通貨膨脹每年平均百分之三，比美國的通膨還低。由於國內信心的重建，此時期墨西哥的外交政策一反五十年代尊重美國的意見，而改採自由路線。

　　1964 年迪亞斯奧爾達斯 (G. Díaz Ordaz) 接任總統，六年任內墨西哥經濟每年平均成長百分之七，被稱為「墨西哥的經濟奇蹟」。不過迪亞斯政府在政治面遭受到嚴峻考驗。這些問題主要來自包括學生、專技人員及知識分子等中產階級的不滿，因為他們並未蒙受這段經濟成長所帶來的利益。由於經濟上不平等狀況日益嚴重，同時也因古巴革命勝利的鼓舞和世界民主運動的影響，墨西哥的政治局勢日益緊張。首先發難的是醫生，他們在 1965 年發動要求調薪的運動，政府採取嚴酷的鎮壓行動，並將醫生運動領袖逮捕入獄，所有參與運動的醫生都被開除永不錄用。此外，在 1968 年 10 月墨西哥舉辦奧運會前夕爆發更嚴重的學生運動，政府對學生運動進行鎮壓及大屠殺，即著名的「特拉特洛爾克屠殺」。城市與鄉間陸續發生嚴重的社會衝突，也使得迪亞斯政府在經濟奇蹟的美譽外，蒙上獨裁、鎮壓體制的陰影。

另外一項令人不安的現象就是選舉棄權的情況不斷上升，城市選民投給反對黨國家行動黨的比例也不斷提高。在下加利福尼亞、猶加敦等地區的選舉暴動，也迫使執政當局採取鎮壓手段。造成迪亞斯奧爾達斯政權採行獨裁、鎮壓的原因包括：⑴資產階級及部分的特權中產階級將六十年代要求更多政治、經濟參與權的新

圖 36：1968 年 10 月墨西哥奧運前夕，學生在特拉特洛爾克廣場示威。

群眾運動，視為顛覆破壞的團體。⑵政府機構內部的政變。例如：軍隊因多次介入社會運動，重要性日益增加；行政系統受到經濟統治階級即資產階級官僚體系把持。⑶國家發展需有平和社會為基礎，進而累積資本的要求。在這種情況下，迪亞斯政府不但以鎮壓方式來對抗群眾運動，並藉此情勢對左派及自由派人士進行政治與思想的迫害。1968 年學生運動發生後，出現了許多準軍事團體及極右組織。

　　在迪亞斯奧爾達斯執政時期，雖然強化其政府趨向獨裁，但他卻不忘加強吸納勞工成為其執政的基礎。此外，他也採取民粹主義，以分配土地來討好廣大民眾。從 1965 到 1970 年間，他將

二千三百萬公頃的土地分配給大約三十七萬的農民，雖然如此，土地分配並沒有降低民眾對土地的侵占，以及因土地問題所引起的衝突。其主要原因在於所分配的土地非常貧瘠，而且許多的土地分配象徵性大於實質效果。

第三節　經濟危機、國家發展及政治體制的改革 (1970–1976)

雖然迪亞斯政府曾創下墨西哥經濟奇蹟，但對部分人士而言這種發展策略使得社會付出很大的代價，因為財富因此而更加集中在少數人手中，廣大的民眾卻愈來愈貧窮。這些人士也認為，在政治方面因政府不斷訴諸鎮壓，使得政治體制愈來愈嚴峻、獨裁，政府漸漸失去民心；迪亞斯奧爾達斯政府不斷遭受來自資產階級也就是國內利益團體的壓力；也使得文人政府漸漸無法駕馭軍隊。在這種情況下，改革派人士遂支持總統府部長馬丁尼茲馬納度 (E. Martínez Manatú) 為總統候選人，他們認為唯有此人才能結束墨西哥獨裁政府的趨勢，但事與願違，最後取得總統候選人資格的是 1968 年鎮壓學生運動的內政部長埃切維里亞 (L. Echeverría)。所幸在競選活動一啟動，他就宣誓摒棄前任政府鎮壓的手段，同時全國走透透。在這段時間他讓社會各階層發表意見，並直接傾聽學生及各大學的看法；另一方面在和經濟學家會晤後，提出新的發展策略。埃切維里亞上臺後，並未如國內外觀察家所預期的持續迪亞斯的政策，他積極改革政治體制及經濟發

展策略。

　　埃切維里亞接任總統後，立即更換或調整和資產階級利益掛鉤及和前任政府關係密切的政府官員，並延攬專業及學界人士入閣。在這波人事調整上，埃切維里亞同時對內閣及對執政黨的領導階層進行調整重組，其中最具代表的是以鎮壓 1968 年學生運動之名，更換當時擔任墨西哥特區首長的馬丁尼茲‧多明格茲 (A. Martínez Dominguez)，也同時對參、眾兩院進行重組。這波人事調整最後以埃切維里亞指定技術官僚出身且沒有自己的政治班底的羅培斯波提約 (J. López Portillo) 為總統候選人而達到高峰。

　　在經濟發展方面，埃切維里亞政府留任了前任政府的技術官僚以及新延攬的專業人士及學者以進行改革。然而這些改革派人士意見分歧。一派人士認為，新的經濟政策採取保護主義，以至於成立了許多高成本、缺乏效率以及不具世界競爭力的企業，也就是說這種發展模式沒有深切考慮到瞬息萬變的國際經濟局勢。另一派人士則強調這種模式太過於依賴發展的過程及所帶來的財富集中所將付出的社會成本，無法將重要的社會階級納入生產行列。因此他們認為創造本身的技術、累積成本、創造工作機會以及建立分配財富的機制應是經濟發展優先的考量，同時應慎重考慮工業保護政策可能帶來的後果。雖然如此，兩派人士都認為國家對經濟發展應扮演更積極的角色，也就是政府不應只是扮演經濟發展基礎建設的提供者以及對私人企業補助者的角色。雙方也一致認為唯有提高國內生產力，才能有效遏止日益嚴重的外債問題，因此應進行財政改革，才能既維持高度公共支出，又不至於

惡化、依賴國外的財政。另外，這兩派人士也一致主張強化土地
改革以提高農業生產。

上述的主張後來逐漸轉化為 1970 年埃切維里亞政府執政後
的經濟政策。為了克服前政府「穩定發展戰略」所產生的弊端，
埃切維里亞提出了「分享發展」，建立一種能讓更多人分享經濟發
展成果的經濟制度，其具體目標是改變原來鼓勵私人資本為主的
政策，加強國家對經濟的干預，積極發展公共部門，將經濟成長
與社會發展的目標相結合，也就是在保持經濟成長的同時努力實
現比較公平的收入分配；創造更多就業機會，降低失業率；積極
發展農村和偏遠地區經濟；對外資企業實現墨西哥化❼和加強國
家對經濟活動的控制；改善國際收支概況，發展教育事業。在對
外經濟方面，主張建立國際經濟新秩序，發展與拉丁美洲等第三
世界國家的經濟關係，擴大與日本和歐洲的貿易關係，以減少對
美國的依賴。

雖然埃切維里亞政府的分享發展策略取得一定的進展，但最
後未能成功，其主要有三個因素：⑴墨西哥民族資產階級中的保
守派激烈反對並抵制這種策略，他們將資本抽離轉移國外。⑵「分
享發展」策略的目標與實現途徑脫離當時的現實條件。由於墨西
哥經濟是由國家資本、本國資本及外國資本構成，私人資本在經

---

❼ 所謂墨西哥化政策就是在外資政策方面減少外國資本對土地、自然資
源和戰略部門的所有權和控制權，將外資企業的經營納入國家經濟發
展戰略，對外資投資的部門和股權進行限制，使外資與國家資本和本
國私人資本廣泛採用合資經營的方式。

濟發展中有重要的作用，同時墨西哥經濟長期以來對美國依賴嚴重，此情況非短期所能改變。而分享發展策略未能處理好國家資本與私人資本的關係，導致私人資本停滯和外流。在資金嚴重不足情況下，墨西哥政府不得不依賴大量舉借外債來彌補日益增加的財政赤字，不僅經濟衰退，而且加深對外的經濟依賴。(3)世界經濟危機嚴重影響了埃切維里亞政府分享發展策略的實施，則是上述策略受挫的外在因素。

　　1970–1976 年埃切維里亞在位期間，墨西哥政府開支從四百零二億披索增至一千九百二十億披索，財政赤字也從六十六億增加至六百十一億。為了彌補財政赤字，政府不得不大量吸收外資和舉借外債。到 1972 年，外國跨國公司實際上已經控制了墨西哥製造業資本的一半。公共外債從 1970 年的三十二億美元暴增至 1976 年的一百九十六億美元。六十年代後半期就已開始衰落的農業，這時候就更加衰落了，墨西哥再一次成為糧食進口國，1975 年以後每年平均進口七百五十三萬噸。到 1976 年通貨膨脹率高達百分之二十以上，貿易逆差更從 1971 年的七千多億美元增至 1976 年的三兆多美元。由於通貨膨脹，披索不值錢，有錢人紛紛兌換美金，造成大量資金外流，因此政府不得不在 1976 年 9 月將勉強穩定了二十二年的披索貶值百分之六十，一個月後又被迫貶值百分之四十。披索的貶值宣告了墨西哥穩定發展階段的結束，墨西哥陷入戰後第一次嚴重的經濟危機。

　　埃切維里亞執政時期，由於墨西哥和美國的經濟矛盾加深，因此在其執政初期即採取積極多元的外交政策，加強和第三世界

國家的關係，以盡量減少對美國的依賴。1971 年 10 月埃切維里亞在第二十六屆聯合國大會中控告美國的貿易保護主義，宣布墨西哥將實行多邊依賴和加強墨西哥國際地位的國際政策。他也在這次大會有關恢復中華人民共和國在聯合國合法地位的討論中，反對美國主張給兩岸席位的論點，堅持只給中華人民共和國席位並提出著名的「主權不可分割」原則，幾天後臺灣退出聯合國，墨西哥宣布終止與臺灣的外交關係，並於 1972 年 2 月 14 日與中國大陸建立正式外交關係。

　　1972 年 4 月聯合國第三次貿易和發展會議在智利的聖地牙哥舉行，埃切維里亞倡議制定「各國經濟權利和義務憲章」以維護第三世界國家的經濟利益。這項主張在 12 月第二十九屆聯合國大會上獲得通過。墨西哥的國際地位至此達到了第二次世界大戰以來的最高峰。為了貫徹多邊依賴的外交策略，擴大墨西哥產品的出口市場和資金、技術的來源，埃切維里亞積極推動拉丁美洲地區經濟一體化，並積極發展與西歐、日本以及第三世界國家的關係，他在位期間和六十二個亞、非國家建立正式外交關係，並簽訂一百六十項貿易和經濟合作協定。

第四節　從石油繁榮到外債危機 (1976–1982)

　　1976 年墨西哥總統大選是在一種經濟危機中舉行的。在推舉候選人時，由於埃切維里亞的改革引起革命制度黨內保守派的不滿，黨內鬥爭激烈，經協調後推舉羅培斯波提約為候選人。當時

一般認為在經濟惡化的情況下，執政黨候選人一定會遭到嚴重挑戰，但事實上五十六歲的波提約在沒有任何對手的情況下，以墨西哥總統選舉史上最高的百分之九十四‧一選票當選總統。

　　儘管波提約是在墨西哥經濟危機中上臺，但由於當時墨西哥已發現豐富的石油礦藏，所以他對墨西哥經濟仍抱持樂觀態度。上任後，他與國際貨幣基金組織簽訂三年穩定經濟計畫，答應把預算赤字從 1976 年占國民生產總值的百分之九降至 1979 年的百分之二‧五，1977 年的公共外債不超過國民生產總值的百分之一，而國際貨幣基金組織則提供墨西哥十二億美元貸款，用以彌補國際收支和財政赤字，增加石油投資。為此，他施行緊縮政策，減少公共投資和行政開銷，凍結工資，限制貨幣通行量，制止惡性通貨膨脹。僅一年時間，財政赤字從占國民生產總值的百分之十二降到百分之八，通貨膨脹率則從百分之四十五降到百分之二十一，出口成長百分之三十三，進口下降百分之二‧四。

　　在政治方面，波提約認為應對 1929 年創建的一黨制單一政治結構進行現代化改造，給反對黨發表意見的合法管道，避免再度發生像 1968 年公開反對政府的恐怖行動，因此他採取兩大措施：首先，大赦政治犯，到 1979 年總共釋放政治犯一千五百多人。其次，實行政治改革。1977 年頒布《選舉制度改革法》，放寬政黨登記限制。新選舉法規定，少數派政黨只要在全國議會選舉中獲得百分之一‧五的選票，或其黨員超過六萬五千人，就可以進行登記，參加競選。眾議院席次由三百席擴增為四百席，其中一百席由政黨依得票比例產生，這項改革使得反對黨由三個增加為六

個。墨西哥共產黨在被剝奪合法地位三十三年後，於 1979 年國會選舉中，獲得十八席，成為墨西哥第三大黨。這項政治改革雖然讓反對黨在國會的席次增加，但事實上並沒有危及革命制度黨對總統寶座、各州州長及國會的掌控，這項改革的主要目的是要掩飾革命制度黨一黨獨大的制度，給外界一些民主的觀感。波提約也進行行政革新，採取地方分權，合併功能重疊的單位，以提高行政效率。此外，他也合併或關閉績效不彰的準國營事業，以提升效率縮減公共開支。在外交方面，波提約持續前任政府秉持的獨立且活躍的外交政策。他在位期間較特殊的外交成果為：1977 年墨西哥在西班牙結束佛朗哥 (Francisco Franco) 獨裁政權後和西班牙復交 ； 1982 年在馬納瓜發表演說 ， 批評雷根 (Ronald Reagan) 政府武力干預尼加拉瓜造成中美洲地區動盪不安。

在波提約就任總統的前後幾年，墨西哥東海岸一帶和坎佩切 (Campeche) 海灣不斷發現大油田 ， 其儲油量到 1980 年估計已達二千億桶，居世界第五位。因當時世界正面臨能源危機，石油價格直線上升，墨西哥頓時受到西方國家的矚目。國際貨幣基金組織很快提供十二億美元貸款，美洲開發銀行也允許三年內提供十億美元。美國防部也建議政府儘快與墨西哥建立「特殊關係」。在此有利前景下，波提約制定了新的經濟政策，決定以石油工業為基礎，推動經濟全面高速發展。

為了實現上述計畫，波提約政府首先調整經濟結構，確定以石油工業發展為重心，優先給予投資。1980 年時，石油工業投資占全國總投資的百分之三十四‧八，石油和石油產品占出口總額

百分之六十六‧二，石油收入也從 1976 年的五億美元增至 1981
年的一百三十多億美元。為了解決日益嚴重的糧食短缺問題，波
提約政府打破前任政府「共享發展」的方針，鼓勵小農合併，實
行大規模經營以提高糧食生產。波提約政府也容許通膨不超過百
分之十五，放寬對物價的控制，主張「在通貨膨脹中成長」。以上
的這些經濟政策，很快形成墨西哥經濟的「石油化」。石油日產量
從 1974 年的五十多萬桶 ，暴增至 1982 年的二百七十五萬桶 。
1981 年石油出口占全國收入總額的四分之三，政府財政收入有百
分之七十來自石油。而且從 1978 到 1981 年連續四年經濟成長率
高達百分之八‧五。這就是墨西哥史上所謂的「石油繁榮期」。

　　雖然墨西哥的石油繁榮為部分的墨西哥人帶來財富和奢華的
生活，但事實上此繁榮是以犧牲其他經濟部門，特別是農業為代
價而實現的。例如棉花、咖啡等產品的產量都明顯下降了。至於
糧食生產方面，雖然波提約政府在 1980 年頒布了「墨西哥糧食體
系」計畫，但追求利潤的原則決定一切，因此這些措施並沒有根
本解決糧食短缺問題，甚至在 1980 年時，墨西哥人的主食玉米，
有三分之一要從美國進口。

　　石油雖然為墨西哥政府帶來高額利潤，但為了積極擴大石油
生產，不得不耗費巨額資金，從外國引進設備和技術，因而帶來
了不斷成長的貿易赤字。貿易赤字在 1977 到 1979 短短二年間從
十四億美元增至三十億美元；財政赤字更在 1982 年增為一兆六千
多億披索，占當時國內生產總值的百分之十七‧六。為了彌補日
益成長的赤字，政府一方面加印鈔票，推行所謂「膨脹增長」，一

方面以石油為後盾，大舉外債，結果通膨及外債膨脹同時惡化。1980 年通膨達百分之二十九‧八，而官方外債達五百七十億美元，墨西哥成為世界最大負債國之一。隨著石油繁榮和源源不絕的外國貸款，這段時間成為墨西哥史上少見的揮霍年代，也使得波提約政府執政初期反貪污化運動不了了之，政治上的腐敗也有增無減。

由以上觀之，墨西哥石油繁榮期本質是虛弱的。在 1981 年因全球石油生產過量，油價突然下滑百分之十二，使得墨西哥石油收入在 1982 年從二百七十億美元降至一百四十億美元，此一打擊，讓墨西哥政府頓時陷入混亂。面對這種情況，波提約政府並沒有採取緊縮政策，反而繼續舉借外債，企圖以此維持經濟高速成長。但是，外國銀行不斷成長的利率，使得墨西哥負擔愈來愈重，終於導致政府無償還能力。此時披索信用開始動搖，資金外流，迫使波提約政府在 1982 年初宣布披索貶值百分之四十，唯資本仍持續外流，造成急需資本的墨西哥工業隨之衰落以及大批工人失業。1982 年墨西哥外債已累積到八百一十億美元，但當時墨西哥銀行幾乎無外匯存底可支應。因此，波提約政府不得不在當年 8 月宣布暫停償還外債，也因此爆發了墨西哥史上最嚴重的外債危機。爆發外債危機也宣告了「石油繁榮」的結束。

1976 年在經濟危機中上臺的波提約原想依賴「石油繁榮」快速實現墨西哥的現代化，但 1982 年，他不得不帶著近乎破產的計畫在另一次更大的危機中下臺。在下臺前幾個月，斷然宣布對墨西哥所有私人銀行實行國有化，並對外匯實行管制。這些措施對

於處於危急中的墨西哥經濟秩序起了決定性的作用。美國及其他
外國銀行都同意協助墨西哥解決外債問題，但墨西哥得實行財政
緊縮政策。

第七章 | *Chapter 7*

墨西哥經濟全球化及民主轉型

第一節　墨西哥在政治上的變革

　　從八十年代到二十世紀末是墨西哥面臨政治變革及民主轉型的關鍵時刻。影響這些政治上的變革，主要有三方面，包括執政黨——革命制度黨的衰微、專家治國及其對墨西哥政治及經濟的影響，以及憲法的修訂等。

一、革命制度黨的衰微

　　墨西哥革命後的政治體制雖然不是一黨制但卻是一黨獨大，此舉不但扼殺了墨西哥反對勢力的成長，更嚴重傷害其民主的發展。革命制度黨能夠從 1929–2000 年七十一年間獨霸墨西哥政壇，究其原因有下列幾項：(1)革命制度黨吸納了代表墨西哥社會上不同利益的團體和個人，包括工人、農民、軍人、不同社團、攤販乃至於廠商，這些人的利益和革命制度黨息息相關，在全國

各項重要選舉中，他們總是堅定地把選票投給革命制度黨的候選人。(2)藉由黨政不分，為黨製造有利契機，例如眾所皆知的土地改革措施，最後竟成為革命制度黨控制、攫取農村選票的利器。另外由於黨政的密切關係，讓一般民眾認為唯有透過革命制度黨才能解決問題，這又讓革命制度黨牢牢的抓住這群廣大民眾的選票。(3)革命制度黨一直定位為中間屬性政黨，既非偏左派的共產黨，也非一般大眾所厭惡的極右派政黨，此項政黨定位，讓革命制度黨在各項選舉中無往不利。

革命制度黨在這段時期的獨霸墨西哥政壇，分別帶來正面及負面的影響。在利的方面，為墨西哥帶來長時間的政治穩定及社會祥和，使得墨西哥在七十年代有比較穩定的經濟發展。反觀拉丁美洲其他國家在這段期間，政變頻傳，而且在六十至八十年代間也大都是軍人執政的局面。在弊的方面，較明顯的是民主發展幾乎停擺、貪污事件頻傳，以及一種只有利於政治及經濟精英階級的特權制度的建立。

革命制度黨長期在墨西哥獨攬政權的局面到了八十年代初期開始受到質疑和挑戰，當時墨西哥經濟處境日益艱困，而革命制度黨所領導的政府也似乎無法掌控自 1976 年經濟危機所引發變化莫測的經濟問題，這些問題嚴重影響墨西哥人民的生活水準，也造成民眾對革命制度黨的信賴日益低落。在此同時，國際政治及經濟都產生新的變化。在政治方面，東歐一黨獨大、獨裁的共產政權瓦解，這也使得革命制度黨一黨獨大、反民主、近似獨裁的墨西哥政治體制受到嚴厲的批評。在經濟方面則盛行全球化經

濟，這意味著保護貿易主義已不可行。而這項保護貿易政策即是
1940 年以來支撐墨西哥經濟不斷成長，所實施「進口替代」政策
的基石。

　　政治及經濟上的危機雖不直接影響革命制度黨的政權，但同
時卻也因為資源愈來愈少，使革命制度黨所能給予一向支持該黨
的地方派系首領及社會團體的籌碼日益萎縮，因此造成這些支持
者的失望和疏遠，並造成該黨日漸式微。這種衰微的情勢最具代
表性的是該黨在 1987 年的內部分裂，由夸特莫克·卡德納斯
(Cuauhtemoc Cárdenas) 等人為首的民主改革派遭開除黨籍，並於
1989 年成立民主革命黨。這次分裂對墨西哥政府及革命制度黨都
是一項嚴重的打擊。因為卡德納斯在墨西哥中、南部地區擁有廣
泛的支持群眾；另一方面，新成立的民主革命黨定位為中間偏左
政黨，在墨西哥國家發展的關鍵時刻，有效促成墨西哥左派勢力
的團結。此外，國家行動黨在北部地區有所斬獲，贏得下加利福
尼亞州 (Baja California) 及奇瓦瓦州州長，以及墨西哥北部一些重
要城市市長的選舉。

　　雖然革命制度黨仍然掌握墨西哥的統治權，但已逐步邀請反
對黨人士入閣。此外，該黨也從 1963 年起透過選舉制度的改革，
設立了政黨代表制。《選舉法》經過不斷的修正，最後在塞迪約
(E. Zedillo) 執政時代成立了超然的聯邦選舉委員會。這項改革腳
步雖然緩慢，最後卻促使墨西哥在 2000 年 7 月 2 日總統大選中
成功的政治轉型，完成政黨輪替。國內外都在高度期待墨西哥能
藉此有所轉變。

表二：1985–2000 年墨西哥主要政黨眾議院席次及得票率

		革命制度黨 (PRI)	國家行動黨 (PAN)	民主革命黨 (PRD)
1985	席　次	292	38	*
	得票率	67.3	16.5	*
1988	席　次	260	102	*
	得票率	50.37	17.96	*
1991	席　次	320	89	71
	得票率	61.48	17.73	8.25
1994	席　次	300	119	71
	得票率	50.46	25.53	16.91
1997	席　次	239	121	125
	得票率	39.10	25.71	26.61
2000	席　次	211	223	66
	得票率	36.88	38.28	18.68

*民主革命黨成立於 1989 年。

二、專家治國

　　1982 年 7 月德拉馬德里 (Miguel de la Madrid) 在總統選舉中以百分之七十四·四三的絕對優勢選票當選墨西哥總統，並於 12 月 1 日宣誓就職，開啟了墨西哥一系列政治及經濟結構性的改變。在政治方面，他排除在選舉中身經百戰且能敏銳體察一般百姓需求的政治型官員，大量晉用所謂的專家或技術官僚。在經濟方面，他揚棄自 1917 年墨西哥革命後所實施的國家積極領導及干預經濟的政策，改採新自由主義的經濟政策❶。

　　德拉馬德里在 12 月就職時，當時墨西哥通貨膨脹率已高達百分之百，經濟則為負成長。為了戰勝經濟危機，他一上臺即提出削減公共開支、厲行節約、削減不必要的工程項目、反對貪污、打擊投機、加強國營銀行的效率和廉潔、改革匯兌管理制度等多項計畫。隨後他按照這些計畫做了一系列改革，比較重要的有下列幾項：反對貪污腐化。為此他提出反腐敗計畫，將墨西哥警察局長及兩位現任州長以貪污罪逮捕入獄。在財政上，他接受並實行國際貨幣基金組織支持的解決債務方案。提倡國營企業私有化並關閉經營不善、嚴重虧損的國營企業。嚴格控制基本消費品價格、反對投機哄抬。頒布新的外匯管理制度以對付猖獗的貨幣投機，也藉此制止美元外流，以及調整發展策略，將 1940 年以來一直實施的「進口替代」發展模式，改採「外向型」發展模式。

　　前面談過德拉馬德里總統上臺後積極晉用專家治國，隨後的薩利納斯 (C. Salinas) 及塞迪約仍然持續這項政策。事實上這三位總統都有一個共通點，他們都曾到國外著名學府研讀經濟及公共行政。不過墨西哥的專家治國經驗其起源則需追溯到 1970 年，當時因政府積極介入經濟發展，延攬了許多的專家學者擔任要職。

　　不論在墨西哥或其他國家，一般普遍認為專家學者都以較理想化的科學準則來解決社會問題，因此他們所制定的政治及經濟

---

❶　1980 及 1990 年代盛行的新自由主義經濟原則是對傳統自由主義的一種改革。它接受國家需要適度的介入經濟及社會事務，規範工作時數或減少工作危險，並藉由補貼政策來對抗經濟壟斷。

方案常常無法體察到廣大社會民眾的需要。同時他們所推行的政策大都有利於國家及外國資本的發展,具有威權的傾向,並且只圖利大企業主,導致一般社會大眾更加貧窮。由於專家治國和肇始於七十年代初的墨西哥經濟危機有相當密切的關係,因此他們自然以所學的經濟學知識來制定策略以利解決墨西哥的經濟問題。在此情況上,他們推出「經濟重整立即方案」等相關措施,藉以穩定經濟、避免墨西哥披索繼續貶值、控制通貨膨脹至百分之九,非石油產品出口增加以及失業率明顯下降。不過墨西哥的經濟在 1994 年終再次面臨危機。

三、修憲

墨西哥為因應經濟危機自 1982 年起改採新自由主義原則,同時為了讓政治、社會及經濟結構更加現代化,墨國總統薩利納斯 (1988–1994) 在 1992 年向國會提出多項憲法修正案,以使法規和現實相結合,其中包括第三、五、二十七、三十一、八十二及一百三十條等較重要的憲法修正條文。

1992 年對憲法第三條的修正包括:學前、初等及中等教育都是義務教育,並重申宗教團體不得參與教育事業。至於憲法第二十七條從 1917 年制定以來,其主要宗旨在規範墨西哥的土地及地下物為國家所有,墨西哥政府也藉此得以將原為外資掌控的礦產等事業收歸國有,並進一步實施土地改革。但是戰後,特別是六十年代以後,隨著農村商品經濟的發展,原《土地法》規定農民對分得的土地只有使用權,使得農民對土地缺乏責任感,並導致

土地的破壞性開發和利用。再者土改的結果使土地小塊化趨勢不斷加劇，生產規模愈來愈小。第三，原《土地法》禁止農民買賣、租賃和轉讓土地，限制外資直接經營農業，嚴重束縛農業由分散經營向規模經營過渡。

為此，薩利納斯政府在九十年代初，召集全國朝野討論土地問題，為修改《土地法》進行準備。1992 年 2 月墨國政府頒布修改後的《土地法》。主要內容包括：宣布結束土地改革；把土地所有權交給分得土地的農民，並允許農民透過買賣、租賃等途徑轉讓土地；鼓勵小農與商品農業合作經營；鼓勵外資和商業資本對農用土地投資。政府還在同年 5 月，頒發土地所有權證書給三百多萬農戶。

新的《土地法》有利於土地的兼併和集中，為發展農業規模經營及農村資本化、現代化創造了條件，同時有利農業生產力的提高，讓墨國農業生產更具國際競爭力。當然，隨著土地集中，必然會有大批小農遭到兼併和破產，這是墨國農村改革難以避免的陣痛。

至於規範天主教與政府關係的憲法第一百三十條，長久以來一直是雙方摩擦不斷的主要原因。修正後的新法包括：承認天主教及其他宗教團體具有法人地位，以及取消外籍人士不得擔任宗教首長等規定。

至於憲法第八十二條有關成為墨西哥總統候選人的相關規定，新法將原規定雙親必須為墨西哥人，修改為雙親只要一方為墨西哥人即可。此條文修正通過後，於 1999 年 12 月 31 日立法施

行。此法修正通過無疑是幫了國家行動黨的大忙,促使該黨能在 2000 年墨西哥總統大選中,推出福克斯並順利贏得總統寶座。福克斯的母親為西班牙人,若依原憲法規定,他不能成為總統候選人,那麼墨西哥能否在 2000 年由反對黨贏得政權就不得而知了。

第二節　從關稅壁壘到經濟開放

1982 年墨西哥爆發債務危機前,一直採取關稅保護政策來發展工業,雖然在增進工業生產方面獲得一定程度的進展,但因為是一個受保護的市場,所以不論是本國或外國企業主,不思投資研發改進產品的品質,導致產品量少、昂貴及低品質的情況層出不窮。與此同時,在亞洲的臺灣、泰國及新加坡等國都積極運用廉價勞工生產不需太多資本及技術的相關產品,以便外銷打入國際市場。

為此,羅培斯波提約政府 (1976–1982) 曾於 1979 年規劃墨西哥加入關稅暨貿易總協定 (GATT),但當時國營企業認為加入該組織對其不利,且會造成公司倒閉,讓失業率激增。面對此種情況,波提約政府只得繼續採行關稅保護政策。到了德拉馬德里 (1982–1988) 政府時代,隨著世界經濟全球化與地區經濟一體化的推進,使得墨西哥貿易自由化獲得進一步的發展,並逐步放寬乃至取消關稅和非關稅的壁壘。德拉馬德里總統任內兩項重要的經濟政策是:繼續償付外債並透過談判解決債務危機;採取自由市場經濟策略並促進出口。他對墨西哥經濟最大的貢獻在主導該國

於 1986 年加入關稅暨貿易總協定。儘管加入關稅暨貿易總協定並未能使墨西哥的經濟起死回生，但象徵墨西哥經濟受該協定規範而愈來愈開放，更重要的是迫使國內產業面對較公平的遊戲規則和較大的國際競爭。事實上，墨國產業結構在這一波經濟開放有很大的改變。例如其製造業產品出口從 1982 年的百分之十四提升至 1989 年的百分之五十五即為明證。

一、薩利納斯政府的改革 (1988–1994)

墨西哥經貿的改變和開放雖從 1982 年的德拉馬德里上臺後開始進行，但進程緩慢。薩利納斯總統 (1988–1994) 上任後，一方面由於個人的親美情緒和所具備的經濟官僚技術，另一方面由於墨國政治生態因經濟自由化產生的轉變方興未艾❷，改革步調得以加速，改革範圍也得以擴大。

1991 年 11 月 1 日，薩利納斯總統在國會發表國情咨文中首次系統地闡述新民族主義原則，標示著墨西哥執政黨多年來的理論思想和方針政策發生重大變革。雖然在新民族主義的理論中，薩利納斯強調忠實地繼承墨西哥憲法所闡釋的民族主義：捍衛主

---

❷ 1988 年墨西哥總統選舉，執政的革命制度黨的力量大大地削弱了，該黨候選人薩利納斯雖然當選，但只獲得百分之五十‧三六的選票，是歷任來最低，而選舉前夕成立的全國民主陣線候選人夸特莫克‧卡德納斯則獲得百分之三十一‧一二的選票。其次，過去一直是執政黨全數囊括的參議院席次，在 1988 年首次由反對黨獲得四席，並在 1988 年選舉結束後，領導成立了新的反對黨——民主革命黨。

權、尊重自由、促進公正和發展民主，並符合墨西哥人要求「在變革時能夠保留傳統、價值觀念、歷史和習慣。也就是說，希望變革能加深我們的統一性，使我們繼續自豪地做墨西哥人」。（楊清，1995：43）不過他也強調，在當今世界，民族主義已經很難再用過去那種意思來表達，因為和它相對應的那個時代和國際環境已經改變，目前已不存在一種一成不變的民族主義表現形式。這種新民族主義具體表現在薩利納斯政府的內外政策各方面。

在對外關係上，新民族主義既強調捍衛主權是最重要的生存原則，也承認必須依靠那些有力量為人道主義事業作出貢獻的多邊機構。此一政策明顯的擺脫了既往政府不依附歐美政府，走第三條中間路線的外交政策。也就是說，薩利納斯政府藉此新民族主義，主張墨西哥積極參與國際和地區性事務，建立了多邊外交和經濟關係。在對內政策上，他主張透過持續實行穩定成長的政策，創造更多的就業機會，進一步引進競爭機制，增加儲蓄、促進投資，採用新技術促進出口以增加國力。

總之，相對於傳統的民族主義，墨西哥的新民族主義表現出更強的現實性及靈活性。特別是此時墨西哥正面臨著置身於世界新的一體化進程、貿易自由化大潮流之外的危險，因此薩利納斯政府在審視時勢後，自然宣布主張新民族主義，而這也是墨西哥在作為一個發展中國家，面對日益嚴峻的國際情勢對其基本指導思想作出的深刻反省和果斷更新。

1988 年薩利納斯剛上任時，墨西哥正面臨由八十年代初期的債務危機引發的幾十年來最嚴重的經濟、政治和社會危機。此時

世界正處於新舊格局交替動盪中，墨西哥面臨著可能被排除在國際主流社會之外的危險。因此，薩利納斯一上臺，立即實行扼止危機進一步惡化的應急性經濟措施，與債權國進行減價談判，控制資金外流，與社會各界簽訂社會契約，合力抑制通貨膨脹；同時制定出一系列新自由主義經濟改革政策。其改革核心是改變墨西哥長期奉行的以發展為基礎的進口替代內向型發展策略，實行出口導向的外向型發展策略；重新界定國家與市場的職能，將國家的作用限定在建立適當的法律和行政機制的框架內，使其集中精力於非市場領域，如環境污染、教育及社會公正等方面。

　　薩利納斯推出的主要政策包括：⑴大力推動公營事業私有化進程。在薩利納斯執政的六年間，政府在六百十八家國營企業中將三百六十家完成民營化，所得金額近二百五十億美元，占拉丁美洲各國私有化所得金額的一半。其所得資金主要用於償還內外債務和社會公共開支。至於石油和天然氣等則未進行私有化，但為順應情勢發展，也朝管理權下放、精簡人員、提高效率等方面調整。⑵改革外貿體制。墨西哥外貿體制改革範圍很廣大，包括以關稅取代進口許可證制度，逐步降低稅率，平均關稅降至百分之十以下，開放國內市場，引進競爭機制，增強墨國產品的國際競爭力，實行出口產品多元化，且大力鼓勵非石油產品特別是製成品的出口。其他改革還包括：積極引進外資、開放金融市場、改革財政稅收制度，以及實施社會發展計畫等。在此同時，薩利納斯也實施政治革新。不過與經濟改革相比，墨國在這段時間的民主化進展較慢，但政府在整治腐敗、打擊投機與不同黨派及社

　　會各階層保持聯繫和對話方面，還是有所行動並獲得一定進展。墨西哥在這段期間進行史無前例的深刻經濟改革而能保持社會相對平靜，這與其實行的政治改革不無關係。

　　墨西哥在經過八十年代整個拉丁美洲地區「失去的十年」，於九十年代初期率先走出谷底，經濟成長率連續三年超過百分之三且通貨膨脹率降到個位數。由於國內經濟前景樂觀，外貿政策寬鬆以及社會較為穩定，墨西哥吸引了大量外資，1988–1993 年，吸引外資累計達三百四十億美元，獨占拉丁美洲鰲頭。

　　在對外經濟關係上，薩利納斯政府積極實行多元化方針，以期大幅拓展墨西哥在國際上的發展空間和在競爭日益激烈的世界經濟方面獲得有利的態勢。在其任期內除繼續發展與其他拉丁美洲國家的雙邊和多邊經濟合作之外，還積極參與亞太地區的經濟活動，並於 1993 年加入亞太經濟合作組織（Asia Pacific Economic Cooperation，簡稱 APEC）。在薩利納斯對外經濟戰略中最令世人矚目的是加入了北美自由貿易區（North American Free Trade Area，簡稱 NAFTA）。

　　基於歷史情結❸，墨西哥歷來即強調獨立自主的外交路線，在外交政策方面，盡可能與美國保持相當距離，對美國的立場或

---

❸　墨西哥在十九世紀初獨立後到十九世紀中葉前，所屬新墨西哥州、德州等地皆為美國所併購或強奪，也因此造成墨西哥在歷史上長期反美且在外交上走自己的路，積極參與不結盟國家的運作並擺明支持古巴卡斯楚政權。此外，兩國現實關係中，諸如移民、毒品等不和因素，更加深墨西哥人民對美國的反感和戒備心理。

不關心、或反對。1988年底薩利納斯就任總統，他的親美態度，提供美國難得的機會得以和墨西哥結為新的經濟盟友，以便和歐盟、日本及已然成形的東亞經濟集團分庭抗禮。薩利納斯個人的親美情結雖然是《北美自由貿易協定》能夠簽訂的重要因素，但其實更重要的是，墨西哥經濟狀況已惡化到非下猛藥不足以改善的地步。另一方面，隨著冷戰的結束，經濟取代政治、軍事和意識型態的因素，成為世界發展的主題，世界經濟區域集團化已是一種不可逆轉的發展趨勢，改善美墨關係成為一個難以迴避的問題。因此，《北美自由貿易協定》得於1992年12月簽署，且於1994年元旦起生效。

墨西哥加入北美自由貿易區，將墨國推上了歷史上從未有過的，既帶來豐富的機遇，又極具風險的發展時期。北美自由貿易區運作以來，對墨西哥來說，發生了一定的積極效益。首先，美國、加拿大及墨西哥三國間關稅的減免，促進了墨美、墨加貿易的增加，特別是墨西哥對美國出口有較大的成長。其次，協議的簽訂和生效刺激了大量外資的湧入，至1994年墨國外資已累計達七百三十億美元，為其經濟成長增添活力。第三，墨西哥與經濟發達的美、加結盟無形中使墨國在國際經濟領域中的地位得到提升，因而獲得比其他發展中國家更多的機會和選擇。

薩利納斯政府在實行改革後獲得極大成就的同時，也暴露和留下一些不容忽視的問題。首先，經濟結構失衡給農業發展帶來嚴重後果。儘管薩利納斯一再強調，政府非常重視農業的發展，但從實際來看，整個改革中最薄弱的環節還是對農業的重視和投

表三：墨西哥與美國 (1993-2002) 雙邊貿易（以百萬美金計）

年　度	進　口	出　口	貿易平衡
2002	97,530.60	134,732.20	37,201.60
2001	101,296.50	131,337.90	30,041.40
2000	111,349.00	135,926.40	24,577.40
1999	86,908.90	109,720.60	22,811.70
1998	78,772.50	94,629.00	15,856.50
1997	71,388.40	85,937.50	14,549.10
1996	56,791.50	74,297.30	17,505.80
1995	46,292.10	62,100.60	15,808.50
1994	50,843.50	49,493.80	−1,349.70
1993	41,581.10	39,917.40	−1,663.70

資料來源：U.S. Census Bureau, United States Department of Commerce,
"U.S. Trade Balance with Mexico," http://www.census.gov/

入不夠。墨西哥的農業存在生產技術落後、生產效率低落、產品
缺乏國際競爭力等問題。因此墨西哥落後的農業幾乎無法抵抗北
美自由貿易區生效後大量湧入的廉價外國農產品，農業面臨被打
垮的危險。另一方面，斷了生計的農業人口大量湧向城市，滋生
許多社會問題，同時會讓絕望中的農民組織起來和政府對抗。

　　第二，私有化過程給墨西哥社會帶來許多負面效應。產生了
許多暴富者，他們以低廉價格購買政府拍賣的國營企業起家。國
營企業私有化，大量工人被裁減加入失業行列。而加入北美自由
貿易區後，不少競爭力差的中小企業紛紛倒閉，造成另一批失業
人口。上述原因，造成墨西哥貧富差距愈來愈大，造成大部分民
眾內心難以消除的失衡和憤慨，這種不滿情緒的累積蘊含著社會

動盪的隱憂，此種不穩定將制約經濟的發展。

　　第三，利用外資問題存在政策性的偏差和失誤。墨西哥國內儲蓄不足，因此過度依賴外資維持發展，但外資結構卻又存在極不合理的現象。以 1991 年為例，前三季外資湧入達九十八餘億美元，其中證券投機資金占百分之六十四，而生產性資金只占百分之三十。因此儘管外資湧入年年增加，但生產領域資金仍然匱乏。此外，墨西哥政府也常以國際短期投機資金彌補財政赤字和外貿逆差，此種作法也是導致墨西哥於 1994 年底發生金融危機的因素之一。

　　第四，金融市場開發步伐過快，準備不足。由於墨西哥是一個發展中國家，在金融市場的管理經驗不足，匆忙與國際金融體制接軌，因而產生監督管理機制落後和準備金不足等問題，這也和 1994 年底所發生的金融危機有著直接的關係。

　　外貿自由化及加入北美自由貿易區也對墨西哥政治生態造成一定程度的衝擊。自八十年代中期墨西哥政治開始轉型，選民依附於執政黨，而執政黨以物質、實利交換選票的「侍從制度」，因經濟開放，貿易自由化而逐漸腐蝕。革命制度黨不再每選必勝。選民動向日益難以掌握，在野勢力也日益壯大，且執政黨內保守和改革派系鬥爭也日益加深。因為貿易自由化對經濟成長的利益有重新分配的作用，而執政黨內部的鬥爭即源於對此重新分配利益的競逐。且各種跡象顯示，自 1929 年開始執政而未曾中斷的革命制度黨，因經濟開放，在九十年代面臨前所未有的政治挑戰，甚至在 2000 年 7 月的總統大選中失去了總統寶座。

　　1994 年薩利納斯任期最後一年是政局動盪的一年。1994 年元旦,當墨西哥政府正在慶祝北美自由貿易區正式運作之際,薩帕塔人民解放軍起義,占領墨西哥南部的恰帕斯地區。他們的主要訴求是:印第安人民的自治權、歸還土地以及建立民主體制。總觀墨西哥歷史,以往的農民起義主要發生在北部和中部地區。南部地區因人口稀少,出口農業的發展又造成勞動力的短缺,所以儘管農民受到嚴重剝削,但因最低限度的生存有所保障,加上當時交通不便和信息閉塞,包括恰帕斯在內的南部諸州並沒有捲入起義。在這裡要求土改的壓力不大,因此未受到政府的重視。後來,恰帕斯的大地產因用作牧場而免於徵收,因此這裡的土地所有最為集中。且隨著人口的迅速增長,土地問題愈來愈嚴重。再者,恰帕斯州工業極少,根本無法吸收過剩的勞動力。而且畜牧業需要大量土地,因此地主開始收回佃農的土地,恰帕斯的土地問題變得更為激烈。而且在衝突中,政府都站在地主這一邊,動用軍警鎮壓農民。1992 年土改被正式廢止後,恰帕斯州農民失去了合法解決土地問題的最後希望。1994 年元旦,五千名農民拿起武器向政府宣戰。恰帕斯是此次墨西哥土地鬥爭最激烈地區,其他地區則相對緩和。因此農民暴動並沒有從這裡立即蔓延出去,燃遍全國。

　　此外, 1994 年 3 月 23 日革命制度黨總統候選人科羅西歐 (Luis Donaldo Colosio) 在墨西哥北部蒂華納市 (Tijuana) 從事競選活動時遭到暗殺,群情譁然。幾經波折,執政黨終於推出塞迪約成為替代的候選人,並於 7 月的總統大選中勝選。同年 9 月,革

命制度黨的祕書長魯伊斯 (J. F. Ruiz) 也遭人暗殺，黨內流言四竄，對該黨內部團結造成極大傷害。同月，美國政府禁止墨國人民移民美國。在諸多不幸事件外，值得稱賀的是墨西哥在 1994 年 4 月加入富國俱樂部——經濟合作暨發展組織，是二十五個會員國中唯一的發展中國家。

總之，薩利納斯的改革曾贏得國內外普遍的讚譽，特別是墨西哥在加入北美自由貿易區後，外界對他的評價達到巔峰。孰料就在北美自由貿易區運作將滿週年之際，墨西哥爆發了嚴重的金融危機。於是責難之聲驟起，甚至有人批評薩利納斯為了維護自己的政治形象不惜製造虛假的繁榮。但究竟如何評價薩利納斯，或許對墨西哥歷史和文化特性的深入研究，會有助於人們理解及更加客觀地認識薩利納斯的改革意志。但不管如何，墨西哥這幾年所經歷的大喜大悲，無疑使薩利納斯注定成為被反覆評論的人物。

二、塞迪約政府的處境及作為 (1994–2000)

墨西哥在薩利納斯執政期間，吸收外資總額高居拉丁美洲之冠，累計達七百五十億美元。但是在其執政最後一年，由於政局動盪導致經濟成長乏力，加上美國利率提高等不利因素，使得大量外國投機資本撤離，引起墨國金融市場的不穩。而且在薩利納斯執政期間，墨西哥幣披索和美元間實施「準固定匯率」，每天實施極小幅度的浮動。1991 年 11 月美元與披索匯率為 1：3.06，到 1994 年 12 月初 1：3.46。在薩利納斯執政後期，本應將披索適度貶值，但當時他想競選世界貿易組織總裁，遲遲不對披索匯率進

行調整，因而錯過了寶貴的時機。

　　1994 年 12 月 1 日塞迪約就任墨西哥總統。19 日，塞迪約迫於披索拋售的壓力，突然決定披索貶值百分之十五。結果在幾天內引起全國搶購美元，股市狂跌，政府動用外匯存底四十多億美元，仍未能遏止披索拋售浪潮。22 日，墨西哥政府宣布不再干預披索，實施浮動匯率。此後，披索迅速貶值，與美元匯率由危機前的 3.16：1 至 12 月 27 日的 5.65：1，不到一個月，跌幅高達百分之五十，外匯存底從 1994 年初的二百八十億美元減至年底的六十億美元。1994 年撤離資金高達二百三十四億美元，外貿逆差二百八十億美元。1995 年 1 月 10 日，墨西哥股市一度下跌百分之十一，被稱為「黑色星期二」。墨西哥的金融危機迅速波及巴西、阿根廷、祕魯等國，也使美國投資者受到損失。

　　釀成 1994 年墨西哥金融危機的主要原因，首先是墨西哥披索幣值持續高估。墨西哥長期採取盯住美元的匯率制度，大大高估本國幣值，危機前，披索高估約百分之三十。第二是外貿逆差急遽增加。墨西哥在危機前貿易逆差從 1991 年的一百十億美元，劇增到 1994 年的二百八十億美元。第三是經濟過分依賴外資，投機性短期資金占的比重過大，缺乏有效的金融監管。最後則是國內政局動盪不安，社會不穩定，加速了危機爆發。對墨西哥而言，1994 年是動盪不安的一年，由於薩利納斯沒有處理好改革、穩定和發展三者之間的關係，國內各種矛盾激化；加上地區發展不平衡，貧富差距懸殊，終於導致 1994 年初農民武裝暴動事件。

　　1994 年金融危機爆發後，從 1995 年起墨西哥政府謹慎地實

表四：墨西哥經濟改革成效 (%)

	經濟改革前五年	改革後階段
經濟成長率	2.8	3.5
通貨膨脹率	87.9	20.9

資料來源：CEPAL (2000), *Serie de Informe sobre Forma Económica*,
No. 70, pp. 20–21.

施第二代經濟改革。為此塞迪約政府採取一系列以嚴厲的財經政策和措施穩定金融市場和減輕通貨膨脹壓力。政府對製造業、礦業、旅遊業和農牧業實行特殊政策，以增加出口創造外匯能力和創造更多的就業機會；實行一系列穩定社會的政策措施，以緩和社會矛盾；充分運用墨西哥作為北美自由貿易區的有利條件，擴大對美、加的出口，以出口為動力，促進經濟復甦和成長。事實證明，因為這些措施，墨西哥在不到兩年的時間中就能很快地克服危機，經濟恢復成長，外資大量回流，並在 1997 年初，提前還清了美國對這次危機所提供的五百億美金緊急貸款。

度過了金融危機後，塞迪約在 1996 年到 2000 年執政期間，經濟連續五年成長，並以交通、通訊、商業和製造業最具活力，2000 年國內生產毛額成長率更達到十九年來新高。這種成長是隨著出口成長、外資增加和外債結構的調整，國際收支獲得好轉，公共財政狀況獲得根本改善，這為治理通貨膨脹創造有利條件。國內儲蓄明顯增加，外匯存底也由六十一億美元上升到二百多億美元。總之由於有效控制通貨膨脹，以及因為工資成長超過預期等因素，墨西哥人民生活水準有明顯地提高。墨西哥也在 2000 年

表五：墨西哥主要經濟指標（成長率 %）

	1995	1996	1997	1998	1999	2000	2001	2002
國內生產毛額	−6.2	5.4	6.8	5.0	3.7	6.8	−0.4	1.2
國民平均所得	−7.8	3.7	5.1	3.3	2.1	5.2	−1.9	−0.3
出　口	30.6	20.7	15.0	6.4	16.1	22.0	−4.8	1.4
進　口	−8.7	23.5	22.7	14.2	13.2	22.9	−3.5	0.2
財政赤字（占 GDP）	−0.2	−0.1	−0.6	−1.2	−1.1	−1.1	−0.7	−0.7
通貨膨脹率	52.0	17.7	15.7	18.6	12.3	9.0	4.4	5.4
城市失業率	6.2	5.5	3.7	3.2	2.5	2.2	2.5	2.8

資料來源：CEPAL (2002), "Balance preliminar de las economías de América Latina y el Caribe, 2002" & The National Institute of Statistics, Geography and Informatics of Mexico, http://www.inegi.gob.mx/

3 月與歐盟簽訂了《自由貿易協定》，10 月正式運作，使墨西哥與歐盟在政治、經濟和貿易關係上進入了一個新的階段。

　　塞迪約就任之初即碰上棘手的金融風暴，但短時間內即獲得控制，並將墨西哥的經濟帶向康莊的大道。在政治方面，塞迪約也掀起了大風大浪，在某方面有效的促進了墨西哥的民主化，但最後在 2000 年大選中，將革命制度黨連續掌控七十一年的總統寶座拱手讓給國家行動黨的福克斯。因此有的墨西哥報刊將塞迪約稱作革命制度黨的「掘墓人」，也有的報刊將他比喻為「墨西哥的戈巴契夫」。

　　九十年代墨西哥經濟自由化和政治民主及自由化存在著因果的關係。一般而言，直到 1994 年總統大選前，凡對墨西哥稍有認識的人都能準確預測革命制度黨的候選人必然當選。但是自 1997

年國會期中選舉起，就開始出現令人難以捉摸的不確定性。此後各州州長的選舉結果都到最後時刻才見分曉。1997 年是革命制度黨政權衰敗的開始。在首次舉行的墨西哥市長選舉中，因該黨爭取候選的人數眾多，最後是分裂的革命制度黨敗給團結的民主革命黨。至於在同年的國會期中改選，革命制度黨首次喪失絕對多數的席次。爾後州長選舉或因黨部內定人選不符民望，或因黨內初選不公導致部分人士脫黨競選，因而將州長寶座拱手讓人。至目前為止除首都外，已有十二個州州長不屬革命制度黨。

　　革命制度黨在二十世紀末的一連串失敗中，2000 年 7 月失去總統寶座是最嚴重的挫敗。其原因很多，首先是放棄了黨的指導思想和原則——革命民主主義。革命制度黨在 1929 年成立時，就宣示它是 1910–1917 年墨西哥革命的繼承者和 1917 年憲法的執行者。但是從德拉馬德里執政開始，特別是薩利納斯 (1988–1994) 執政期間，該黨逐漸放棄和背叛革命民族主義，以名為「社會自由主義」而實際為「新自由主義」取代革命民族主義。另外儘管在 1996 年 9 月，在塞迪約執政時期革命制度黨「十七大」決定重新舉起革命民族主義的旗幟，但事實上塞迪約政府所奉行的都是新自由主義政策，背離墨西哥革命的宗旨，過分強調經濟自由，對社會問題不夠重視，導致財富過於集中在少數人手中和社會日益貧困。

　　第二，缺乏自我監督和社會監督機制，黨內腐敗現象嚴重。革命制度黨長期處在執政的地位，忽視黨的改革，又缺乏必要的自我監督及社會監督機制，黨內及政府內腐敗現象嚴重，貪污腐

敗醜聞頻傳，黨的威信下降，且引起人們的不滿和憤慨。1995 年 2 月前總統薩利納斯胞兄勞爾・薩利納斯 (Raúl Salinas) 因涉販毒及非法致富被捕。此案也涉及前總統薩利納斯及其他高級官員。薩利納斯自 1995 年也因此流亡海外。

　　第三，黨內派系鬥爭激烈，政見不一。革命制度黨內派系鬥爭由來已久。自 1986 年後愈來愈烈，夸特莫克・卡德納斯於 1987 年遭革命制度黨開除黨籍，並於 1989 年組成民主革命黨。九十年代後，革命制度黨權力鬥爭加劇。1994 年 3 月該黨總統候選人遇刺身亡。同年 9 月，黨的祕書長又被暗殺。薩利納斯及其胞兄涉嫌與此案有關，引起黨內許多人強烈不滿。而在 2000 年總統大選首次舉行的黨內初選，四位初選總統候選人之間互相傾軋與內耗，直接導致拉巴斯堤達 (F. Labastida) 總統大選中失利。

　　第四，塞迪約總統未全力支持革命制度黨總統候選人，且他所推行的政治改革，擴大了反對黨的活動空間。塞迪約在就任以後始終與執政黨刻意保持距離，此舉雖促使國會得以發揮其政治改革的角色，但他不像過去歷屆總統一樣支持該黨的候選人，乃是造成拉巴斯堤達落選的重要因素。自 1996 年以來，塞迪約推動一系列的改革措施，如宣布結束任命制，即總統不再指定執政黨下屆總統候選人；首都市長不再由總統任命，而由該區選民直接選舉產生；聯邦選舉委員會不再由內政部管轄，而成為一個獨立機構。這些改革措施擴大了國家行動黨及民主革命黨等主要反對黨的影響力，而不利於革命制度黨。然而另一方面，塞迪約卻利用總統及黨最高領導人的地位，干預黨務，在其任內，更換了七

位黨主席，造成黨的政策不易連貫。

最後則是美國等西方國家支持反對派。美國等西方國家支持反對派的福克斯，希望終結革命制度黨在墨西哥威權主義的長期統治，推動墨西哥政治的多元化。除上述因素外，因為革命制度黨沒有能夠和年輕人好好溝通，使得首次參加投票的年輕人絕大多數都投了福克斯的票是革命制度黨失敗的另一個重要原因。

然而，儘管革命制度黨失去了總統的職務，但它在參眾兩院中所占的席次仍居首位，在全國三十一個州中，到 2001 年 8 月初為止，仍占十九個州州長的職務，其力量和影響不能低估。

三、福克斯當選，政權變天 (2000)

2000 年 7 月 2 日墨西哥舉行總統大選，國家行動黨候選人福克斯提出「爭取墨西哥變革」的口號，贏得百分之四十七的選票而當選新任總統，政權一夕變天。福克斯於同年 12 月 1 日上臺，成為墨西哥第六十六任總統和自 1929 年以來第一位當選總統的反對黨候選人，終結革命制度黨長達七十一年的執政。這一變化對墨西哥來說是劃時代的事件，也令世人矚目。

這次大選使得國家行動黨搖身一變成為執政黨，也是全世界最長壽的執政黨——革命制度黨，在墨西哥總統選戰中的首度失利。傳聞革命制度黨先前曾以作票等舞弊方式獲得選舉的勝利，但 2000 年總統大選並沒有發生重大的舞弊事件。墨西哥是拉丁美洲地區僅次於巴西的第二大經濟體，其最大貿易伙伴美國對於此次大選極為關切，包含美國在內的國際各國共派出了數百名觀察

表六：1964–2000 年墨西哥主要政黨在總統選舉中的得票率(%)

年　代	1964	1970	1976	1982	1988	1994	2000
革命制度黨 (PRI)	87.77	85.09	87.84	68.43	50.71	48.77	36.10
國家行動黨 (PAN)	11.04	13.83	*	15.68	16.79	25.94	42.52
左派政黨	1.16	1.14	5.66	9.45	30.98	18.47	18.63

*1976 年國家行動黨沒有推出候選人。

員監督選舉過程，一般認為這是墨西哥有史以來淨化程度最高且最公平自由的一次選舉。在此次選舉中，貪污腐敗的革命制度黨失掉民心，福克斯誓言改革的政治主張又深獲民眾的青睞，因此順利將福克斯推向總統寶座。這場選舉對墨西哥人民而言可說是一場贊成變革與否的公民投票，意即人民是否同意終結革命制度黨長達七十一年的執政，更換領導人以建立全新的政府。

　　此次的選舉有許多面相可供我們觀察。選戰中，福克斯曾多次表示要控制通貨膨脹、提高經濟增長率、吸引更多外資，因而得到企業界支持。福克斯還主張增加就業機會、發展教育事業、減少貧困人口。此外，在面對墨西哥最大國營事業——墨西哥石油公司 (Pemex) 的問題上，福克斯堅持墨西哥石油公司不進行私有化、不裁減中下層公務員、執行重大經濟決策前須徵求民意。上述這些競選綱領在中下階層選民間具有很大的號召力，獲得民眾高度認同，本次選舉因而有百分之六十三‧九六的高投票率。高投票率是福克斯勝選關鍵，印證政治分析人士在選舉前表示高投票率將有助於福克斯當選。

　　再者，2000 年墨西哥總統選舉是居住於農村地區，生活窮

困、教育程度較低的選民，與居住於都市，受過良好教育的中產階級選民間的一場競爭。前者通常居住在農業人口較多的南部地區，傾向支持革命制度黨；後者則集中於都市化、工業化較高的北部及中部地區，傾向擁護國家行動黨。

福克斯於競選期間保證打擊革命制度黨執政時的貪污腐敗，拉近貧富差距等政見，也頗為選民所認同。墨西哥在 1994 年加入《北美自由貿易協定》以後，經濟持續穩定增長，出口額位居拉美地區的第一位，經濟增長率也名列前茅，但國內貧富差距懸殊的問題並沒有得到解決 。特別是 1994 年墨西哥國內發生經濟危機，中下層階層人民生活水平下降，貧富差距擴大的問題日益嚴重。據統計，墨西哥前百分之二十的富人擁有全國百分之五十三的財富，但是後百分之二十的窮人僅擁有全國百分之四·四的財富，約一千五百萬人生活在貧困線以下。

最後，福克斯的出身背景也值得注意。革命制度黨執政七十一年來所推出的總統人選，多半是軍人或官僚，福克斯是商人出身因而讓墨西哥選民耳目一新。此外，福克斯曾在墨西哥市的一所大學修讀工商管理，畢業後赴哈佛大學進修，取得學位。

總之，福克斯就任總統以來，墨西哥在政治、經濟、社會和外交方面發生了一系列變化。然而，由於福克斯就任總統時間不長，其今後政策變化有待進一步觀察。但整體而言面對二十一世紀，墨西哥充滿了希望和期待，特別是墨西哥是世界上簽訂自由貿易協定最多的國家，它把通往東南西北的脈絡都打通了，為二十一世紀參加激烈的國際競爭搶了先機。

第八章 | *Chapter 8*

二十一世紀初墨西哥發展的問題與前瞻

　　二十一世紀、千禧年初，墨西哥的政治、經濟模式產生深刻變化。2000 年 7 月 2 日，由國家行動黨和墨西哥綠色生態（Partido Verde Ecologista de México，簡稱 PVEM）組成的「變革聯盟」候選人福克斯贏得大選，成為墨西哥新任總統，也終結了革命制度黨長達七十一年的統治。同年 12 月 1 日，福克斯正式就任總統。

　　2006 年 7 月 2 日，通過緊張激烈的競爭並依賴聯邦選舉法院裁決，執政的國家行動黨候選人卡爾德隆 (Felipe Calderón) 以百分之〇‧五八的微弱優勢，打敗民主革命黨候選人，贏得總統寶座。由於卡爾德隆在爭議中險勝，民意基礎不強及國家行動黨並沒有控制國會參眾兩院，所以卡爾德隆領導的是一個弱勢政府，深刻影響墨西哥內政、經濟和外交的走向。

　　2012 年 7 月 1 日，年僅四十五歲的墨西哥州 (México) 前州長貝尼亞‧尼托 (Enrique Peña Nieto) 以百分之三十八‧二一的得票率擊敗民主革命黨候選人，贏得總統大選。貝尼亞討喜的外型、

強調「變革」的口號，一改選民對革命制度黨貪腐的印象，為墨西哥民眾帶來希望。然而，新總統能否成功改革經濟、掃除貧窮、整頓治安，讓民眾過好日子，將是上任後最大挑戰。

第一節　國家行動黨掌權十二年

一、福克斯執政六年的各項發展

1.內政發展

　　雖然 2000 年 7 月 2 日，福克斯以百分之四十二‧五的得票率擊敗執政七十一年的革命制度黨取得政權，但因所制定的政策遭到在野黨的強力杯葛，無法順利推動，民意支持度迅速滑落。

圖 37：墨西哥市寬闊且林蔭密布的改革大道

　　首先，福克斯採納財政部長的建議推動稅制改革，對食品、醫藥、書籍、雜誌等的消費，課徵附加稅。此項改革引起軒然大波，最終遭到否決。再者，福克斯一上任即承諾將改善墨西哥的基礎建設，預計在墨西哥市大都會區建立新機場，最後地點選定特斯科科湖。為此政府頒布命令將徵收四千五百五十公頃土地，每平方公尺徵收費為七披索，導致 2001 年 11 月 2 日遭受影響的廣大民眾強力抗爭。抗爭持續數月，不滿情緒愈來愈高漲。最後福克斯政府被迫在 2002 年 8 月 1 日宣布取消墨西哥新機場的建設。

圖 38：福克斯 (Vicente Fox)，1942
年 7 月 2 日出生於墨西哥瓜納華托
州 (Guanajuato) 的里昂市 (León)。
父親為愛爾蘭人，母親為西班牙裔
墨西哥人。中小學教育都在當地的
教會學校完成。1964 年畢業於伊比
利 亞 美 洲 大 學 (Universidad
Iberoamericana) 里昂分校的企業管
理學系。大學畢業後隨即進入美國
可口可樂墨西哥—拉美公司當推銷
員。此後進入哈佛大學商學院進修，
獲得高級管理專業證書。由於表現
優異，短短兩年間就晉升為該公司
拉丁美洲區史上最年輕的總裁。

1979 年，福克斯辭去總裁職務，專心致力於生產農牧食品以及冷凍蔬菜和鞋子的出口。在事業不斷茁壯後，福克斯開始步入政壇。1988 年加入墨西哥國家行動黨，同年當選眾議員。1991 年首度參選瓜納華托州州長失利，1995 年捲土重來終於如願以償。在州長任內，福克斯政

績突出。他積極、重點發展該州的私營、外資和小型企業,促進外貿和重視教育發展,在短短幾年內就讓該州成為墨西哥發展最快、失業率最低的州之一,並成為墨西哥第五大經濟區。

1993 年,墨西哥修改憲法第八十二條,允許父母親其中之一為外國人在墨西哥所生的小孩長大後得競選總統。因此,父親為愛爾蘭人的福克斯在 1997 年公開聲明將競逐總統寶座,並於 1999 年 11 月 14 日,獲國家行動黨提名為總統候選人。競選期間,福克斯充分運用行銷技巧,針對革命制度黨近七十年長期執政,墨西哥民眾渴望社會變革的心態,提出新政黨、新面孔、新主張的口號,以及實行私有化但應發揮國家在市場經濟中的作用等一系列主張,終於在 2000 年 7 月初的大選中,擊敗革命制度黨候選人,登上墨西哥總統寶座。

除了行銷技術,福克斯的上臺有更深刻的時代背景。自 1929 年開始執政的革命制度黨是墨西哥民族主義的合法化身,一直執行向美國利益挑戰的經濟和外交政策。但 1982 年外債危機爆發後,面對經濟持續衰退、外債負擔沉重、通貨居高不下和政局不穩的局面,於 1988 年上臺的薩利納斯總統,被迫違背黨的政策採行新自由主義,結果該黨失去構成其統治基礎的廣大工農階層的支持。同時,黨內菁英離心離德,派系之爭日趨嚴重。

在宣布競選後,福克斯受到不同單位及組織的支持,其中最引人矚目也備受爭議的就是「福克斯之友」的成立,該組織領導人被控接受的政治獻金來自國外或來源不明。雖然該組織聲明,款項在競選開跑前已募集並不違法,但競選期間質疑聲浪仍不斷發酵。然而,「福克斯之友」最終匯集近四百萬支持者的力量。這是墨西哥總統選舉史上,第一個強力且成功使用網路宣傳的組織並成功將福克斯推向總統寶座。

雖然不論經商還是從政,福克斯都能春風得意,平步青雲,可是他的婚姻並不是那麼順遂。1972 年,福克斯與他可口可樂公司的助理德拉孔查 (Liliana de la Concha) 小姐結婚,因婚後沒有生育,領養四個小孩。由於福克斯忙於事業,冷落了妻子及家庭,導致妻子有婚外情,

雙方於 1991 年離異。2001 年 7 月 2 日，福克斯就職一週年時與他的
前新聞祕書兼競選活動首席顧問薩阿貢 (Marta Sahagún Jiménez) 結
婚，雙方都是梅開二度。薩阿貢在 2000 年才與結婚二十五年的丈夫離
異。

與福克斯結婚後，薩阿貢熱心公益事業並熱衷政治活動。她也頻頻訪
問偏遠地區的學校、醫院和孤兒院，同時透過自己的基金會幫助窮困
的墨西哥民眾，因此擁有很高的支持度，也一度被認為是潛在的總統
候選人。2004 年 1 月，她透露可能參加 2006 年舉行的總統大選，此
舉引發墨西哥政壇危機。迫於各方壓力，同年 7 月不得不宣布不會參
加 2006 年的總統大選。

福克斯任期內雖然積極消除貧困、反腐敗及整治社會治安，但這三項
問題似乎都沒有獲得徹底解決。此外，任期內也拓展多邊經貿外交，
加強與拉美、歐盟和亞太地區國家的關係。但是福克斯政府仍面臨：
貧富差距懸殊、暴力犯罪猖獗、如何提高國際地位，以及改善與周邊
國家關係等繁雜的國內外問題。

　　2001 年 11 月 1 日，福克斯下令成立聯邦調查局，負責打擊
綁架、毒品走私、犯罪集團以及選舉違法等犯罪行為。此外，
2005 年初，墨西哥市市長羅培茲‧歐布拉多 (López Obrador) 遭起
訴，羅培茲指控這是福克斯的政治陰謀。數日後，福克斯與羅培
茲達成協議，羅培茲免遭國家檢察總署的起訴。此舉導致國家檢
察總長的不滿而辭職，同時這項協議也遭到最高法院院長的強力
批評。另一方面，2005 年也爆發福克斯親人涉貪四千兩百萬披索
的醜聞。

2.外交情勢

　　福克斯上任後積極尋求美國總統布希 (George W. Bush) 的支

持，推動簽訂移民協議，但進展受阻。此外，福克斯在聯合國安理會公開抨擊美國發動伊拉克戰爭，造成雙方關係一度緊張。

事實上，在競選期間福克斯即宣誓將帶領墨西哥成為西半球事務的領頭羊，並扮演積極的角色。2002 年 3 月，福克斯政府與古巴發生首件國際性政治衝突。當時聯合國發展高峰會在墨西哥北部的蒙特雷伊舉行，福克斯要求古巴總統卡斯楚 (Fidel Castro) 出境，以便美國布希總統與會。福克斯當時留下一句名言，要求卡斯楚「吃完飯後走人」。因此，福克斯在位期間被批評為美國的政治打手。此外，2005 年 11 月，當美國所主導成立的美洲自由貿易區破局時，福克斯及祕魯總統托雷多 (Alejandro Toledo) 聯手抨擊南方共同市場成員及委內瑞拉阻撓該組織的成立。福克斯支持成立美洲自由貿易區的舉動讓墨西哥及拉美政治分析家大感不解，因為墨西哥已經和美國成立北美自由貿易區，美洲自由貿易區的成立並非其外交政策的優先重點。

再者，福克斯在位期間也與其他拉美國家漸行漸遠，特別是具有左派思想的拉美政府。例如，巴西魯拉 (Lula da Silva) 政府是經由民主程序選出的左派政府，然而福克斯卻在 2005 年片面宣布取消兩國多年前達成的免簽證協定。同時，福克斯也違反慣例，不願參加具有左派傾向的烏拉圭、玻利維亞及智利等國總統的就職典禮。

在移民方面，福克斯上臺後即積極與美國商議移民協議，作為其外交工作的重點。然而在九一一事件後，因為美國參眾兩院的反對，雙方遲遲未能簽訂移民協定。甚至布希政府還宣布將建

立及強化美墨邊境的圍牆，而且下令加派六千名憲警加強邊境巡邏。此舉導致福克斯以個人及外交途徑表達強烈的反對與不滿。

　　不過，福克斯政府的對美工作也非一事無成。他為在美國的墨西哥移民爭取一些權利及支援。例如移民從美國打電話及僑匯的費用下降，同時支持聯邦選舉委員會制定海外墨西哥人通訊投票的相關法規。

3.經濟及社會發展

　　福克斯在競選期間承諾當選後將提供墨西哥人更多的工作機會。然而實際上，福克斯所謂提供更多的就業機會，相當程度依賴前往美國的移民機會。而且，移民所創造的僑匯，占國內生產毛額相當的比例。因此，移民政策也成為美墨關係的主軸以及福克斯政府的優先政策。

　　福克斯執政六年也實施許多社會政策，諸如提供弱勢家庭經濟援助，以及提供獎學金給貧困家庭小孩就讀幼稚園及中小學。另一方面，2005 年末，福克斯宣布將推出弱勢老人經濟援助方案並於 2006 年 3 月實施。 福克斯政府及國際組織都認為上述兩項措施能有效降低墨西哥貧窮人口。福克斯政府也打算對無能力參加社會保險的弱勢族群，提供健保服務。

　　在教育及科學技術發展方面，分析家認為福克斯政府是墨西哥史上最忽視基礎科學研究的政府。福克斯政府原訂國家科技委員會的預算占國內生產毛額的百分之一，然而最後通過的 2006 總會計年度的預算只占百分之〇‧三三。2004 年聯邦政府的科研預算占國內生產毛額的百分之〇‧四一，而同年巴西及智利的科研

經費分別占百分之〇‧九五及百分之〇‧六。

　　為了紀念著名教育家巴斯孔賽眾 (José Vasconcelos) 而興建的大型圖書館，是福克斯政府時期最大的基礎建設投資，耗資九千八百萬美元，占地三萬八千平方公尺，並於 2006 年 5 月 16 日開幕。然而卻在隔年的 3 月因嚴重滲水被迫封館，聯邦最高檢察官調查發現有三十六處異常並告發三十六位失職官員。圖書館在 2008 年底才又重新啟用。

4.福克斯執政的困境

　　福克斯執政的困境主要是他的施政措施受到議會很大的制約。此外，國家行動黨內部充滿矛盾，黨政關係不協調。首先，由於國家行動黨在參眾兩院中都不占多數，因此福克斯的權力受到很大的制約。其次，福克斯不是黨的領袖，其當選是依靠「福克斯之友」這個組織，而非國家行動黨。而且該黨的聯邦議員對福克斯及其政府的支持力度有限，福克斯的提案甚至難以在國會中得到本黨議員的支持，因此國家行動黨的內部分化限制福克斯的執政效果。

　　雖然福克斯執政後，在政治上組建多元化的政府；在經濟上加快私有化步伐，進行全面的財稅改革，增加對中小企業支持；在社會政策上則透過增加就業、實際工資和經濟民主化以創造發展機會，為此推出「普埃布拉－巴拿馬計畫」❶和「2001–2006

---

❶ 建立「普埃布拉－巴拿馬計畫」是墨西哥總統福克斯的主張，以擴大墨西哥在該地區的影響力，於 2001 年 6 月正式啟動。墨西哥南部八個

年扶貧計畫」；在對外政策上，則強調外交需促進經濟發展，並實行更加主動、靈活的外交方針。此外，福克斯政府還致力推動恰帕斯州和平進程、整治社會治安，並與各黨派達成「全國發展政治協議」。但因國家行動黨在議會中不占多數，福克斯政府面臨諸多掣肘，一些改革方案遇到阻力。

　　儘管福克斯執政期間平均經濟成長率，離他所承諾的百分之七有一段距離，但其執政期間經濟好轉是不爭的事實。當然，經濟形勢好轉更大程度上歸因於世界經濟成長帶動墨西哥外貿擴大等外部因素和國內消費成長的影響。然而，其他如勞工改革、電力部門改革、消除貧困、解決恰帕斯州印第安人問題等承諾多未實現。另外，在美國的墨西哥非法移民問題也沒有得到解決。

　　再者，2003 年的期中選舉是墨西哥三個主要政黨的新的競爭

州以及中美洲貝里斯、瓜地馬拉、薩爾瓦多、宏都拉斯、尼加拉瓜、哥斯大黎加和巴拿馬七國參加了該計畫，而哥倫比亞為擁有投票權的觀察員。在普埃布拉－巴拿馬計畫中，最引人注目的項目就是由墨西哥在 2005 年倡議在中美洲國家建造煉油廠。該項計畫投資八十億美元。不過，該計畫自問世以來，就遭到各界反彈。一方面是其所倡導建立的自由貿易區被認為帶有太多新自由主義色彩。計畫實行以來，各國包括公路、機場、港口在內的基礎建設和土地、水等資源都落入了外國資本和私人資本之手，使計畫成員國外債高築。此外，大規模的基礎設施建設破壞了生態環境和原住民的生存空間。不少民間組織抱怨，計畫的真正受益者並不是那些本應保護的貧困人群，而是外國資本和大型企業。計畫實施至今，遠不如原來設想的那麼順暢，大多數項目和提議仍處於懸而未決的狀態。

起點。2003 年 7 月舉行眾議院全部五百名議員、六個州長和數百個市長的改選，結果革命制度黨得票率百分之三十四‧四居首，議員席次由兩百零八席擴增為兩百二十四席；國家行動黨得票率百分之三十‧五居次，由兩百零七席降為一百五十三席；民主革命黨得票率百分之十七‧一，由五十四席增加為九十五席。此一形勢的改變，讓福克斯的執政有如雪上加霜。

二、爭議中上臺的卡爾德隆

2006 年 7 月 2 日，墨西哥舉行六年一度總統大選，在經過緊張激烈的競爭且依靠聯邦選舉法院的裁決，執政的國家行動黨候選人卡爾德隆以百分之〇‧五八的微弱差距擊敗民主革命黨候選人，贏得總統大選。然而卡爾德隆在爭議中贏得選舉、民意基礎不強，加上國家行動黨沒有控制國會兩院，因此其領導的是一個弱勢政府，對未來墨西哥的內政、外交產生重大影響。

圖 39：卡爾德隆 (Felipe Calderón) 在一生的各項職務中，經常被冠以「最年輕」的稱號。二十六歲時成為國家行動黨最年輕的州議員；三十四歲成為國家行動黨最年輕的黨主席；四十三歲成為墨西哥史上最年輕的總統。1962 年 8 月 18

日，卡爾德隆出生在墨西哥米喬阿肯州 (Michoacán) 的中產階級家庭，在家排行老么。其父在 1930 年代末參與創立國家行動黨，其後曾七次參加各項選舉，從未勝選。長大後，卡爾德隆繼承父親遠大的政治抱負以及為理想而奮鬥的堅定意志。

十八歲時，卡爾德隆加入國家行動黨，師事卡斯提約‧佩雷薩 (Carlos Castillo Peraza)。1993 年，佩雷薩擔任黨主席時即任命三十一歲的卡爾德隆出任祕書長。1996 年佩雷薩卸任時想指定他人繼任，但卡爾德隆執意參選，因此受到黨內大老一致打壓。但他不改初衷，積極投入選舉，並得到基層幹部支持，最終如願當選黨主席。此後，他的政治生涯似乎重複著同樣軌跡。在黨主席任內，該黨在州長及市長選舉不斷拓展版圖，他的精心策畫及領導功不可沒。

2004 年，擔任福克斯政府能源部長僅八個月的卡爾德隆宣布角逐黨內總統候選人提名，但遭到福克斯的公開批評。他毅然辭職，並被冠以「忤逆者」的稱號。不過，卡爾德隆並不因此氣餒，執意與福克斯支持的候選人一拚高低。福克斯的打壓反而讓卡爾德隆在黨內獲得廣泛同情，2005 年 12 月 4 日，最終以過半數的選票成為國家行動黨的總統候選人。

由於競選活動起跑最晚，因此初期民調明顯落後。不過經由強勁的宣傳攻勢，在第一輪總統候選人辯論後，知名度迅速提升。在 2006 年 3 至 5 月間，民調甚至超越聲勢最浩大的中左派候選人羅培茲，並最終當選，成為墨西哥史上最年輕的總統。

卡爾德隆出生在一個虔誠的天主教家庭，因此在競選期間他極力反對墮胎除罪化、安樂死以及同志婚姻。此舉雖然在年輕人中產生一定的消極影響，但他直率和執著的個性以及在家庭觀念逐漸淡漠的當代墨西哥，能勇敢捍衛傳統家庭觀念，實在難能可貴，尤其獲得女性選民的青睞。此外，競選中他也提議成立稅務警察以改善徵稅效率，並承諾當選後將創造更多更好的就業機會。

卡爾德隆畢業於墨西哥法律自由學校，並獲律師資格。之後，他在墨

西哥科技自治大學獲得經濟學碩士，2000 年赴美國哈佛大學進修，獲公共管理學碩士。由於曾涉獵各種專業，且學有專長，因此具有濃厚的學者氣質，不像一般革莽型的政治人物。同時他給人務實及誠信之感，加上談話誠實明瞭，做事講求效率，因此威信很高。

總之，卡爾德隆雖然身材不高，但有遠大的抱負及崇高的理想。而他雖然年輕，但卻是一個思想保守，家庭責任感很重的男人。他事事爭先，性格堅毅且勇於挑戰困難，總是獲得幸運之神眷顧出奇制勝。

1.競選政策主軸

卡爾德隆是右翼國家行動黨候選人，代表工商階層利益，強調經濟成長優先，完善自由主義發展模式，以及提高國家競爭力。為此，他在政治、經濟、社會及外交等領域，提出下列主張。

在政治上，他主張加快民主化進程，並強化制度的建立。由於墨西哥社會兩極分化、政黨左右分野以及議會三強鼎立，因此卡爾德隆主張建立對話機制，加強朝野溝通，以順利推動各項改革。此外，主張改革選舉制度，減少國會議員人數，允許議員連選連任。最後則主張政務公開，進一步將權力向地方下放。

在經濟上，主張宏觀經濟穩定，提高經濟競爭力。首先，進一步完善自由市場經濟，擴大對外開放，以及加強自由貿易區談判進程。其次，決心將國內生產毛額的百分之一投入科技研發，提高自主創新能力。第三，允許私人部門投資石油及電力產業，加快能源部門技術更新。第四，大力發展旅遊業，增強就業並創造外匯。最後則是改革稅收體制，提高稅收效益。

在社會領域，主張改革養老保險體系，普及勞動者自我累積及自我保障的個人帳戶。同時實施更靈活的勞工雇用制度，降低

解雇成本，創造更多正規就業機會。另外在社會救濟方面，承諾擴大扶貧計畫的規模。

對外關係方面，卡爾德隆主張墨西哥應順應經濟全球化趨勢實施積極、務實的多元外交政策，為發展經濟服務。同時，美國仍將是墨西哥對外關係的重中之重。他主張繼續福克斯政府與美建立的「爭取繁榮同盟」。不過，兩國關係的主要矛盾依然是墨西哥在美國的移民問題。因此，卡爾德隆主張與美國達成移民保護協議和墨西哥赴美大規模臨時工的計畫。此外，為降低對美貿易依賴，卡爾德隆主張進一步加強與拉美國家的關係，並擴大與歐洲及亞太國家的合作關係。

2.政治與社會情勢

卡爾德隆執政期間在議會一直未能掌握過半席次，特別是2009年7月5日，墨西哥舉行期中選舉，執政的國家行動黨失利，只獲得百分之二十七·九八的選票，眾議院席次由兩百零六席降至一百四十三席，失去第一大黨的優勢。國家行動黨期中選舉失利的主要原因包括：受國際金融危機衝擊，經濟陷入衰退；H1N1流感爆發使墨西哥經濟雪上加霜。此外，大規模掃蕩販毒集團導致治安惡化等負面因素，使墨西哥國際形象一再受損，依此執政的國家行動黨的失敗就成為必然。

其次，革命制度黨東山再起，該黨在期中選舉獲得百分之三十六·六八的選票，由一百零四席上升為兩百三十七席的多數席次，且在六個州長選舉中，贏得五個州的勝利。這是自2000年進入三黨鼎立後，第一次有政黨取得近半數席次，將對墨西哥政治

生態扮演推動的作用。

　　最後，民主革命黨頹勢明顯。2006 年大選是該黨實力和影響力達到巔峰的時刻，此後，因黨內派系鬥爭嚴重，政策主張過於激烈，政治力量明顯削弱。該黨在 2009 年期中選舉只獲得百分之十二．二二的選票，由一百二十三席大幅下滑為七十一席。

　　總而言之，朝小野大的情勢將使卡爾德隆未來的執政更加困難。因此他呼籲國內各政治力量「捐棄黨派及個人利益，以國家利益為優先」。幸好，期中選舉的大贏家革命制度黨承諾做一個「負責任的反對黨」，將協助卡爾德隆政府走出經濟衰退和社會安全困境，推動墨西哥結構性改革的意願。

　　另一方面，卡爾德隆執政後，加大打擊販毒和有組織犯罪的力度。由於員警和司法部門掃毒不力，卡爾德隆政府動用三萬六千名軍人，進行大範圍的打擊行動。然而，這也引起犯罪集團的反擊，死亡人數不斷上升，僅 2008 年就有五千六百人在衝突中死亡，令墨西哥原本就不安定的情勢更加惡化。

3.國際關係

　　卡爾德隆上臺後，重視經濟外交，全面參與國際和地區事務以積極謀求大國的地位。在任期內與一百八十二個國家維持外交關係。此外，墨西哥是「不結盟運動」觀察員國和其他十五個國際組織的成員國。因為墨西哥比鄰美國，因此其外交戰略與目標就是利用地緣關係優勢，成為北美洲和拉丁美洲之間的聯繫樞紐和溝通橋樑，確定自己在拉丁美洲地區的領導形象。

　　在國際合作方面，卡爾德隆政府確定對美關係是對外關係的

重中之重。雙方在反恐、反毒、貿易合作等方面有廣泛的共同利益。同時在移民、緝毒、人權等議題存在矛盾和摩擦。因此，卡爾德隆執政後，合作一直是美墨關係的主軸。2009 年 1 月，歐巴馬 (Barack Obama) 上任後，墨美合作加強，美國擴大對墨西哥在緝毒、安全領域的援助。

另外，卡爾德隆強調墨西哥在拉美地區的領導作用，繼續加強與中美洲國家的關係，同時積極修復被福克斯政府忽視的與拉美各國的關係，特別是與拉美左派政權改善關係。2007 年 10 月 2 日，墨西哥恢復與委內瑞拉大使級外交關係。2008 年則全面恢復與古巴的關係。

同時，卡爾德隆政府也注重與歐盟的發展關係，認為歐盟是世界力量的平衡因素，也是墨西哥對外關係多元化戰略的重要部分。為此 2008 年 5 月雙方宣布建立戰略夥伴關係。然而，受地緣、歷史等因素的影響，墨西哥與歐盟的關係在一定程度上受制於美國的戰略意圖。此外，雙方經濟實力和貿易規模亦存在顯著差異，未來經貿關係的不對稱性，將是雙邊關係深化發展的重大障礙。

4.經濟發展

2006 年 12 月，卡爾德隆上臺後，推出一系列國家發展長遠規畫，如「2030 年遠景計畫」、「2007–2012 年國家發展計畫」和「國家基礎建設六年計畫」等。此外，還成立墨西哥投資貿易局 (ProMéxico) 以促進貿易、吸引投資。同時，他在公共財政、養老保障等領域進行一系列改革，對經濟發展產生深遠影響。2007 年

墨西哥經濟成長百分之三‧三，但受美國製造業活動減弱以及次級房貸危機爆發，導致投資減弱等外在因素的影響，成長速度較 2006 年的百分之五‧一放緩許多。

　　2008 年，受美國經濟陷入低迷、國際金融危機全面爆發的衝擊，墨西哥經濟形勢迅速惡化，國內生產毛額成長率降至百分之四‧一。2008 年第四季和 2009 年第一季，分別下降百分之一‧六及百分之八‧二，經濟加速衰退。2009 年 4 月，墨西哥爆發 H1N1 流感，使正陷入衰退的經濟雪上加霜，導致 2009 年第二季國內生產毛額下降百分之十‧三，創下二十年來最大降幅。不過隨著全球經濟特別是美國經濟逐步回暖，墨西哥經濟從 2009 年第三季開始回溫。而且，2010 年上半年開始，僑匯和旅遊外匯不斷增加，吸收外國直接投資也不斷增多。

　　另一方面，2008 年，受能源和食品價格大幅上升，以及美國爆發金融危機造成墨西哥披索大幅貶值影響，通貨膨脹率上升至百分之五‧一。2009 年，隨著披索匯率趨於穩定及消費需求減少，通貨膨脹的壓力在 4 月以後開始下降。在失業方面，2002-2007 年基本上保持在百分之三‧六的水準，但進入 2008 年後，因為主要出口市場需求下滑，國內經濟成長衰退，導致失業率上升至百分之三‧九。2009 年後，不斷下滑的經濟對就業衝擊加大，失業率攀升為百分之五‧二。

　　為此，自墨西哥加入北美自由貿易區以後，對外貿易快速成長，但仍處於略有逆差狀態。2008 年進出口總額達五千九百九十‧九億美元，比上年增加百分之七‧九四。其中，出口額兩千

九百一十・三億美元，成長百分之六・九；進口額三千零八十・六億美元，成長百分之八・八，貿易逆差達一百七十・三億美元，較 2007 年增加百分之五十四・五。國際經濟形勢惡化加劇以及非石油產品銳減是造成墨西哥貿易逆差劇增的主要原因。

　　長久以來，美國一直是墨西哥最大的貿易夥伴，但對美貿易占墨西哥貿易總額的比重下降。 2008 年占出口總額的百分之八十一，而 2007 年則為百分之八十二・一；從美國進口占進口總額的百分之四十九，略低於 2007 年的百分之四十九・五。至於與歐盟和亞洲的貿易比重穩健增加。墨西哥的貿易逆差主要來自東亞的中國、日本和韓國，而順差主要來自美國。

　　機電產品、礦產品和運輸設備是墨西哥三大主要出口商品，2008 年的出口額分別為一千零九十二・四億、五百二十八・三億和四百五十・五億美元 ， 分別占墨西哥出口總額的百分之三十七・三、百分之十八・一及百分之十五・四。事實上，除了紡織品和原料以及動物產品出口小幅下滑外，其餘商品的出口都有不同程度的成長。進口排名前三位的也是機電產品、礦產品和運輸產品，在 2008 年分別為一千一百零四・一億及兩百七十七・三億美元，分別占進口總額的百分之三十五・八、百分之十・一及百分之九。而 2009 年上半年，墨西哥對外貿易總額兩千零九十八・三億美元，嚴重萎縮。進出口分別下降百分之三十一和百分之三十・二，是 1980 年以來同期最大降幅。

　　雖然墨西哥貿易存在逆差，但有大量僑匯收入。僑匯是墨西哥僅次於石油的第二大外匯來源。2008 年墨西哥僑匯收入為兩百

五十一‧五億美元，比 2007 年下降九‧三億美元，下降百分之三‧六，為十年來首次負成長。美國經濟衰退，導致主要從事建築業和加工製造業的墨西哥移民遭受嚴重影響，以及美國政府加強管制墨西哥移民，是僑匯下降的主要原因。

卡爾德隆執政初期實行緊縮性財政政策，降低公共開支，增加稅收，財政收支基本維持平衡。2008 年，財政赤字達一百一十六‧八億美元。墨西哥財政收入主要來自石油收入、所得稅及附加稅。受國際金融危機、H1N1 流感疫情和國際石油價格下降多重影響，2009 至 2010 年墨西哥財政面臨三十年來最嚴峻挑戰。一方面，2009 年墨西哥財政收入直線下降，其中石油就減少四十三‧九億美元，下降百分之二十三。另外，為應付金融危機，墨西哥政府採取穩定金融市場、加大基礎建設、減緩就業壓力和發展教育事業等刺激措施，財政支出增加導致財政赤字不斷擴大。

高額赤字不僅會帶來政府無力清償財政赤字的風險，還將對維持經濟平穩發展形成障礙。因此，墨西哥政府採取增加財政收入、減少財政支出以及大量發行國債以彌補財政赤字等多項政策措施。在外國直接投資方面，受國際經濟惡化和金融市場持續動盪等因素影響，2008 年外國直接投資僅達一百八十五‧九億，比 2007 年的兩百七十‧四億美元減少百分之三十一‧三。至於外資來源，美國依然是墨西哥最大的投資國，占墨西哥吸收外資總額的百分之四十五‧三七，其次分別是加拿大、西班牙、英國和荷蘭。

表七：墨西哥 2001-2011 年各項經濟指標

	2001	2002	2003	2004	2005	2006
經濟成長率 (%)	-0.1	0.8	1.4	4.1	3.3	5.1
GDP（億美元）	7,099.81	7,085.35	7,003.25	7,597.75	8,489.47	9,522.80
國民所得（美元）	7,130	7,004	6,874	7,384	8,176	9,091
通膨率 (%)	6.4	5.0	4.5	4.7	4.0	3.6
進口值（億美元）	1,650.1	1,680.7	1,700.5	1,960.8	2,210.8	2,560.1
出口值（億美元）	1,570.5	1,600.8	1,640.9	1,880.0	2,140.2	2,500.0
外匯存底(百萬美元)	44,741	50,594	58,956	64,141	74,054	76,271
	2007	2008	2009	2010	2011	
經濟成長率 (%)	3.4	1.5	-6.0	5.5	3.9	
GDP（億美元）	10,359.29	10,944.82	8,835.23	10,361.12	11,507.31	
國民所得（美元）	9,803	10,270	8,223	9,240	10,158	
通膨率 (%)	4.0	5.1	5.3	4.2	3.4	
進口值（億美元）	2,830.2	3,080.6	2,340.4	3,010.5	3,510.52	
出口值（億美元）	2,720.0	2,910.3	2,290.7	2,980.3	3,490.71	
外匯存底(百萬美元)	87,109	95,126	99,589	120,265	131,968	

第二節　革命制度黨重掌政權

一、2012 年大選結果

　　2012 年 7 月 1 日，墨西哥舉行總統及國會選舉，革命制度黨、綠色生態聯盟候選人貝尼亞‧尼托以百分之三十八‧二一的選票當選。左翼聯盟候選人羅培茲以百分之三十一‧五一居次，執政的國家行動黨候選人巴斯克斯 (Josefina Vázquez Mota) 只得

到百分之二十五‧四一的選票，至於新聯盟黨候選人夸德里
(Gabriel Quadri) 以百分之二選票敬陪末座。雖然得票率居次的左
翼聯盟候選人仍和 2006 年大選一樣，提出選舉不公平的控訴，然
而墨西哥選舉法院於 9 月中裁決，宣布貝尼亞‧尼托當選墨西哥
總統。

　　革命制度黨是墨西哥老牌政黨，曾連續執政七十一年。2000
年選戰失利黯然下臺，失去政權十二年。2012 年東山再起一舉奪
回政權。雖然革命制度黨班師回朝，但貝尼亞領先對手的百分比
仍較預期少，而且革命制度黨也未在國會拿下過半席次，甚至在
眾議院還比 2009 年的期中選舉輸掉一些席次，這顯示選民對前執
政黨仍無法完全放心。

　　此外，對於左派的民主革命黨和其盟友，此結果雖敗猶榮，
該黨總統候選人只小輸百分之六，還不到預期差距的一半。而且
他成立的跨黨派聯盟在國會眾議院形成最大的反對陣營。該黨原
本執政的五個州政府，這次選輸了一個州，但也贏得其他兩州，
包括革命制度黨曾執政超過八十年的塔瓦斯科州。

　　不過，左派政府也將出現世代交替。偏激派系的羅培茲雖然
在總統大選的斬獲超越預期，但他已在 2006 及 2012 年兩次參選
失敗，將面臨讓路給新人的壓力。雖然，羅培茲在各地的得票率
超過很多在地方選舉的民主革命黨候選人，但在首都墨西哥市，
民主革命黨中間派人士曼瑟拉 (Miguel Angel Mancera) 異軍突起
形成一股明星旋風，以囊括近三分之二的選票贏得市長改選。

　　最後，開票結果令執政的國家行動黨非常沮喪，這是該黨自

圖 40：墨西哥眾議院正面巨幅國徽浮雕

圖 41：臺灣觀選團成員於投票前夕與當時仍是總統候選人的貝尼亞（右三）合影

1988 年以來得票率首次掉落至第三名。

　　選舉過程雖然傳聞賄選、選務瑕疵等若干弊端，媒體差別待遇指控滿天飛，以及民主革命黨候選人指控選舉舞弊。但整體而言，2012 年大選，貝尼亞勝選差距拉大，而且違規案件減少，投票當天雖然首都下大雨，但全國仍有六成三的投票率，比 2006 年高出近五個百分點。由於此次大選，筆者有幸隨臺灣民主基金會的選舉觀察團，實地參與墨西哥的大選過程，個人覺得即使有些選務的小瑕疵，但整體而言，這是一個平和、成功的大選，而且也見識墨西哥獨特的選舉文化。

二、貝尼亞勝選的因素

　　貝尼亞勝選的因素可分三點來談，首先，執政的國家行動黨政績不彰，民心思變。國家行動黨兩屆政府連續十二年執政，但始終未獲議會過半數席次，因此該黨政府致力推動的財政、勞工與能源三大改革受到各方掣肘，未能取得突破。國家行動黨執政前十年，國內生產毛額年均只成長百分之一‧二，遠低於其他新興國家和地區。而且，2008 年以來在國際金融危機和歐債危機雙重衝擊下，墨西哥經濟舉步維艱，失業率連續攀升，兩極分化加劇。同時，組織犯罪越演越烈，卡爾德隆政府動用大批軍警打擊毒品走私及犯罪組織，招致販毒集團瘋狂反撲，暴力犯罪頻頻發生，有近六萬無辜民眾死於非命。社會治安每況愈下，民眾怨聲載道。

圖 42：貝尼亞‧尼托 (Enrique Peña Nieto) 1966 年 7 月出生於墨西哥州的政治世家。他是著名政治人物貝尼亞 (Severiano Peña) 的後代，貝尼亞曾於 1914、1916、1921 及 1923 年四度出任墨西哥州州長。

貝尼亞‧尼托的父姓貝尼亞及母姓尼托，代表墨西哥州兩個實力雄厚的大家族，不僅父母都曾是地位顯赫的官員，家族裡的其他成員也大多擔任過政府要職，可以說是含著金湯匙出生的政界公子。貝尼亞長相俊秀，在各種選舉活動中占盡優勢，頗受女性選民喜愛。事實上，從學生時代起他就非常注重形象。他曾就讀墨西哥伊比利亞美洲大學及蒙特雷科技學院，分獲法律學士和企業管理碩士。

1984 年，年僅十八歲的貝尼亞加入革命制度黨，但直到 1993 年才正式步入政壇。由於本身能力出眾和龐大的家族影響力，從政之路一帆風順，先後擔任墨西哥州經濟發展部特別祕書、墨西哥州行政部長，並於 2005 年 9 月成為貝尼亞家族另一個墨西哥州州長。

貝尼亞雖然外型溫文儒雅，但在州長任內卻十分強硬，同時也交出漂亮的成績單。在六年州長期間，總共建設完成近八百個工程，其中最為人稱道的是通勤鐵路和公共汽車網路的建設、成立綜合性醫院和醫療中心。此外，在執政透明度上也獲得九十六分的高分。

不過，貝尼亞在一些問題過於強硬和實用主義也引起一些反彈。2008 年 12 月，墨西哥州政府準備在世界文化遺產特奧蒂瓦坎金字塔安置聲光效果，以推動當地旅遊業，引起軒然大波以及考古和文物組織的反對，希望工程立刻停止，但貝尼亞仍堅持己見，不為所動。最後經過多方協商，工程終於停止，但偉大的遺蹟已留下不可修復的傷害。

1993 年,貝尼亞與第一任妻子結婚,兩人育有兩女一子。2007 年,妻子因癲癇發作猝死。2010 年,貝尼亞擔任墨西哥州州長期間,再娶連續劇女演員安潔莉卡,曾轟動一時。安潔莉卡前段婚姻育有三女。

2011 年 11 月 27 日,貝尼亞脫穎而出成為革命制度黨問鼎隔年 7 月大選的總統候選人。競選活動開跑後,貝尼亞和所屬的革命制度黨非常善於運用媒體。墨西哥最大的兩家電視臺特萊維薩及阿茲特克電視臺在選舉期間為他大力放送,成為勝選的最大助力。

2012 年 7 月墨西哥總統大選,筆者有幸與多位國內政界與學界前輩隨臺灣民主基金會組成大選觀察團,實地了解墨西哥的選舉狀況,並於投票當天,走訪墨西哥市主要投開票所及聯邦選委會的開票中心,覺得墨西哥的選舉活動亂中有序,有其可愛的一面。此外,觀察團成員在大選前兩天曾與貝尼亞會晤合照,近距離接觸這位帥勁、親民、不擺架子的新任墨西哥總統。

總而言之,貝尼亞討喜的外型、強調「變革」的口號,一改選民對革命制度黨貪腐的印象,為墨西哥人民帶來希望。然而,他能否成功改革經濟、掃除貧窮、改善治安,讓墨西哥人民過好日子,將是上任後最大的挑戰。

其次,革命制度黨勵精圖治,民意基礎擴大。革命制度黨在 2000 年失去政權後,因應形勢調整綱領主張,及時調整黨的指導思想,由「社會自由主義」回歸「革命民族主義」,主張推動政治民主改革,加強政府對市場的引導,力推社會公平與公正,積極回應民意。再者,大力加強黨本身的改造與建設,推動黨內民主與懲治腐敗等措施,以提升黨的凝聚力,於 2002 年實施黨主席及祕書長的直選。第三,重視基層政權建設,透過地方選舉擴大實力和影響。大選前在全國三十二個州中掌控二十個州的政權,民

意支持率一路攀升。

最後，貝尼亞‧尼托年輕有為，競選策略得當。貝尼亞是從基層經營、成長的政治新星，從 1990 年起開始在墨西哥最大票倉墨西哥州州政府和州議會任職。2005 至 2011 年擔任州長期間，信守承諾，雷厲風行，政績斐然，贏得民心。此外他形象清新，外型俊美贏得許多粉絲支持。貝尼亞在選舉過程中一直保持領先，主要有下列因素：首先是革命制度黨內部團結一致，與綠色生態黨結成競選聯盟，在各主要政黨中最早確定總統候選人並啟動造勢活動，使選民很早了解其總統候選人及綱領主張。其次，政策主張針對性強，在選舉策略上打民主、經濟、民生及安全牌，提出擴大民主參與，提高政府透明度，發展經濟、增加就業，保障弱勢群體權利，大幅降低犯罪率，恢復新興大國領導地位等目標以回應民眾當前主要關切的問題。第三是，注意吸引游離選民，針對青年和土著居民提出具有針對性和吸引力的政策主張，吸引大量游離選票。

三、貝尼亞執政的前瞻與挑戰

貝尼亞當選後承諾要通過之前已經卡在國會的結構改革法案。他的施政優先順序包括制定新勞動法以放寬聘用與解雇勞工的規定；改革財政以擴大徵收增值稅；以及開放墨西哥石油公司所壟斷的國營石油天然氣，以吸引私人投資。最後一項是艱鉅的修憲任務，需國會三分之二多數同意，因為墨西哥憲法明文規定石油產業由政府經營擁有。在通過上述法案過程中，最可能的盟

友是已經式微的國家行動黨，因為他們的政見與革命制度黨頗多重疊。

　　不過，貝尼亞執政將面臨諸多的挑戰。其挑戰主要來自三方面：第一，推動重大政策將受反對黨的掣肘。革命制度黨與盟友在議會有望過半，但還達不到通過重要議案所需的三分之二絕對多數，因此其重大政策的通過與推行將受到反對黨牽制。其次，墨西哥經濟基礎脆弱。國家行動黨執政十二年，經濟政策執行不力，不能帶領墨西哥經濟步入健康發展軌道，使得墨西哥經濟嚴重缺乏自主創新能力，高度依賴能源產業和歐美西方發達國家。而且農業發展停滯後，糧食安全問題堪慮。第三，社會問題嚴重。失業和貧窮人口激增，貧富差距加大，社會矛盾深化。而且毒品氾濫和有組織犯罪等社會頑疾在短期內難以消除，社會安定受到威脅。最後，革命制度黨哪一派能在貝尼亞政府占最大比例，將足以左右政府未來的施政方向。再者，雖然貝尼亞將朝現代化方向前進，但是許多作風守舊的黨內大老仍環伺在其周遭，也是左右貝尼亞施政是否成功的另一變數。從外部看，國際金融危機持續發酵，國際貿易保護主義抬頭，油價急劇波動，墨西哥經濟社會面臨較惡劣的外部環境。另外，巴西等地區新興大國快速發展，將對墨西哥等傳統地區大國形成強大挑戰。

　　面對上述嚴峻複雜的內部環境，貝尼亞提出以變革為核心的施政方針。首先在政治上，淡化意識型態色彩，走務實、穩健的中間道路，積極爭取和團結各界力量，努力拓展自身執政空間，加大反腐力度，提高執政能力。在經濟上，加強國家在宏觀經濟

上的調控作用，積極調整經濟結構，進行財稅和能源改革，調整
工業政策，同時降低對石油財政的嚴重依賴。在社會領域，推行
健保、勞工和教育三大改革，實現全民社會健保的目標。同時讓
軍隊脫離反毒戰，成立國民警衛隊，加大打擊暴力犯罪力度。最
後在外交上，繼續將美墨關係作為外交政策核心，同時推行外交
多元化。

第三節　墨西哥面臨的問題與前瞻

　　墨西哥是拉丁美洲政局穩定性較高的國家之一，長期的議會
民主制使墨西哥政治體制趨於成熟。此外，墨西哥與周邊國家關
係良好，在美國的地緣政治中居於重要地位。二十一世紀初，墨
西哥政黨輪替，執政長達七十一年的革命制度黨下臺，由國家行
動黨接棒，連續執政十二年。2012 年 7 月 1 日大選，革命制度黨
重掌政權，墨西哥經歷第二次政黨輪替，全球人口最多的西語系
國家墨西哥未來何去何從？值得吾人關注。

一、美墨關係的變化與前景

1.歷史回顧

　　墨西哥與美國有長達三千多公里的邊界，這種獨特的地緣政
治關係，對美墨關係發展產生重大影響。從 1822 年 12 月美國門
羅總統宣布承認墨西哥獨立、兩國建交起，兩國關係發展可區分
為四個階段。第一階段為美墨戰爭。此階段兩國關係的特點是不

信任。由於美國推動「西進政策」，1848 年，墨西哥在美墨戰爭中失敗，被迫簽訂《瓜達露佩－伊達爾哥條約》，把二分之一以上的國土割讓給美國，導致兩國間長期的不信任。這場屈辱的戰爭讓墨西哥人留下難以癒合的創傷，墨西哥被迫向美國敞開大門，有關美國研究在墨西哥也成為無人涉足的禁區。

此後，伴隨著 1910–1917 年的墨西哥大革命，美墨關係進入第二階段。起初，美國當局對激進的墨西哥革命者和他們所組建的革命制度黨充滿敵意。但因應第二次世界大戰，美國羅斯福 (Franklin D. Roosevelt) 總統提出睦鄰政策，為往後幾十年美墨關係鋪平道路。1930 至 1980 年代，作為墨西哥民族主義的合法化身，革命制度黨一直執行向美國利益挑戰的經濟和外交政策。在經濟上堅持走進口替代工業化道路，在外交上則堅持實行第三世界主義政策。但是墨西哥政府也無意觸犯實力雄厚的美國，只求兩國相安無事。因此在第二次世界大戰期間和古巴飛彈危機中，墨西哥都支持美國的政策和行動。相對地，美國也避免干涉墨西哥內政，容忍其獨立自主的外交、封閉的經濟政策和一黨專政的體制。1976 年，墨西哥深陷嚴重的經濟危機、貨幣大幅貶值時，美國甚至迅速提供經濟援助。

《北美自由貿易協定》的簽訂是美墨關係進入第三階段的重要標誌。1982 年，墨西哥債務危機爆發後，面對經濟持續衰退、外債負擔沉重、通膨居高不下和政局不穩的局面，墨西哥政府被迫進行改革，開始以出口導向為核心的新自由主義經濟改革，但仍沿襲傳統的外交政策。1988 年上臺的薩利納斯總統畢業於美國

哈佛大學，就職後積極發展與美國的雙邊關係，以實現北美一體化政策為目標。他積極主張墨西哥加入北美自由貿易區，強調與美國和加拿大發展經貿合作的重要性。此後，墨西哥歷屆政府外交工作重點之一就是建設美墨關係。

2000 年 7 月 2 日，墨西哥國家行動黨候選人福克斯在大選中獲勝，這次大選標誌美墨關係進入全新的第四階段。美墨特殊關係在福克斯和布希執政期間得到加強。福克斯希望與美、加建立像歐美一樣的「北美聯盟」、「戰略聯盟」，甚至「軍事聯盟」。因此，他力抗國內的壓力，一直推動和加強與美國的關係作為墨西哥外交政策的重點。然而，九一一事件後，布希政府將外交戰略調整為以美國「國家安全」為中心的對外戰略，因此預防和打擊恐怖主義成為美國安全戰略的首要任務。在美國壓力下，反恐和邊境安全成為美墨雙邊關係的首要議題。此外，2006 年 10 月，布希簽署法案在美墨邊界修築圍牆，以阻止墨西哥非法移民進入美國，此作法讓兩國關係再次陷入緊張狀態。

2006 年 12 月，同屬國家行動黨的卡爾德隆上任，美墨關係出現新的變化和調整。卡爾德隆對美政策更趨理性和務實。雖然卡爾德隆沒有像福克斯一樣尋求與布希建立特殊的友誼和私人間的親密關係，但是他努力為美墨關係建立穩固架構。首先，在移民問題上，儘管卡爾德隆希望美國政府以尊重人權，尤其是墨西哥人民的權利，來協助墨西哥解決移民問題。但他同時認為根本的解決辦法是兩國政府密切合作，共同改造墨西哥的經濟環境，創造更多的就業機會。其次，墨西哥擴大對販毒團體和有組織犯

罪的打擊力度。再者，毒品一直是引發美墨齟齬的重要因素，因此 2006 年 12 月 11 日，卡爾德隆上臺開始，就投入大量軍警，進行大規模軍事打擊行動，收到一定成效。

另一方面，卡爾德隆也呼籲美國減少對毒品的需求，才能徹底解決墨西哥販毒問題。最後，卡爾德隆主張恢復並加強與拉美左翼政權的關係，以平衡墨西哥過度依賴美國的局面。福克斯執政期間過度追隨美國立場，甚至不惜犧牲與古巴、委內瑞拉等拉美國家的傳統友誼，使得墨西哥在拉美地區影響力日益下降。卡爾德隆希望重新確立墨西哥在拉美地區的領導地位與形象。

2.墨美關係的重點與特徵

經過多年的發展，美國和墨西哥已逐步意識到兩國關係中存在以下因素及其重要性。諸如國內議程的作用及其分量，本地需求的動態變化以及與國際協定的相關性。不管是現在還是未來，兩國關係的困難點在於如何確保一國制定的種種政策與其鄰國的措施相協調。以下諸多問題將是美墨關係議程中的首要問題，且在墨西哥公共政策中占優先地位，同時也將繼續成為美國公共政策的關鍵。根據重要程度，可區分為三級。最優先領域，包括邊界和後勤安全，航海和海洋安全，反恐情報共享，移民，在毒品資金、銀行等方面展開合作，以打擊恐怖主義；第二優先領域則包括：能源、貿易、環境與自然資源管理、健康與食品安全等項目；最後則是教育、科學合作、兒童保護、勞工和人權、地區及社會發展與文化交流等。

事實上，美墨之間的移民問題是雙方關係的另一個焦點。由

於美國無視於國內農業、服務業、建築和旅館業亟須依賴墨西哥
移民的協助，因此移民改革問題依然沒有得到解決。此外，貿易
和運輸也在兩國經濟中居於優先地位。每天近十億美元的貿易額
關係兩國農業、電子、紡織、交通、家電和石油等諸多行業。此
外，貨物和服務流動也是兩國近二十年來經濟相互依存的一大見
證。儘管美、加、墨三國彼此間的雙邊關係困難重重，而且存在
盲點，但三國在 2005 年簽署《北美安全與繁榮夥伴計畫》意義重
大，反映合作對三國的重要性。

3.美墨關係前景展望

　　合作仍將是墨美未來關係的主軸。四大結構性因素左右墨美
關係的發展。第一，兩國政府建立了一系列協調機制，在貿易、
毒品買賣和其他共同關心的問題加強制度上的合作。第二，北美
自由貿易區的建立顯示經濟整合可以大幅減少兩國間的問題，並
形成共同的目標和規則。第三，墨西哥目前在美國的僑民約兩千
五百萬，他們將成為美墨兩國間理解與溝通的橋樑。第四，冷戰
結束使得美國有機會發揮在西半球的領導作用，也讓墨西哥採取
更積極的外交政策。

　　美墨兩國在歷史、經濟、文化等方面關係錯綜複雜。墨西哥
穩定與否甚至深刻影響美國國家安全。同時，美墨關係好壞也會
影響美國與其他拉美國家關係。因此，整體而言，美國仍然會將
墨西哥放在其拉美政策中的優先地位。

　　然而，美墨之間的關係常出現變數的原因在於雙方關係與實
力的不對稱性。墨西哥對美關係的重視是一貫的；而美國作為超

級大國，政策重點時有變化。此外，在移民、貿易、掃毒和如何應對地區安全等問題上，墨美之間仍存在不少分歧和矛盾，特別是在移民上，要取得突破並不那麼容易，雙方仍存在利益衝突，關注的重點不同。

再者，美國仍然把國家安全放在首位，為了確保國土安全就需嚴格控制移民入境。而墨西哥關注的是保障已在美國數百萬墨西哥移民的利益，以及將來前往美國打工的墨西哥人能安全合法入境，權利得到充分保護等議題上。因此，墨西哥希望美國保持邊界開放，允許移民到美國打工，以減輕國內就業壓力。

二、墨西哥面臨的問題與前瞻

自 2007 年卡爾德隆執政以來，受到政府強力掃毒、美國經濟陷入衰退和 H1N1 流感爆發的影響，墨西哥國內安全形勢不斷惡化，穩定的政治局勢也開始動搖。此外，墨西哥長期以來，凶殺、綁架、搶劫等各種犯罪活動頻繁，毒品走私和非法移民猖獗，因此政府整治社會治安問題的壓力不斷上升。在持續且低迷的經濟衝擊下，墨西哥安全形勢將成為影響外人投資和政府恢復經濟成長的最大障礙。

此外，近幾年墨西哥經濟雖略有成長，但人民生活並無明顯改善，貧困率仍高，貧富差距懸殊，行政腐敗猖獗。而且，經濟發展無法滿足大量勞動力就業需求，失業人口增加，地區發展嚴重失衡，因此引發貧民抗議活動不斷。未來由於社會與經濟發展失調，墨西哥仍可能引起局部地區動盪。

　　再者，墨西哥作為一個以出口為導向的經濟體，其經濟成長模式的脆弱性主要表現在對國際資本及美國市場的高度依賴。無論是國際資本還是美國市場，其變化情況都不是墨西哥所能控制的。雖然墨西哥政府採取很多措施來增加吸引外資的管道，但在吸引外資和對外投資方面仍高度依賴美國。1999 至 2008 年間，美國對墨西哥投資高達一千一百六十億美元，占墨西哥同期吸引外資總量的百分之五十五，其中百分之四十六集中在製造業。因此，美國經濟波動對墨西哥經濟影響直接且深遠，而且迅速給墨西哥帶來國民收入減少，內需疲軟等一系列問題。

　　第三，國際競爭力降低。簽訂《北美自由貿易協定》，使墨西哥相對比其他國家具有更大的優勢。然而，隨著國際經濟形勢變化以及墨西哥國內在電力及石油系統、電信行業、勞工體制、外國投資以及稅收結構等關鍵領域改革受阻，墨西哥正逐漸失去這些優勢。世界經濟論壇公布的 2009 年世界競爭力報告，在參與排名的一百三十四個國家中墨西哥名列第六十，比 2008 年下降八名。2001 年曾獲得四十二名的最高排名，之後逐年下降。

　　第四是，財政收入結構的穩定性存在重大隱憂。墨西哥政府財政收入的百分之三十七‧七來自墨西哥國家石油公司，但此公司發展問題重重。此外，其石油產量自 2004 年起逐年減少。甚至美國能源資訊中心預測，2020 年時墨西哥的石油日均產量將不能滿足國內需求，且將成為石油淨進口國。再者，存在國際石油價格波動等因素，墨西哥財政收入面臨不確定性，財政狀況存在隱憂，需要進行必要的財政改革。

　　第五是，債務負擔和償債能力不樂觀。由於墨西哥經濟明顯衰退，財政赤字不斷擴大，自 2009 年以來，世界各主要評級機構都調降對墨西哥的國家主權信用評級。

　　最後，墨西哥是《北美自由貿易協定》的成員，經濟開放，金融市場相對發達，並具有鄰近世界最大市場的地理優勢，這些都有助於其吸引外國投資。然而其經濟環境仍存在諸多劣勢。首先，墨西哥對外資投資領域存在較多限制，目前有四十五種保留及特殊規定行業為外資不得參與或限制其參與股份，尤其是能源產業存在壟斷。其次，政府部門官僚主義嚴重，貪污腐敗現象普遍。統計顯示，墨西哥每年因貪污腐敗造成的直接經濟損失高達三百億美元。第三，司法行政效率低，法令繁複多變、勞工法規複雜且偏向保護勞工，稅法及海關提貨繁瑣，以及居留簽證不易取得。第四，墨西哥外債負擔沉重，存在一定的償債風險。此外，販毒、走私和社會治安等問題嚴重，在一定程度對墨西哥的投資環境產生不利影響。

　　儘管墨西哥的未來有那麼多的困境，但還是存在不少有利的形勢。首先，墨西哥避開了 2008 年全球經濟危機的影響，仍有傲人的總體經濟表現。而且它每年所培養的工程技術人員超越歐盟龍頭德國。此外，墨西哥工業製成品的出口約等於其他拉美國家的總額，因此不像智利、哥倫比亞、祕魯及巴西的經濟容易受到原物料價格波動的影響，這些國家的出口主要以原物料為主。再者，最近兩年墨西哥的經濟成長超越南美大國——巴西。

　　另一方面，貝尼亞新政府也極力想讓墨西哥抓住有利的國際

情勢一躍成為新興經濟大國。因此,貝尼亞於 2012 年 12 月 1 日就職後,就與主要在野陣營簽訂《墨西哥協議》,展現強烈的政治決心,以推動墨西哥達到百分之五以上的經濟成長目標,並增加其國際競爭力,以及完成民主轉型。

　　總而言之,如果貝尼亞新政府能專心致力於改善與美國的經濟關係,而且降低對毒品走私及移民改革議題的關注,以墨西哥一億一千多萬的豐沛勞動力及近兩百萬平方公里的廣大腹地,不用三年,它就能超越加拿大及中國成為美國最大的貿易夥伴。此外,近期中國經濟成長減緩、勞工成本提高,這些也都是對墨西哥有利的契機。

第九章 | *Chapter 9*

2013-2019 年墨西哥發展的問題與前瞻

　　2012 年 7 月，貝尼亞‧尼托以清新、年輕及改革的形象，獲得墨西哥大部分民眾的青睞，贏得總統大選並於 12 月 1 日宣誓就職。上任後，他誓言恢復墨西哥昔日的穩定，同時帶領墨西哥邁入民主、透明與改革的新時代。事實上在其執政初期，一切都還運作順利。同時，貝尼亞新政府也在很短時間內與主要在野黨簽訂《墨西哥協議》，接連進行能源、教育、電信及勞工等其他方面重大的結構性改革，並取得一定的成果。

　　然而在簽署改革方案後，執政的革命制度黨就陷入貝尼亞的妻子向政府承包商購屋、多位黨籍州長陷入貪腐、南部格雷羅 (Guerrero) 州四十三名學生失蹤等一系列重大事件及貪腐醜聞。再者，墨西哥不斷發生的暴力問題也讓貝尼亞的形象大受打擊。整體而言，貝尼亞於 2018 年卸任後，他所留下來的政治遺產被貪腐、暴力與違反人權紀錄等事件所玷污。

　　2018 年 7 月 1 日，第三度角逐總統寶座、帶有相當民粹色彩的左派候選人羅培茲‧歐布拉多，以超過五成的得票率，打破長

期以來由革命制度黨及國家行動黨交替執政之現象，成為新任總統。此外，他所創立的政黨「國家復興運動」(Movimiento Regeneración Nacional, Morena)，也分別在國會參、眾兩院取得相對多數的優勢。12 月 1 日羅培茲就職，他誓言打擊掌控墨西哥的「權力黑手黨」，對付過往政府的貪污腐敗及社會暴力等問題。然而不少商界人士擔憂，羅培茲對於發展全球化現代經濟與建立合適的民主體制缺乏想法，恐將墨西哥帶往保護主義與民粹政治，威脅墨西哥的政治與經濟穩定及《北美自由貿易協定》。

第一節　革命制度黨重返執政 (2012–2018)

2012 年 7 月 1 日，年僅四十五歲的墨西哥州前州長貝尼亞以百分之三十八的得票率擊敗民主革命黨候選人，贏得總統大選。貝尼亞亮麗討喜的外型、強調新世代與政黨革新的口號，一掃選民過往對革命制度黨貪腐的印象。這位新任總統亦提出經濟改革、掃除貧窮、整頓治安等重大政策，誓言讓民眾過好日子。然而日漸嚴重的貪腐與暴力，卻也為其執政之路籠罩沉重陰影。在本節，我們將檢視貝尼亞執政六年期間，在政治、經濟、社會及國際關係上的施政得失。探討這位曾風靡全球的墨西哥總統，何以在今日以墨西哥歷史最低的總統支持度黯然卸任。

一、貝尼亞執政六年的各項發展

2012 年 12 月 2 日，貝尼亞總統上任後的隔日，旋即召集革

命制度黨、國家行動黨及民主革命黨等在野政黨，於查普爾特佩克城堡簽署《墨西哥協議》。早在該年 10 月，總統當選人的交接團隊就開始與主要政黨代表啟動協商，並於 11 月底達成協議內容。該協議包含五大內容：⑴權利與自由社會的協議；⑵經濟成長、就業及競爭力協議；⑶安全與正義協議；⑷透明編列帳目及反貪腐協議，以及⑸民主治理協議。該協議是墨西哥重要的政治議程，其中包括修改憲法及諸多聯邦法律、公共機構改革以及制訂新的法規以管理目前被忽視或法律規範不足的議題。

1.教育改革

　　貝尼亞政府第一個實施的是教育改革。該改革憲法修正案於 2012 年 12 月 10 日提出，隔年 2 月 6 日經參眾兩院通過，2 月 25 日公布實施。其主要目的在於改革教育體系，特別是關於教師的評鑑。隨後又修正《教育總法》、《國家教育機構評鑑法》等相關法規，並在 2013 年 9 月 10 日頒布實施。修正後，成立具法人資格及財務自主的「國家教育評鑑體系」，以評鑑全國各級學校的教育品質、作為及成果。此外，還由國會立法成立專責機構，負責教師的招聘、續聘及升遷，這些業務過往都由墨西哥全國教師工會所把持，且形成教職世襲制度，嚴重影響教育品質。不過，教育改革遭到全國教師工會及部分既得利益民眾的反對，他們在全國許多州進行示威抗議活動。

　　為了順利推動教育改革，貝尼亞政府指控全國教師工會會長柯迪約 (Elba Esther Gordillo) 與三名共犯涉嫌逃漏稅且多次違法將二十億墨幣轉移到瑞士及美國等銀行；全國教師工會有一百五十

萬名成員，是墨西哥最強有力的工會，且柯迪約擔任及把持該工會已經長達二十多年。再者，她多次表明反對《教育改革法》以及修正相關教育法規。因此貝尼亞政府於 2013 年 2 月 26 日將其逮捕到案以期瓦解該組織，並且展現他推動教育改革法案的決心。

2. 金融改革

2014 年 1 月 9 日，《聯邦政府公報》公布《金融改革法》以進行銀行業改造，並透過此法同時修正了三十四項相關金融法規。此改革具有下列諸多目標：(1)成立發展銀行 (Banco de Desarrollo) 推動貸款；(2)提升金融業的競爭力；(3)擴大私營銀行的貸款；以及(4)保證整體金融體系的穩固及慎重。為此，政府成立金融局公開登錄對銀行界的客訴，同時簡化銀行貸款的擔保程序。另外，也成立穩定金融體系委員會禁止銀行在出售金融產品時，相對要求客戶購買其他產品。此外也成立金融仲裁體系，以解決銀行與客戶間的衝突。

3. 能源改革

2013 年 8 月 12 日，貝尼亞政府向國會提出了《石油及能源工業法案》，不同於其他法案，該法案遭到國會其他政黨，特別是左派政黨的反對。在修改憲法第二十八條及相關能源改革法後，外國和私人企業將可參與墨西哥能源探勘、開採及冶煉。合作模式也由過去只能與國家石油公司簽署合約，改成可以和墨西哥政府簽署合約，採取利潤、產量分成合作以及許可證合約等方式，與墨西哥石油公司進行競爭，招標將由墨西哥國家石油委員會負責。在電力方面，法案也建議在聯邦電力委員會的共同參與下，

允許私人投資能源工業，特別是再生能源。

　　墨西哥於 1938 年將石油收歸國有，雖然帶來豐厚收益，但沉重的負擔影響技術更新與新油田的探勘和開發。再者，長期壟斷缺乏競爭，導致官僚氣息嚴重以及生產率低下。此外，墨西哥國家石油公司每年需上繳超過百分之七十的收入，同時還存在巨額債務和退休金缺口。因此數據顯示，近十年間墨西哥石油產量已銳減近三分之一。

　　《能源改革法》通過後，將打破墨西哥長達七十六年由國營石油公司壟斷經營的局面。根據墨西哥石油工業聯合會，墨西哥在石油領域的投資，未來每年將達一百五十億美元，並創造七至十萬個工作機會，石油產量也將大幅提升。分析人士認為，此次墨西哥能源改革還具有地緣政治意義，可能影響西半球能源供應秩序。

　　眾所皆知，美國是墨西哥最重要的能源合作夥伴，墨西哥生產的原油有百分之九十出口到美國，墨西哥能源產業發展攸關美國的能源安全。專家表示，如果墨西哥能源改革成功，將有助於實現對美國的能源獨立。另一方面，如果墨西哥石油提煉產業取得發展，有可能使美國提煉廠失去墨西哥部分原油供應。此外，墨西哥對外開放油氣產業，勢必讓長期擁有政治和地緣優勢的美國公司，面臨更激烈的市場競爭。

4. 電信改革

　　2013 年 3 月，貝尼亞政府提出《電信暨經濟競爭力綜合改革法案》，經參眾兩院的微幅修正後，於 2013 年 6 月 10 日頒布實

施。此修正案於憲法中載明保護個資、接觸資訊科技與享有寬頻
網路的權利以及規定聯邦政府必須建立完成數位化的日程表並成
立聯邦電信局以取代聯邦電信委員會;此外也成立聯邦經濟競爭
委員會,替代目前的聯邦競爭委員會,以推動自由競爭、自由參
與及避免壟斷。

2014 年 3 月 24 日,政府向參議院提出修正《電信法》次要
法規,其主要目的是為了頒布《聯邦電信暨無線電廣播法》。該法
案非常不受歡迎,並立刻引起各界,特別是積極捍衛網路自由人
士的騷動及抗議,他們認為新法將會有審查及違反隱私的疑慮。
因此在國會審議時,引起很大的爭辯。最後經參眾兩院修正後通
過,並於 2014 年 7 月 14 日頒布實施。

5.財政改革

2013 年 9 月 9 日,貝尼亞政府提出財政改革,在冗長的辯
論、遭受許多批評及修正後,經國會通過並於 12 月 11 日登錄在
《聯邦政府公報》中,並於 2014 年 1 月 1 日實施。

財政改革的主要目的在於能更有效率地課徵到更多的稅,因
此建議對昔日不須納稅的諸多商品及活動課徵附加稅,諸如房屋
買賣、寵物食品及口香糖等,但取消企業單一稅及現金存款稅等
項目。再者,透過商品及服務特別稅,對飲用含糖飲料及高熱量
食品,如甜食及油炸物等課稅。此外,也對股票獲利課徵百分之
十的稅。事實上,原方案中還打算對獎學金、抵押及在餐廳消費
課稅,由於民眾極力反對,被國會拒絕。

6.經濟成長

雖然貝尼亞政府完成結構性改革，但經濟仍成長緩慢。六年任期結束，經濟平均成長百分之二·五，是上任時承諾成長百分之五的一半。但是比前一任卡爾德隆政府面臨 2008 年世界經濟危機時，平均成長百分之一·八高。專家強調雖然成長未如預期，但卻維持穩定，這有利於吸引更多外資。2018 年全年外國直接投資金額高達一千九百二十億美元，這有助於擴大投資及減少失業率。專家也指出諸多外部因素造成墨西哥成長不如預期，特別是美國大選複雜的情勢。

7.安全政策

貝尼亞政府的社會政策主要聚焦在降低暴力事件，而非承襲前任卡爾德隆政府正面打擊墨西哥犯罪組織的戰略。在競選總統時，貝尼亞就倡議設立超過四萬名憲兵且具單一指揮系統的打擊犯罪組織。他在當選後強調，不贊成美國軍隊介入墨西哥事務，但將考慮讓美國訓練墨西哥警察反暴動技巧。他也承諾不會讓美國在墨西哥反毒戰爭中扮演更重要的角色，同時承諾在任期結束時，將墨西哥謀殺案大幅降低百分之五十以上。

2012 年 12 月 17 日，正式提出其安全政策。新的安全政策更著重在區域範疇，並規劃出六個行動主軸。2013 年 1 月 2 日，修改《聯邦公共行政法》，取消公共安全部，將其職權集中在隸屬於內政部的國家公共安全委員會。同月，政府宣布策略性地將全國分成五大地理區以利執行該安全政策，以及不同層級政府間的協調；並宣布成立憲警，改革國家警察體系。2013 年 12 月，檢察

總署表示截至當時，貝尼亞政府已逮捕或處決六十九名重要毒梟。

　　為了對抗墨西哥的綁架案件，貝尼亞政府於 2014 年 1 月 29
日，任命薩雷斯 (Renato Sales Heredia) 出任國家反綁架委員會首
任召集人。2014 年 1 月 5 日，以行政命令成立「米喬阿肯州安全
及發展委員會」，維護該地區的和平。該州因為販毒犯罪嚴重，民
眾被迫成立社區自衛團體。2014 年 5 月，許多自衛團體加入農村
警察行列而逐漸體制化。不過，稍後其首領因被控攜帶武器及毒
品而被逮捕。

8.社會狀況與政策

　　目前墨西哥社會普遍存在不平等、歧視及暴力等嚴重問題，
且在墨西哥，前百分之二十居民所得是後百分之二十的三倍。有
非常多的民眾無法享有醫療服務以及有品質的醫療照護，許多農
民及其他族群被迫離鄉背井以逃離暴力及貧困，這些被迫遷移的
民眾將會失去他們的社會網絡，以及到移民國時必須面對文化同
化時所產生的心理問題。種族主義與意識形態差別的歧視亦是嚴
重的社會問題之一。

　　現今，墨西哥正遭遇結構性暴力及組織性犯罪暴力的衝擊。
許多墨西哥民眾認為這是幫派組織搶地盤、搶毒品市場所產生的
後果。此現象從 2007 年開始出現並趨於嚴重。根據墨西哥國際特
赦組織的報告，到 2013 年底，暴力問題造成墨西哥七萬人被謀
殺，二萬人失蹤。這場暴力戰爭造成許多嚴重後果。其中最直接
且立即的後果是墨西哥各階層民眾普遍存在恐懼與不確定。再者，
因為整體墨西哥政治階層錯綜複雜的利益網絡以及他們與犯罪組

織的勾結，使得解決暴力問題的政策顯得不足或缺乏效率，並造成政府失去信用。

除了結構性暴力，暴力也發生在家庭及性別不平等上。雖然目前墨西哥婦女比從前享有更多的權利，但在家裡及工作場域也經常是暴力及性侵的受害者。而且目前小孩比從前更常在家中遭受身心及性的侵害。特別是在貧窮家庭，這些現象更加氾濫。

不安全及暴力阻礙墨西哥人和家人前往公園或公共場合休閒、運動或娛樂。據統計在墨西哥有百分之六十的小孩及青少年缺乏運動，為了安全，他們待在家裡看電視或玩電玩，但這些活動不但無法增進他們的社會道德觀念，更可能是他們學習暴力行為的淵源。

因此，2013 年 1 月，貝尼亞政府宣布，推出國家對抗貧窮社會計畫，全力消除墨西哥的貧窮、營養不良及社會邊緣人，以達成聯合國倡議的零飢餓計畫。為此，2013 年 1 月 21 日，該計畫正式在南部貧困的恰帕斯州實施，並成立國家對抗飢餓體系及跨部會組織來執行該政策。

二、貝尼亞執政時期的爭議事件

1. 43 位學生失蹤事件

2014 年 9 月 26 日晚上，在墨西哥格雷羅州的伊瓜拉市發生四十三名師範學校學生失蹤事件。事件發生後，由於貝尼亞政府的輕忽，引起墨西哥民眾乃至全球社會的憤慨。雖然國家檢察總署在日後曾公布調查報告並稱之為「歷史真相」以還原撲朔迷離

的案發經過，但這份報告受到許多科學證據的反駁與泛美人權委
員會 (IACHR) 的質疑。因此迄今，事件發生的原委仍然眾說紛
紜，沒有定論。

根據「歷史真相」，伊瓜拉市警察逮捕四十三名欲前往墨西哥
市參加抗議活動的學生並將他們交給犯罪幫派，而幫派則將他們
擠在兩部卡車載往垃圾場殺害，遇害學生的遺體慘遭焚燒，其骨
灰被倒在太平洋。由泛美人權委員會 (IACHR) 籌組的一項民間調
查專案則駁斥此說詞，認為並沒有找到任何相關證據證明「歷史
真相」。此事件是 1968 年 10 月 2 日墨西哥大屠殺後，最嚴重的謀
殺犯罪事件。墨西哥民眾對此事件反應激烈並爆發大規模遊行，
此事件亦嚴重削弱貝尼亞政府的政治合法性。

2.法外私下處決的爭議

墨西哥暴力事件的加劇肇始於 2008 年卡爾德隆政府宣布開
啟對抗毒品走私的戰爭，此政策讓貝尼亞執政六年時間，仍然遭
受暴力事件日益增加的衝擊。據估計，貝尼亞政府曾私下處決一
百零六人，還加上八十一名失蹤者。2017 年，在瓦哈卡 (Oaxaca)
發生示威遊行以抗議貝尼亞政府的教育改革，警民衝突造成六位
民眾喪生及近百人受傷。瓦哈卡警方否認警察攜帶武器，然而數
張照片指證警察攜帶致命性武器，最後警方承認警察使用武器對
付示威民眾。

此外，2015 年 1 月 6 日清晨，墨西哥米喬阿肯 (Michoacán)
州警方對農村勢力開槍，造成十六人死亡，數十名受傷。然而警
方表示，只有八人死亡，四十多名被捕，並認為死者是在雙方交

火時，被非法攜帶武器的同夥殺害。然而調查顯示，聯邦警察涉
及私下處決手無寸鐵的民眾並向攜帶棍棒的示威民眾開槍。在貝
尼亞親信正銜命協商米喬阿肯自我防衛隊解除武裝時，此事件的
爆發再度打擊貝尼亞政府形象，且上述醜聞也造成墨西哥社會的
極度憤怒。

　　關於法外私下處決的爭議，在墨西哥軍警極力掃蕩有組織的
犯罪集團時，也造成複雜及尷尬的情境。2014 年 6 月，軍人闖入
墨西哥州一家酒店，至少處決十五名人士。然而，貝尼亞執政六
年最大規模及爭議的屠殺，發生在 2015 年 5 月 22 日早上於米喬
阿肯州，當時警方與幫派交火，造成四十六位民眾及一名警察死
亡。所有證據顯示，這是一場大屠殺。無論如何，這些屠殺讓人
不禁質疑，墨西哥政府在掃蕩有組織的犯罪集團時，國家暴力的
底線在哪裡？

3.白屋醜聞及革命制度黨州長的貪腐

　　2014 年媒體報導總統夫人向政府承包商中國企業集團希佳
(Higa) 購屋，此事件與貝尼亞在擔任墨西哥州州長時，核准該企
業承包八十億披索的相關工程有密切關聯,此醜聞事件被稱為「白
屋醜聞」(Escándalo de Casa Blanca)。而且在競選總統期間，希佳
集團提供飛機及其他多項服務給貝尼亞及其競選團隊。因此貝尼
亞擔任墨西哥總統後，核准該公司多項政府標案。

　　該事件是總統夫人接受西班牙雜誌專訪並介紹其豪宅後，立
刻遭到各界質疑為何總統能住在跟其財產申報不符，價值八千六
百多萬披索的豪華別墅？他怎麼付款？為何此屋是受惠於貝尼亞

政府標案最多的希佳集團所擁有？

在揭露該醜聞後，記者遭電視公司辭退，而且第一夫人錄製爭議影片說明購屋合法。不過，上述說明都無法平息這項醜聞，而且醜聞也沒有隨著貝尼亞卸任而終止。貝尼亞曾公開表示，此傳聞嚴重傷害政府的可信度。

此外，貝尼亞執政期間，該黨州長貪腐嚴重，曾有八位前任及現任州長遭逮捕審判。2013 年，在巴拿馬逮捕準備逃往法國的金塔納羅 (Quintana Roo) 州前州長；逮捕躲在瓜地馬拉豪宅的維拉克魯斯 (Veracruz) 州前州長等人，這些人都將會被引渡回墨西哥審判，並課以高度刑責。這些逮捕及審判自家人應當被視為貝尼亞政府的重大成就，然而，民意認為貝尼亞政府處理的態度虎頭蛇尾，不符合民意期待。這樣的貪腐形象讓反對派人士有機可趁，大加撻伐政府，這導致革命制度黨在 2018 年大選中嚴重潰敗，並淪為第三大黨。

4.毒梟「矮子」古茲曼的逮捕、逃脫及引渡

「矮子」古茲曼的逮捕、逃脫及引渡，無疑是貝尼亞政府在掃蕩毒梟的過程中，最成功也是最尷尬的事件。古茲曼是墨西哥席納羅阿 (Sinaloa) 州最強大的毒梟組織首領，而他本人也是政府最希望緝捕歸案的毒梟。2014 年，在逃亡十三年後，被墨西哥海軍逮捕。

但是在遭到逮捕一年後，在墨西哥州高原戒備森嚴的監獄中再度逃脫。此次挖地道逃脫，對執政當局真是一大羞辱。因此，執政當局決定盡最大努力，收集情報以儘速找到古茲曼的藏匿處

所。最後，在 2016 年 1 月 8 日，再度將古茲曼逮捕歸案，並在高度安全戒護下引渡到美國，面對國際法院審判。

三、貝尼亞執政時期的對外關係

當貝尼亞還是總統候選人時，就不斷提出墨西哥將在全球事務上扮演積極和重要的角色。將促進和美加兩國間更好的整合、強化和中美洲與加勒比海國家的合作關係、恢復和南美國家的良好對話、鞏固亞洲太平洋聯盟，以及活化與深化和歐盟的關係。

1.與拉美及加勒比海國家的關係

有關和拉美國家的關係，貝尼亞決定正式訪問古巴與委內瑞拉，重啟對話。2013 年 11 月，委內瑞拉外長哈華 (Elías Jaua Milano) 正式訪問墨西哥，重啟雙邊對話並訂定共同的工作日程。2014 年 1 月，貝尼亞前往委內瑞拉參加查維斯葬禮，然而他聲明此行沒有任何政治意涵。他於 2014 年 1 月在古巴舉行的第二屆拉丁美洲及加勒比海高峰會，會晤卡斯楚。

此外，貝尼亞任內也三度參加太平洋聯盟元首高峰會，展現墨西哥參與及推動該組織的決心。該區域整合組織由墨西哥、哥倫比亞、祕魯及智利所組成。在 2014 年的第九屆高峰會，貝尼亞成為輪值主席。而在第三屆墨西哥與加勒比海國家高峰會上，貝尼亞聲明，將強化和加勒比海國家的夥伴關係，並訂定具體的工作日程。

2.與美國關係

貝尼亞與美國維持著密切關係，2012 年 11 月 27 日就職前

夕,前往白宮拜會歐巴馬總統,而歐巴馬則於 2013 年 5 月,正式回訪並發表共同聲明,雙方同意在:(1)經濟競爭力;(2)雙方社會聯結;(3)區域及全球議題的領導地位;以及(4)民眾安全等四個面向加強合作。

　　2013 年 9 月卻爆發美國國家安全局竊取當時還是總統候選人貝尼亞的資料。之後,德國雜誌爆料墨西哥總統卡爾德隆也深受其害。為此,貝尼亞於 2013 年 10 月擔任總統時開始調查,但到卸任時尚未獲得結論。此外,貝尼亞展現高度贊成持續與美加簽訂《北美自由貿易協定》,並表示不會有劇烈的改變。因此,他參加 2014 年 2 月舉行的第九屆北美領袖高峰會 。 而 2014 年 5 月 , 美國國務卿凱瑞 (John Kerry) 訪問墨西哥以追蹤雙方領袖簽訂協議的執行狀況 , 並進一步商討邊境安全 、 學生交流及貿易往來。

　　2016 年 8 月 31 日,貝尼亞邀請當時尚是美國總統候選人的川普訪問墨西哥,至今許多主要意見領袖一致認為,這是貝尼亞執政期間最大的錯誤決策。當時川普閃電訪問墨西哥,會晤貝尼亞並向媒體發表簡短聲明。在這次訪問中,川普拒絕對曾羞辱墨西哥道歉,也拒談建築美墨邊境圍牆。返回美國當天,他在加州再度辱罵墨西哥並表示,墨西哥人終將要支付建築圍牆費用。川普這場近乎災難性的訪問,導致政界及學界對貝尼亞嚴厲批評,也造成他的民意支持度大幅下滑。這也可能是導致貝尼亞政府成為墨西哥人最討厭的政府的關鍵事件。

3.與歐盟的關係

2012 年 10 月，貝尼亞在上任前訪問德國、英國、西班牙及法國。在這些國家，其演說著重在推銷他已規畫並要推動的改革方案。在訪問法國時表示，墨西哥最高法院已經在審理卡瑟斯 (Florence Cassez) 的案子，並將於 2013 年 1 月 23 日釋放卡瑟斯，此作法有利於重啟與法國的關係。

2014 年 6 月，貝尼亞再度正式出訪西班牙、葡萄牙及梵蒂岡，會晤西葡領袖及拜會教宗方濟各。2016 年 2 月，貝尼亞在總統府接見到訪的教宗方濟各。方濟各成為第一位蒞臨墨西哥總統府的教宗。

4.與中國的關係

貝尼亞執政期間與中國間的官方互訪頻仍，2013 年 4 月，貝尼亞訪問中國，而習近平也迅速於同年 6 月回訪。在習近平訪問墨西哥時，雙方發表共同聲明並宣布建立戰略聯盟、提升新的合作層級、對新產品開放市場、加強旅遊互訪、推動文化交流及增加交換學生的獎學金名額。

四、貝尼亞政府施政評估

整體而言，墨西哥各界對貝尼亞個人的責難，已經模糊政府的相關成就。可能需要多年後，各界才會重視其施政的貢獻。而相反地，貝尼亞已經為負面效應付出代價。執政的革命制度黨在 2018 年總統大選中潰敗，得票率只居第三，而貝尼亞民意支持度則為歷屆卸任總統最低。輕忽貪腐的反作用力以及所承諾的安全

作為沒獲得成效，是他執政最大的致命傷。其情況就像同黨的薩
利納斯於 1994 年卸任時，因爆發稱為龍舌蘭效應的金融危機，以
及其兄涉及貪腐而嚴重損壞其個人形象與執政績效如出一轍。

1. 成 就

筆者認為，貝尼亞施政有兩大成就。首先就是所謂的結構性
改革，如電信、能源及教育改革。這為墨西哥的未來發展與經濟
和競爭力的培植邁出一大步，雖然在執行上多少犯了一些錯誤，
但貝尼亞的結構性改革仍為一重大突破。例如能源改革已逐漸創
造前所未有的經濟市場，但在執行上，民眾普遍認為汽油價格會
相對降低，但政府卻相反地宣布調高汽油價格，這使得一般墨西
哥民眾把貝尼亞的能源改革視為非常失敗的政策。

第二項重大成就是經濟發展。首先，貝尼亞政府將實際納稅
人從三千八百萬提高到六千八百萬人，並將財政依賴石油收入的
比例從占國內生產毛額的百分之八‧八降為百分之三‧八。再者，
創造近四百萬個正式工作職缺。而且其政府規劃的新機場具世界
水準以及資金融通模式也獲得市場的肯定。不過很可惜的是反對
派為了尋找代罪羔羊，以及大部分墨西哥人不了解新機場可以獲
得的效益，讓其面臨興建危機，目前已經遭羅培茲新政府勒令停
建。此外貝尼亞新政府也推出新的特別經濟區。同時，他也及時
避免墨西哥社會保險機構瀕臨破產的命運，並保證其資金可維持
到 2030 年。

此外，與美國重新啟動貿易協商，也可視為貝尼亞政府的一
項施政成就。雖然瀰漫著不確定性，而且無人知曉《北美自由貿

易協定》的最終命運，但是墨西哥參與協商官員的堅持、耐心、謹慎以及隨時抓住機會的精神，應該能為與美國的貿易關係，力挽狂瀾。

2.問題與濫權

起初，貝尼亞政府輕忽了總統及其家人所涉入之醜聞與革命制度黨多位州長及聯邦政府官員貪腐的影響力道。直到 2015 年，革命制度黨在期中選舉潰敗，貝尼亞政府才被動採取一些措施。

其次，不安全及暴力激增亦影響貝尼亞的民意支持。根據墨西哥國家公共安全體系執行祕書處統計，2017 年是墨西哥近二十年來暴力事件最多的一年。雖然必須承接卡爾德隆執政所留下的犯罪危機，貝尼亞政府仍無法阻止暴力浪潮繼續危害墨西哥。此外，沒有從一開始就有效掌握及處理好四十三位失蹤學生事件，以及輕忽處理在墨西哥所發生數千件失蹤及私下處決的事件，也讓貝尼亞卸任時灰頭土臉。

貝尼亞的民意支持度創下新低，不只是他個人的問題，也會影響國家基本改革的延續性。在墨西哥「新自由主義改革」聲名狼藉，主要是因為它和貪腐及不平等緊密關連。雖然國會在協商通過計畫預算的過程中，容易發生貪腐情事，但事實上，沒有任何一項《墨西哥協議》的執行是為了產生貪腐。然而，民眾卻只看到政治人物的濫權與貪腐，因此一竿子打翻一條船，認為整個貝尼亞政府的大小官員都非常貪婪及運用特權。因此，貝尼亞的改革極有可能被羅培茲新政府藉口會導致貪腐，以致犧牲或改弦易轍。

　　雖然在改革方面，貝尼亞是一個非常有效率的協商者，但在政策宣傳及執行上則頗為糟糕。他的可信度從「白屋事件」及其他貪腐醜聞，就開始遭受侵蝕。事件發生後，貝尼亞並沒有馬上掌握狀況或接受錯誤且鐵面無私的處理。相反地，他任憑事件越演越烈。也許，他容忍貪腐只是單純共犯結構的必然結果，因為他必須回饋在總統大選中為其出錢出力的支持者。

　　此外，積累龐大債務也造成各界對貝尼亞政府的嚴厲批評。政府的負債占國民生產毛額的比重從 2012 年的百分之三十三‧八，上升到 2017 年的百分之四十六‧四。為此，貝尼亞政府提出財政穩定計畫，以縮減公共支出來改變赤字趨勢。

　　再者，國際市場原油價格崩盤衝擊墨西哥石油業的出口成長，也因而減少墨西哥的財政收入。另外，川普執政及其保護主義論調，更造成市場瀰漫嚴重的不確定性。在其執政中期即 2015 年，通膨僅百分之二‧一，為史上最低；然而 2017 年年終，則飆升至百分之六‧七。

　　至於匯率，貝尼亞執政期間，墨西哥披索兌美元大幅貶值近百分之六十五。分析師表示，這是內外因素造成。墨西哥的匯率兌換深具彈性，此貶值主要是因為墨西哥日益依賴外匯存底，而外匯存底具有高度的變動性。筆者覺得，墨西哥的發展應多仰賴內部的儲蓄。

第二節　2018 年大選與羅培茲主政

一、2018 年大選

1.大選進程

2018 年墨西哥大選正式開跑，堪稱是史上最大規模的一次選舉。將會選出包括總統、參眾議院議員與各級地方首長等一萬多個職位。其中選民約八千九百萬人，有一千三百萬人是十八至二十三歲年輕一代的首投族。根據研究報告指出，由於墨西哥人口紅利高，年齡分布較為年輕，故十八至三十五歲選民的政治意向將會是影響這次大選的關鍵。

總統競選期間，聲勢最大的是左翼民粹政黨「國家復興運動」的候選人羅培茲，他誓言大力打擊貪腐並推動銀行國有化，且高喊「窮人優先」與推動各項社會福利制度。此外，他主張強化國內市場需求，減少對美國在貿易與經濟上的依賴，並直接抨擊川普對墨西哥的政策與發言。這些主張讓他以超過百分之二十的民調支持率領先國家行動黨候選人、年僅三十九歲的安納亞 (Ricardo Anaya) 與執政黨候選人梅亞德 (José Antonio Meade)。

截至目前為止，墨西哥傳統兩大政黨：執政的革命制度黨與保守的國家行動黨長期輪流掌權已經將近一個世紀。特別是目前墨西哥社會正面臨暴力、貧窮與毒品等三大難題。而且貝尼亞 2012 年 12 月執政以來，經濟發展遲緩，政府亦無法兌現選前承

諾，有效解決毒品犯罪與社會暴力。因此民眾對羅培茲多半寄予厚望，希望用選票教訓過往的執政黨。

　　不過不少外界人士認為羅培茲的崛起仍帶有不小的風險，他的口號雖喊得響亮，但卻沒提出具體的施政與改革措施，且其激進左派的政治立場與社會主義路線，恐將會使墨西哥因政策走向背負大量債務，拖垮經濟。整體而言，墨西哥民眾期盼新政府能為深陷貧困與犯罪猖獗的墨西哥，帶來嶄新的政治局面。

圖 43：羅培茲・歐布拉多 (Andrés Manuel López Obrador)，1953 年出生於墨西哥塔巴斯科州 (Tabasco)，是左翼民粹主義和民族主義人士，曾三度參選，終於在 2018 年 7 月當選總統。

1973 年，羅培茲就讀墨西哥國立自治大學政治學暨公共行政系，期間因投入革命制度黨及塔巴斯科州政府的工作，一直到 1987 年才完成學業。1976 年加入革命制度黨，投身政治。隔年，擔任塔巴斯科州政府印第安事務局主任，對該州印第安人有重大貢獻。1984 年返回墨西哥城，任職於國立消費者協會。

1988 年，他加入新政黨——國家民主陣線，後來改成民主革命黨 (Partido de la Revolución Democrática，簡稱 PRD)。1994 年，再次參選塔巴斯科州州長，但仍不幸失利，隨後於 1996 至 1999 年，擔任民主革命黨黨主席，期間該黨獲得從 1989 年創黨後，最佳的選舉成果，在眾議院成為第二大黨，並贏得薩卡特克等州州長以及大幅提高該黨

在全國的知名度。

2000年，他當選墨西哥市民選市長。就職後，他致力興建國民住宅、援助弱勢團體，以及建立零容忍政策以減少墨城的犯罪率。此外，他也主導墨西哥市歷史中心的修復與重建，以吸引更多的觀光客。同時他大力推動興建多層道路，以解決多年來墨西哥市聯外交通阻塞的情況。

在擔任市長期間，羅培茲每天早上邀集媒體記者舉行記者會，暢談每日工作內容及施政重點，同時宣布在法律規定每年應向市議會提出施政報告外，將每季向議會提出工作報告。另外，他主張參與式民主，因此率先每兩年諮詢民眾是否同意他續任，兩次都獲得超過百分之九十市民的支持。此外，在進行重大建設及決策時也都會諮詢民意。由於諸多的改革與創新作法，以及完成近百分之八十的競選承諾，他成為墨西哥最著名的政治人物之一。卸任時，民眾滿意度高達百分之八十四。

2005年，他提前辭去市長職務，宣布投入2006年墨西哥總統選舉。結果以百分之〇‧五六微弱差距敗給卡爾德隆。不過隨後他聲稱選舉舞弊並拒絕接受選舉結果，並在接下來的幾個月中，領導民眾在墨西哥市改革大道及憲法廣場進行抗議。2006年9月5日，國家選舉法庭裁決選舉結果公正，卡爾德隆將成為下一任總統。但是，支持者仍稱羅培茲為「合法總統」，在憲法廣場舉行就職典禮，甚至還成立了政府。

2012年，羅培茲再次成為民主革命黨、勞動黨和公民運動聯盟的候選人，參加總統大選，獲得百分之三十一‧五九的選票，再次失利。隨後，他離開民主革命黨，籌組國家復興運動 (Movimiento Regeneración Nacional, Morena)。2018年，羅培茲第三度參選。他主張提高對年輕人和老年人的經濟補貼、特赦毒販、取消新國際機場興建計畫、公投中止墨西哥石油公司壟斷、興建更多石油精煉廠、減少政治人物的薪俸與補貼、將總統官邸改成文化中心、出售總統專機、重大問題包括

其任期由公民投票決定、將內閣部會遷往各州等重大競選諾言。最後，他以百分之五十三·一九的得票率贏得總統大選，這是 1988 年以來，首位得票率過半的墨西哥總統。他領導的政黨也在國會選舉中勝出，取得完全執政地位。

雖然媒體指稱羅培茲為新教徒，但他堅稱自己是羅馬天主教徒。此外，墨西哥人眾所皆知他常不留情面地批評墨西哥各機構，因此遭指控是地下共產黨以及和查維斯的玻利瓦爾革命有密切關聯。再者，他也常批評政治及商業精英為「權力黑手黨」。英國《經濟學人》批評羅培茲對現代經濟與民主政治的運作沒有想法、法治觀念淡薄、鄙視墨西哥最高法院等獨立機構，還規劃糧食自給自足及建立煉油廠等沒有商業意識的政策。最後，羅培茲宣布繼墨西哥獨立、改革及大革命後，將發動「第四次變革」(La cuarta transformación)，進行一場邁向和平的轉變。

2.羅培茲勝選因素

在 2018 年 7 月 1 日的大選中，羅培茲以百分之五十三的高得票率，成為墨西哥數十年來第一位左翼總統。而且其所屬的「國家復興運動」，也分別在國會參、眾兩院取得相對多數席次，有利日後政策之推動。

這次大選羅培茲能以過半數得票率贏得大選，綜合各界看法分析如下：首先，他大聲疾呼反貪腐。這是羅培茲在競選期間最大也最受歡迎的政策承諾。他曾不斷重申，貪腐是政體腐化的結果，不但是造成墨西哥社會與經濟不平等的罪魁，更是暴力橫行的禍首。因此，他承諾當選後將從基礎建設招標和大型能源建設著手，強力掃除貪腐。

其次，調整對美國的關係。在競選時，羅培茲認為強硬反擊

美國川普政府對關稅和邊境等問題的看法，將能讓他在大選中獲得壓倒性勝利。他同時表示，將讓墨西哥在政治和經濟上，減少對美國的依賴。他還承諾，將修正墨美邊境難民政策，決不會向川普政府大規模驅逐非法移民的政策屈服。

第三，他表示可能放棄緝毒和打黑。自從前總統卡爾德隆從2006年在美國的支持下重啟緝毒戰爭以來，墨西哥幾乎成為毒品與暴力的代名詞。僅2017年，全國謀殺案件累積二萬九千多起，其中百分之九十五尚未偵破，這些案子絕大多數與毒品走私貿易有關。因此，羅培茲在提出大變革時，承諾將全面停止長期以來不具成效的緝毒戰爭和以武力打擊販毒集團的策略。他說將考慮以大赦、寬恕毒梟以及對等談判等方式，來終結曠日廢時的緝毒戰爭。

第四，推動社會福利。羅培茲在競選時，承諾將透過國家調控來振興經濟，同時調整稅收與財富分配政策，還保證養老金加倍。不過，對於長年經濟不振的墨西哥，提高老人和社會底層人士收入的錢從哪裡來？對任何政府而言都是巨大挑戰。

二、羅培茲半年施政作為與評估

2018年12月1日就職後，羅培茲誓言為墨西哥帶來重大的變革，他表示此變革的重要性，可以比擬1821年脫離西班牙獨立、1860年代的改革，以及1911年墨西哥大革命。不過在上任六個月後，他所誓言建立的新墨西哥，似乎還只是個空中樓閣。

1.在打擊貪腐與社會安全方面

在競選時，羅培茲誓言打擊貪腐。可是上任半年後，他遲未起訴任何貪腐官員或重量級人物。相反地，根據墨西哥報業調查組織「墨西哥人反貪腐及逍遙法外」(Mexicanos contra la Corrupción y la Impunidad)，在執政初期三個月，羅培茲政府未經競標，直接核定百分之七十以上的政府標案；而且公共部門依然充斥貪腐，公然收受紅包以簡化程序並加速核發許可證，同時存在許多利益衝突現象。這代表羅培茲誓言打破墨西哥傳統政治的承諾已經跳票。

事實上，投資者最擔憂的仍然是，政府與負責執行法律公務人員間的共犯結構。雖然墨西哥公共及私人部門的貪腐全球各國時有所聞，但政府與犯罪組織間勾結所造成的恐嚇與威脅，才是墨西哥法治社會最嚴峻的挑戰。

在安全方面，羅培茲在選舉時承諾，當選後將會撤除在街上執勤的軍人，這代表大幅改變過去打擊犯罪的爭議策略。該策略在過去曾造成人權侵害事件。不過上任後他卻保證軍隊在安全上仍扮演重要角色，而此時墨西哥凶殺案卻達到近二十年來新高。

在移民方面，羅培茲上任初期，極力歡迎來自中美洲的移民並強力批評前任政府所執行的法規。但稍後，其政府採取強硬政策，大量逮捕及遣返來自中美洲及其他國家的移民。此外，羅培茲違反選舉時的承諾，沒有阻止川普在美墨邊境所採取的強硬措施；相反地，為了避免與其最重要的貿易夥伴美國發生衝突，羅培茲還常常順應川普的移民政策。

2.與媒體關係及民意支持度

羅培茲上任後，常對媒體發表威脅性聲明，甚至表示記者應該節制自己的行為，並表示如果超過界線，須自行負責後果。這些威脅言論讓墨西哥成為全球新聞從業人員最危險的國家之一，在其執政後，至少有六名記者遭到殺害。

然而羅培茲在墨西哥依然大受歡迎，民眾滿意度高達百分之六十以上。這主要是因為他了解過去執政者與民眾間存在隔閡，因此他承諾減少兩者間的距離，一上任就出售總統專機，改搭一般客機到全國各地訪問及視察。他也將總統府改造成文化中心，同時減少政府高官的薪資並提高基層人員待遇。他還要求所有公務人員必須申報財產及迴避可能的利益衝突。這些作為顯示羅培茲重視普羅大眾的利益，這樣的墨西哥領導人從前少見。從前，墨西哥國家領導人通常疏遠且不太關心底層民眾。

此外，總統府發言人表示羅培茲總統未來將修改憲法，把貪腐、盜用燃料及選舉舞弊視為重大罪行。同時宣布將針對《勞動法》及《教育法》等進行更多的法規修正。

3.基礎建設與對抗貧窮

新總統在國會參、眾兩院掌握多數席次，以及因為反對派分裂，無法對羅培茲形成有力的制衡，這讓他有更大的空間來兌現競選諾言。但這也引起評論家擔心他時常展現的挑釁態度。

在國會掌握多數席次，使得他一就任就宣布取消興建投資金額高達一百三十億美元的新機場計畫，並提出替代方案。但該替代方案並沒有經過仔細的研究與評估，而且無法解決目前機場嚴

重飽和現象，更無法讓墨西哥成為拉美的轉運中心。這是羅培茲政府嚴重的錯誤決策，將疏遠支持他的廣大民眾、造成企業界對他的不信任，而且會持續困擾他直到任期結束。

再者，仗恃國會多數，在執政初期半年，他堅持推動兩項效果遭質疑的基礎建設。一方面在墨西哥東南部興建馬雅鐵路，另外則是興建兩座新煉油廠，以停止從美國進口汽油。如果他堅持推動這兩項建設，將導致墨西哥生態的嚴重浩劫與數十億美元資金的浪費。因為興建馬雅鐵路尚未經過對環境衝擊的嚴格評估、未和受影響的部落群體溝通，也還不知道是否如政府所期待，將受到旅客及地方人士的大力歡迎。

事實上，與其對墨西哥石油公司不斷投入大筆經費，羅培茲政府應該考慮積極推動墨西哥極具潛力的再生能源工業。並利用大選中壓倒性勝利所積累的高度政治資本，提出激進的能源及基礎建設方案，將墨西哥建立成為區域的典範。

此外，羅培茲宣布多項新計畫來協助貧窮民眾，這也是他重要的競選政見之一。雖然各界質疑經費從哪裡來，但他說如果計畫成功，任期結束後將可以讓約二千萬墨西哥民眾脫貧。再者，這是數十年來，首次有墨西哥總統對普羅大眾表示，對大眾感覺被排斥及被輕視，他感同身受。

4.人格特質與影響

羅培茲上任後，每天孜孜不倦地工作，特別是每天早上六點準時召開電視記者會，贏得許多墨西哥民眾的認同與好感。他回答記者對日常工作的提問，話題包括基礎建設到棒球，幾乎無所

不談。而前任的貝尼亞，在其任內只召開過幾次記者會。

　　有道是，言多必失。在每日的記者會中，可以觀察到羅培茲易怒、愛說大話，而且喜歡以冗長、模糊以及自言自語的方式回答問題。此外，他經常公開抱怨記者，這也助長他的支持者攻擊記者。事實上，羅培茲不只向民眾毀謗記者，也向全國各州州長及市長傳達這項訊息，造成類似攻擊記者的事件不斷發生。但是羅培茲政府卻認為這類的衝突是健康的，在任何民選總統國家這都是正常的現象。總統府新聞室甚至表示，無論如何媒體還是可以批評政府並提出異議。同樣地，政府也可以每天辯解及回應記者的提問。

　　此外，穆迪信評機構指出，羅培茲政府對策略性產業的許多政策走向缺乏透明度及可預測性不佳，以及政府支出政策是以犧牲公共投資而將資源重新分配到社會領域，這讓眾多國內外投資者卻步。而且，羅培茲上任不久後，其財政部長烏蘇亞 (Carlos Urzúa) 即因與總統對國家發展計畫意見不同而宣布辭職，這顯示某些政府高層並不同意總統所宣布的指示與政策。這些情況再度加深投資者擔憂羅培茲政府的不確定性。

　　從 1990 年代起，墨西哥經濟積極向全球開放並融入全球化。今天墨西哥是與全球市場最連結的國家，也是極具潛力的進出口國，同時簽署二十多項自由貿易協定，並積極參與許多多邊組織。

　　然而，從上任前兩年多來，羅培茲從未離開墨西哥，甚至婉拒日本政府邀請出席 2019 年夏天在日本大阪舉行的二十國集團會議。評論家表示，羅培茲婉拒出席非常可惜。因為在美、英、

法、德、日本與加拿大等重要國家元首出席的場合,羅培茲可以藉此發表演說,闡明其政府的定位及政策走向。

　　事實上,墨西哥在全球許多議題的態度與動向,舉足輕重,因此羅培茲應積極參與並發言。出席 2019 年 9 月召開的聯合國大會將會是一個轉折及好的開端。他可以藉此向全球仔細說明墨西哥的現狀與前景,以及國際社會可能面臨的挑戰。

5. 掃毒與打擊暴力

　　羅培茲在記者會表示,政府已經逐步解決嚴重的暴力犯罪等諸多問題,且謀殺事件沒有持續增加。然而政府公布的資料顯示 2019 年謀殺事件成長高於 2018 年,這是墨西哥政府公布這項數據以來最糟糕的紀錄。此外,目前羅培茲打擊暴力的策略正是他曾表示要放棄的前朝作法。前面兩任政府,核准軍隊帶領反毒戰爭,但此作法並未嚇阻毒品走私及暴力。因此競選時,羅培茲承諾會採取不同策略。然而,即將上任前,他改變意見,建議成立由軍人領導並由軍人與聯邦警力組成的新安全部隊,以便在全國打擊犯罪。雖然稱為國家憲警的新安全部隊由文人領導,但評論家認為,新的方案恐怕只是舊酒換新瓶而已。

　　在保護人權方面,軍隊在過去表現不佳,但政府表示已經和聯合國簽訂協議協助進行訓練。此外,政府官員表示,除了武力訓練,投入大量經費以打擊問題的根源——貧窮及缺乏工作機會,更是羅培茲政府國家安全策略的重要環節。

　　此外,長期而言,羅培茲政府應該取消禁止毒品的政策,並要求他所掌控多數的國會立法規範毒品。專家建議,墨西哥應在

2019年結束前，讓大麻在醫療及其他方面的使用合法化。同時也全面討論嗎啡及其他毒品的開放問題。另外，羅培茲政府應堅定要求美國政府負責管理槍枝非法走私至墨西哥，以及資助預防方案，避免毒品充斥於雙方國家。

6.能源政策

在能源方面，羅培茲拒絕繼續執行貝尼亞政府開始執行的開放私人投資能源產業，而預計投入大筆國家資金，以恢復政府掌控墨西哥國家石油公司及聯邦電力委員會，讓能源工業再度成為墨西哥的榮耀及經濟發展的動力。

專家表示，羅培茲政府計畫恢復能源工業國有化，這決策背後存在濃厚的意識形態。能源專家進一步指出，恢復墨西哥石油公司國營，代價高昂，且不具效益。目前該公司負債高達一千億美元，而且產能是近四十年來最低。

7.移民問題

在移民面，羅培茲採取的政策極具爭議。就職後他承諾，對移民將採取較人道的作法，而非前朝非常嚴格的措施。一開始，他展開雙臂歡迎外來移民，特別是給中美洲移民一年期的人道簽證，允許他們在墨西哥工作和旅行。然而，因問題叢生，以及在美國總統川普的施壓及墨西哥社會的反對聲浪下，該政策戛然而止。不過，羅培茲還是承諾將善待移民，並計畫在墨西哥南部及中美洲投資數十億美元，來處理導致民眾移民他鄉以尋找工作機會的貧窮問題。

8.經濟發展

川普在全球各地特別是對中國掀起的貿易戰,將會降低川普對墨西哥的施壓並在短期內將對墨西哥外貿相對有利。目前在全球經濟面臨美元走貶以及國際情勢混亂,墨西哥或許尚能倖存。但萬一爆發全球危機,墨西哥將缺乏任何防護措施。

⑴債務壓力與投資發展

在貝尼亞執政期間,墨西哥政府大量對外舉債,債務占國內生產毛額從百分之三十提高到百分之五十,單單是墨西哥石油公司債務就高達一千億美元。此舉讓羅培茲非常頭痛,表示絕對不再借貸,並認為舉債是資產階級壓榨勞動階級財富的伎倆。因此羅培茲政府限制舉債措施,以及決定在不減少社會支出下,減少政府開支,此政策深獲好評。然而,即便羅培茲政府採取上述措施,墨西哥傳統的權力結構仍然不動如山。

雖然羅培茲曾表示新自由主義等同於貪腐,但事實上,發展該主義也曾讓墨西哥繁榮與進步。在 1981 年新自由主義最興盛時期,整體投資占墨西哥國內生產毛額百分之三十,而其中百分之十一是公共投資;而 2017 年,整體投資只占國內生產毛額百分之二十二,其中私人及政府投資分別占百分之十九及百分之三。這代表實施新自由主義期間,公共投資減少百分之八,而私人投資也沒有增加。亦即,即便政府完全退出投資市場,私人資本仍無法填補國家發展經濟所需的資金缺口。因此,專家表示,為了翻轉此現象,必須徵收墨西哥在富比士排名富豪的財產,並將墨西哥的企業、銀行以及金融組織由全體工作人員以民主方式管理。

⑵年金改革

　　1997 至 2007 年間，墨西哥政府將年金管理私有化。期間管理者未用心管理，而且不論基金賺賠與否，他們都能拿到傭金。此掠奪代表政府逃避給予勞動者年金的責任。為此，羅培茲政府的作法並非將此體制重新國有化，而是應擴大投資。專家認為，長期而言，年金問題將會是社會衝突的焦點。雖然目前問題未顯嚴重，但未來五年，當要開始給付年金時，勞動階級將發現一無所有。年金能否永續，不只是不存在貪污就可以，而是要讓體制合理化，並成立國家管理機制。

　　羅培茲強調社會和諧是墨西哥第四次改造能否成功的關鍵，但專家認為社會和諧是目的而非手段。當剝削與暴力終結，才有社會和諧的可能。唯人民生活獲得改善，才能避免階級間的衝突。

　　不像革命制度黨，國家復興運動沒有機制及力量來指揮及管控工人、農民甚至學生的運動。這是其優勢，國家復興運動應善加利用，讓各行各業有發聲的管道。當民眾能夠真正當家作主，其權利的恢復才會有所進展。羅培茲半年的執政顯示，真正的社會衝突還未形成。

⑶亮麗的相關指數

　　稅收更多及薪資提高是羅培茲執政半年的重要成就。此外，在川普威脅下，墨西哥對美貿易仍表現不俗。在薪資方面，在 2019 年第一季，正式及臨時職缺薪資都有復甦的跡象。而稅收方面，和貝尼亞政府比較，羅培茲政府的表現更加優異，2019 年第一季稅收總額高達三‧一兆披索。

第三節　墨西哥問題評估與前瞻

一、問題分析

1.墨西哥經濟三型態

　　從經濟觀點來看，至少存在三種完全不同的墨西哥。首先，墨西哥主要的外銷產業擁有世界級水準的技術，其組織體系現代化且與世界各國皆有貿易上的往來，如墨西哥的汽車工業不僅是美洲汽車工業重鎮，更外銷到世界各地。而墨西哥本身充沛的勞動力與人口紅利，亦被各國視為未來拉美的經濟潛力股之一，但仍需大量投資以創造更多的就業機會。然而這些外銷產業的薪資雖然在墨西哥比其他行業高，但仍遠低於其他已開發國家，甚至低於中國的薪資水準。

　　其次，墨西哥的經濟發展多半致力於生產國內市場所需，科技水準不一，從非常現代化到非常落後皆有所見，甚至有些還處於手工業階段。其組織通常都不完善，只有少數的組織較為現代化及有效率，而且工作機會少、薪資低。

　　第三，墨西哥十分盛行非正規經濟，亦即在非正規部門中從事經濟活動，通常此類工作並無太多學歷、技術需求，然而其薪資水平與勞動權益皆不易受到保障，而多數墨西哥人都從事此種經濟活動類型。

2.墨西哥經濟缺乏鏈結

在昔日，墨西哥經濟三型態具有某種程度的整合。因此，當其中一種類型成長，會帶動其他兩種的發展，但目前情況迥異。高度發展的外銷產業，雖然成長強勁，但幾乎與另外兩種完全脫節，無法帶動其成長。不只三種經濟型態間的鏈結脫節，甚至每種型態本身也有與市場脫節的現象。而且，每個型態的生產鏈本身不同，串連三者間的鏈結也迥異。目前，問題的嚴重性在於串聯這三種經濟型態的鏈結消失，而每個經濟型態本身內部的鏈結也不見。因此，外銷產業的重大成長，無法拉抬其他產業，所以只能為墨西哥整體創造平庸的成長。

3.經濟成長帶來分配不均

雖然墨西哥整體財富增加，但集中在少數人手中。這並非偶然，而是成長結構體系下的產物，並只有利於少數人。通常，墨西哥外銷經濟產業利用低薪、高科技及良好組織，讓其具備國際競爭力；另外，供給內需的產業，在面對跨國企業高科技及完善組織及良好效率時，只能下調薪資減低成本，以便與跨國企業競爭；再者，非正規經濟只能竭盡所能維持生存，或往外移民以找尋機會。墨西哥普遍的低薪現象，造成內部市場需求微弱，並阻礙經濟成長。

4.積極推動外銷產業

墨西哥經濟政策著重在外銷產業，但因為缺乏本身內部的鏈結以及幾乎沒有和其他產業接軌，造成此龍頭產業形單影隻且無法拉抬其他產業發展，而且利潤都流向少數人手中。目前墨西哥

的經濟政策有利於外銷產業發展，解決之道在於結構性的改革。

　　此外，犯罪現象廣泛及多元，而且存在於三種生產型態，並深刻影響出口經濟、內部市場經濟及非正規經濟。在各種領域，犯罪不斷擴大而且成為經濟的重要部分。(1)企業隸屬於犯罪組織且其領導人知曉；(2)犯罪組織參與企業很深，但領導人不知道或只是懷疑；(3)有犯罪資金參與，但領導人對此情況沒有概念。不過，也有許多企業體質良好，沒有受到犯罪組織的影響。

5.跨國企業及金融業影響力大

　　大型跨國企業，如：亞馬遜、臉書、蘋果等比大部分墨西哥各州的權力和影響力都還大。此外，世界及墨西哥金融產業掌控墨西哥的經濟，它不只影響墨西哥聯邦政府的運作，更深刻影響墨西哥衰弱、規模小及貪腐的各州的發展。

6.墨西哥經濟及社會情勢

　　因為前所未有的財政平衡及外匯存底，十七年來，墨西哥經歷物價、薪資、利率及匯率非常穩定的時期。這所謂的總體經濟穩定，是透過有計畫地減少公共支出、嚴格管制信貸、抑制薪資、擴大出口及內部市場蕭條所形成。

　　然而有三個因素深刻影響墨西哥的經濟及社會發展：(1)因為失業及缺乏機會，墨西哥社會出現大量的貧窮民眾；(2)許多社會族群傾向於不遵守法律；(3)國家缺乏工業及貿易政策以刺激生產投資。

(1)失業及貧窮

　　墨西哥勞動力人口高達四千萬，年增長率約為百分之三，亦

即每年有一百二十萬人加入勞動市場。在經濟高成長時期，正規
經濟每年約可創造四十萬個就業機會，因此其他的八十萬人被迫
從事非正規經濟、移民至美國或加入犯罪組織。亦即，墨西哥的
貧窮加上每年增加的大量失業人口，為墨西哥人從事非法活動提
供成長的溫床。缺乏機會的直接因素是生產計畫的投資降低，因
此無法創造正式職缺。

(2)不尊重法律

在墨西哥缺乏尊重法律的文化，並非新鮮事，可以追溯到西
班牙殖民時期。調查顯示，墨西哥在全球各國中，尊重法律的程
度相對低。在墨西哥，只有在有明確的處罰條款及當局有能力執
行時，人民才會遵守法律。

此缺乏尊重法律的文化，因素很多，其中兩項最為重要。首
先，現有的大部分法律都無法執行。可能是法律互相牴觸、過時
或不合宜，或者單純是當局缺乏足夠人力與能力來執行。其次，
是社會各部門對於法律的無知、害怕或蔑視。

對經濟情況不佳者而言，法律是一種外加的限制，他們認為
法律傷害他們而非保護他們。至於對經濟情況良好的人而言，則
覺得法律保護他們；但當覺得法律不利於他們時，會透過各種關
係，並想盡辦法來規避。上述兩種情況的結果相同，法律不被認
為是能在各領域被尊重、公平及廣泛實施的機制。

長久以來，墨西哥民眾認為，不分黨派及階級的官員都帶頭
違法，這也是導致一般民眾不守法的重要因素，並認為貪腐是墨
西哥社會進步的主要障礙。個人覺得，不遵守法律只是造成貪腐

的部分原因，因為貪腐還涉及政治、經濟及社會因素。

在經濟方面，社會各階層不遵守法律，這阻礙了政府有效執行經濟政策。例如徵稅，若民眾不遵守法律，則任何的稅法改革都將功虧一簣。為此，經濟學家建議，應該減少管制，但這恐怕會造成走私及剽竊風行。總而言之，墨西哥盛行非正規經濟及貿易，這是墨西哥政府無法執行法律及放棄管理的明證。

在政治方面，墨西哥某些群體或人民不喜歡現行法律，這遲早會導致墨西哥走上政府無法治理及社會分崩離析的道路。在墨西哥已經有許多地方的不同族群開始實行地方的慣例與習俗，以取代現行法律。這現象從墨西哥很多縣市宣布自治及使用私刑，可以獲得印證。

⑶缺乏投資、信貸及經濟政策

根據國際組織，墨西哥每年需要持續獲得不少於占國內生產毛額百分之二十五的投資率，才能維持每年的經濟成長、創造大量就業機會，並降低收入集中在少數人手中。然而，在過去二十五年中，包括納入外國投資，沒有任何一年的投資比例能達到占國民生產毛額百分之二十五的目標。

從 1980 年代初期，因為實施新自由主義，墨西哥政府大幅減少在總投資金額中的比例。這迫使政府私有化獲利良好的國營企業，並出清虧損的企業。因為這些因素及政府預算窘困，新的公共投資大幅減少。然而實施新自由主義這三十年來，雖然政府投資減少甚至退場，私人投資卻無法填補缺口；此外因私人經營不善，政府被迫花錢承接像高速公路、國內航線及銀行等企業。

1982 年，墨西哥羅培斯．波提約 (López Portillo) 總統將銀行收歸國有，以防止資金外逃，而且當時並沒有如評論家預測爆發金融災難的情事。相反地，在薩利納斯執政時期，因執行新自由主義，墨西哥再度將銀行私有化，並讓非專業人士經營，造成墨西哥銀行業再度脆弱。此外，加速開放金融業，也導致大量投機資本湧入。再者，高估墨西哥披索幣值，造成墨西哥金融體系更加脆弱。

因此，在塞迪約 (Zedillo) 政府時終於爆發金融危機，其主因是匯率決策錯誤，該危機導致墨西哥銀行業的倒閉及債權人的嚴重損失。因此，為了挽救銀行業，政府決定緊縮國內信貸，不利於提供便宜及合宜的信貸來資助各種生產活動，特別是農村的生產。目前，墨西哥銀行體系掌控在外資手中，具有豐厚的利潤及高度的投機性。

此外，1994 年的金融危機及之前的金融開放，造成墨西哥資金長久外逃，其金額相當於墨西哥公共外債的總額。為了避免擴大貨幣流通及防範資金大量外逃所造成的 1976、1981 及 1994 年的金融危機，墨西哥政府幾乎凍結使用外匯存底。

墨西哥對於生產的低投資並非缺少信貸，而是受到新自由主義的影響，政府缺乏工業及農牧業政策。此外，因為缺乏貿易政策以及缺乏明確的定義及外資投資規定，這是國內外私人資本不願意投資的根本因素。

7.墨西哥外交政策探討

在整個二十世紀，墨西哥至少有兩種執行外交政策的模式：

革命制度黨的外交模式 (1933–1986)，以及從 1986 年開始轉型的
新模式。第二種模式是主張新自由主義、全球化、自由貿易、著
重發展主義政策以及偏向西方世界以符合新國際秩序的政策，其
主要的改變在於如何與國際人權接軌以及裁軍等方面。

　　然而羅培茲上臺後，重新規劃新的外交政策模式，其最大變
革在於全力發展與中美洲地區的合作以及執行正統的外交政策，
藉以打破墨西哥近三十年的外交模式。羅培茲的座右銘是「最好
的外交政策就是內政」。

　　此外，近三十年來，墨西哥外交政策的執行與國際經濟的變
化息息相關。 1986 年 ， 墨西哥加入關稅暨貿易總協定 ， 並於
1992 年與美、加簽署《北美自由貿易協定》。當時，這被稱為墨
西哥史上最成功的經濟整合進程。重新談判後，該協定改稱為墨
西哥、美國與加拿大間的協議 (T-MEC)。目前墨西哥有一千四百
萬個工作機會依賴三國國會是否批准此協議。此重啟協議內容包
含：原產地規定、勞動標準、紡織及汽車工業、爭端解決方式、
農業貿易以及政府採購等議題。

　　目前，墨西哥簽訂十一項自由貿易協定，能和四十六個國家
自由貿易，產品能進入擁有十五億消費人口的市場。而且，墨西
哥是美洲大陸第四大經濟體，而僅次於巴西，是拉美第二大經濟
體，更是全球講西班牙語人口最多的國家。此外，它是全球第十
五大經濟體、全球第十三大出口國及第九大進口國。其一億二千
四百萬的人口，面積近二百萬平方公里，且和美國邊境長達三千
多公里。墨西哥是全球人口第十一大國，面積排名全球第十三。

因此墨西哥外交政策議題非常廣泛，包括移民、國際合作、人權、毒品管制、多邊體系、貿易、投資及氣候變遷等。

二、問題前瞻

因為不尊重法律、不管理經濟活動、經濟成長率低以及失業率上升，非法活動及移民現象不斷發生，而且目前往外移民還包括高學歷者。此外，因為在國外投資利潤及安全性都比國內高，資金仍持續外流。再者，出口企業已經和加工出口區工業沒有任何區別，不受任何管制也沒有任何整合方案。而且，倖存的墨西哥中小型企業主，無法獲得貸款與支持；更糟的是，政府沒有實施任何有利於他們的法規。因此，他們經常受到國內外壟斷集團的排擠。

目前，羅培茲政府延續過去以工會為主的政策轉型到以民眾為主的政策。但專家認為，問題的解決不在於修正及建立能夠執行的法規，也不是簽訂協議迫使經濟及政治人物遵守法律，更不是進行政治及經濟變革；其主軸應該是關注社會、特別是就業的基本需求。目前羅培茲政府的作法是憑藉其個人群眾魅力，及善用媒體宣傳來推動相關政策。但是，沒人知道他所提出的政策與變革目的為何及會將墨西哥帶往何處。相反地，變革之前由革命制度黨所掌控的工會，仍然屹立不搖。而且，社會問題不但沒有解決，反而更加惡化。同時，墨西哥無法治理的現象正悄然浮現。

在此情況下，墨西哥的真正轉型需要剛上任的羅培茲政府，率先關注上述提及的三大基本問題。這些問題唯有經由社會各領

域及政黨簽署社會協定才能有效解決，而且它有可能涉及大規模
修憲。此外，國家應恢復在經濟及社會發展的領導角色，但不可
藉此破壞民主，同時應注意美國政府及國際金融組織的想法。

　　這是艱難且無可規避的任務。若不執行，墨西哥遲早將會重
返革命制度黨時期那裝模作樣的民主模式；經濟發展模式搖擺不
定，有時向右，有時往中間靠。有時實行自由主義，有時則不然。
而且，在政治上總是盛行民粹主義。

Mexico

附　錄

大事年表

西元前 2000– 西元 300	墨西哥前古典期文化。出現了定居的農業村落和祭祀中心,製作陶器,出現象形文字,遺址分布在墨西哥各地。分布在墨西哥沿海低地的奧爾美加文化為較晚階段代表。
300– 900	墨西哥古典期文化。農業村落已發展為城市並出現巨型金字塔式建築。特奧蒂瓦坎和馬雅文化為此時期代表。
900–1520	墨西哥後古典期文化。主要文化代表有托爾特克、阿茲特克和馬雅文化。
1519–1522	科爾特斯征服墨西哥。
1521	西班牙征服者攻下阿茲特克首府特諾奇提特蘭城,阿茲特克帝國滅亡。
1522–1536	西班牙在墨西哥勢力擴張。
1522	西班牙國王卡洛斯一世任命科爾特斯為墨西哥大將軍暨統治者。
1524	十二位聖方濟會修士抵達墨西哥,開啟西班牙對此地思想信仰上的征服。
1528	西班牙國王卡洛斯一世命令成立第一個負責墨西哥行政及司法的檢審庭。
1535	設立新西班牙總督區。

1539	在墨西哥成立第一座印刷廠。
1544	頒布「新法」，因循序執行，阻礙享有領土的西班牙人在新西班牙總督區成為地主階級。德拉斯卡薩斯被任命為恰帕斯主教。
1545	一場流行病造成新西班牙總督區成千上萬民眾死亡。
1553	成立墨西哥皇家天主教大學。
1571	第一位宗教審判法官抵達墨西哥並成立第一座宗教審判法庭。
1572	首批耶穌會教士抵達墨西哥。
1576–1579	新西班牙總督區爆發最嚴重的流行性疾病。
1651	墨西哥著名女詩人德拉克魯斯誕生。
1692	玉米歉收，墨西哥城發生暴動。
1712	印第安人大規模起義。
1765–1771	西班牙國王派卡爾維斯巡訪墨西哥，有效提高稅收，促進貿易，確立行政劃分並由此衍生出目前墨西哥各州。
1767	西班牙國王卡洛斯三世驅逐耶穌會教士。
1778	在墨西哥城設立聖卡洛斯研究院。
1808	法國拿破崙軍隊入侵西班牙，墨西哥城市政府宣布主權在民。
1810	伊達爾哥神父帶領一批臨時集結的農民在多洛雷斯發起墨西哥獨立第一戰。
1811	伊達爾哥神父等人戰敗被捕就義。莫雷洛斯帶領起義軍持續作戰。

1821	伊圖爾維德發表伊瓜拉計畫，墨西哥獨立。
1822–1823	伊圖爾維德自封為墨西哥皇帝。
1824	頒布憲法，墨西哥合眾國正式成立。瓜達露佩‧維多利亞為墨西哥合眾國第一任總統。
1824–1848	發生二百五十多次軍事叛亂，更換了三十一個總統。
1836	德克薩斯州宣布獨立。同年西班牙終於承認墨西哥為一獨立共和國。
1846–1848	美、墨戰爭，墨西哥總統聖塔安納帶領民眾反抗美國入侵，墨國戰敗，簽訂《瓜達露佩條約》。
1854	公布「阿猶特拉計畫」，導致聖塔安納下臺並被放逐海外。
1856	頒布墨西哥第一部改革法——《雷多法》。
1858–1861	墨西哥自由派與保守派爆發慘烈內戰「改革戰爭」。
1861	胡爾雷斯所領導的自由派獲勝，但也導致經濟危機。胡爾雷斯宣布停止支付外債，導致英、法、西等債權國威脅入侵。
1863	法國軍隊攻占墨西哥城廢除胡爾雷斯政府。
1864	拿破崙三世任命奧地利皇帝的幼弟馬克西米連諾為墨西哥國王，稱馬克西米連諾一世。
1866	受困於普法戰爭，拿破崙三世自墨西哥撤軍。
1867	胡爾雷斯推翻馬克西米連諾，光復墨西哥城。
1872	胡爾雷斯去世，雷多繼任總統。

1876–1877	宣布 「圖斯特佩克計畫」 以防止總統連選連任 。 迪亞斯加入並主導此計畫。 雷多當選總統，但 1877 年被迫辭職，流亡海外。迪亞斯成為臨時總統，隨後當選正式總統。
1880	迪亞斯將總統大權移交給新總統岡薩雷斯。
1884	迪亞斯二度當選總統。
1893	迪亞斯割讓部分墨西哥的領土用以獲取英國承認。
1894	墨西哥獨立後國庫首次盈餘二百多萬披索。
1895	首次人口普查。和瓜地馬拉邊界糾紛解決。
1903	關閉反對派報紙。將總統任期由四年延長為六年。
1904	迪亞斯第七度當選總統。
1906–1907	爆發工人罷工及大屠殺。
1908	迪亞斯宣布其繼任人必須隸屬相關政黨，導致反對黨紛紛成立。
1909	反對迪亞斯連任聲浪日益高漲。美、墨雙方元首首次會晤。
1910	馬德羅發表「聖路易士計畫」，要求迪亞斯不得連任，11 月 20 日，爆發墨西哥革命。
1911	協議迪亞斯去職組成臨時政府。 10 月，馬德羅當選總統。三週後薩帕塔起義，公布「阿亞拉計畫」，要求土地與自由。
1913	美國支持維爾塔發動政變，結束馬德羅政權，並將馬德羅逮捕入獄，暗中刺死。

1914	美國入侵維拉克魯斯。維爾塔宣布辭職,卡蘭薩繼任。
1915	美國承認卡蘭薩政權。
1916	比亞攻打美國,美國軍隊進入墨西哥。在恰帕斯、猶加敦等地婦女取得選舉與被選舉權。
1917	頒布新憲法。卡蘭薩當選總統。
1919	政府派人暗殺南方革命領袖薩帕塔。
1920	奧布雷貢叛變,卡蘭薩被暗殺,奧布雷貢當選總統,開始墨西哥革命後的重建。
1923	美、墨重建外交關係。北方革命領袖比亞被暗殺。
1925	成立墨西哥中央銀行。
1929	墨西哥革命制度黨的前身,國民革命黨成立。
1934–1937	卡德納斯擔任總統,並將鐵路國有化。
1938	將石油國營化,國民革命黨改組成墨西哥革命黨。
1939	國家行動黨成立。
1940	卡馬喬將軍就任總統。
1942	墨西哥參加第二次世界大戰,對抗軸心國。
1943	成立墨西哥社會保險局。
1946	墨西哥革命黨改組為革命制度黨。阿雷曼當選總統。
1947	阿雷曼下令成立聯邦安全局及總統府侍衛隊。美、墨總統互訪。
1952–1958	魯伊斯克提內斯總統在位時期,開啟墨西哥經

	濟「穩定發展」階段。
1953	婦女獲得選舉與被選舉擔任公職權利。
1956	卡斯楚在墨西哥組織革命軍,開始古巴革命, 同時建立墨西哥當局與古巴革命分子的密切 關係。
1958–1959	鐵路及其他工會大罷工。
1962	美國總統甘迺迪訪墨。古巴飛彈危機,墨西哥 政府強力支持美國。
1964	迪亞斯奧爾達斯在墨西哥經濟穩定高度發展 時期當選總統。墨西哥反對美洲國家組織排除 古巴會籍。
1968	7 月,學生示威遊行抗議砲兵部隊的暴行。遊 行活動擴大,10 月 2 日,政府派兵鎮壓在三 文化廣場示威學生,造成大量傷亡。墨西哥承 辦奧林匹克運動會。
1969	美國尼克森政府在未知會下,強迫墨西哥合作 掃毒。從此掃毒成為雙方協商重要議題。
1970–1976	埃切維里亞擔任總統。政府在經濟發展上扮演 更重要的角色。政治逐漸開放。
1970	墨西哥舉辦世界盃足球賽。
1971	成立國家科技委員會,強化墨西哥學術研究。
1972	智利政變,墨西哥接受大批智利政治難民。
1975	修改民法,取消男女不平等待遇,同時允許實 施家庭計畫。
1976	羅培斯波提約當選總統。長達二十二年維持穩

	定匯率的墨西哥披索在9月貶值百分之六十，「墨西哥奇蹟」搖搖欲墜。
1977	修改《選舉法》，眾議員選舉採比例代表制。共產黨合法化。
1979	教宗保祿二世首次訪問墨西哥。
1982–1988	德拉馬德里上臺，進行墨西哥經濟體制改革與調整，實現對國際貨幣基金組織及世界銀行的改革承諾。
1984	成立墨西哥人權學會及人權中心。
1985	美國緝毒官員在瓜達拉哈拉遭暗殺，引起美墨關係緊張。
1986	國際原油價格大幅下滑。墨西哥加入關稅暨貿易總協定。奇瓦瓦州爆發選舉舞弊。
1987	革命制度黨開除夸特莫克‧卡德納斯等人，左派勢力組成全國民主陣線，並支持卡德納斯在1988年競選總統。
1988	革命制度黨候選人薩利納斯在反對黨抗議選舉過程不公聲中當選總統。
1989	國家行動黨候選人當選下加利福尼亞州州長，是墨西哥近代史上第一位反對派人士當選州長。民主革命黨成立。總統下令成立「國家安全及調查中心」。
1989–1993	薩利納斯政府加速國營企業民營化創造吸引外資條件。
1990	總統下令成立國家人權委員會。帕斯榮獲諾貝

爾文學獎。

1991	聖路易士波托西和瓜納華托州州長選舉舞弊經反對黨指控，原當選革命制度黨候選人下臺，由反對派遞補。
1992	天主教取得法人地位。美、墨總統及加拿大總理共同簽訂《北美自由貿易協定》，預計 1994 年 1 月 1 日正式實施。
1994	1 月 1 日，薩帕塔人民解放軍起義。3 月，革命制度黨總統候選人科羅西歐遭暗殺。4 月，墨西哥加入經濟合作暨發展組織。8 月，塞迪約當選總統。9 月，美國政府禁止墨國人民移民美國。
1994–1995	爆發墨西哥史上最嚴重的金融風暴。
1996	墨西哥國會修改《選舉法》，並依此成立獨立的聯邦選舉委員會。
1997	7 月 6 日的國會大選中，革命制度黨首次在眾議院中席次不過半。民主革命黨候選人夸特莫克‧卡德納斯當選墨西哥市首任民選市長。成立全國勞工聯盟。
1998	米契颶風造成恰帕斯嚴重水患。
1999	1 月，教宗第四度造訪。4 月，墨西哥自治大學發生學生罷課事件。9 月，夸特莫克‧卡德納斯辭去墨西哥市長，準備投入總統大選。11 月，革命制度黨首次舉行總統候選人黨內初選。

2000	7月1日，和歐盟簽訂的《自由貿易協定》貿易部分生效。7月2日，國家行動黨候選人福克斯當選總統。
2001	2月，布希就任美國總統，選擇墨西哥為首度出訪的國家。3月，墨西哥與薩爾瓦多、瓜地馬拉、宏都拉斯簽署《自由貿易協定》生效。福克斯總統提出「普埃布拉－巴拿馬計畫」構想。
2002	5月，墨西哥宣布提前償還五億八千九百萬美元的貼現債券。7月，墨西哥與巴西簽訂《自由貿易協定》。
2003	7月，墨西哥舉行期中選舉，革命制度黨以百分之三十四·四得票率居首。12月，中國與墨西哥建立戰略夥伴關係。
2004	墨西哥建立醫療社會保護制度。6月，墨西哥與烏拉圭簽署《自由貿易協定》。7月，墨西哥成為南方共同市場的聯繫國。8月，墨西哥與中國政府間成立常設委員會。墨西哥與中美洲國家簽訂《協調發展墨西哥南北－東南部地區協議》。
2005	墨西哥與美加簽署〈北美安全與繁榮夥伴計畫〉。12月，美國眾議院通過在美墨邊界修建一千一百二十六公里的圍牆。
2006	5月，巴斯孔賽眾國立圖書館啟用。7月，國家行動黨候選人卡爾德隆贏得總統大選。10

月，美國總統布希簽署法案在美墨邊境修建圍牆；墨西哥恢復與委內瑞拉大使級外交關係。12 月，卡爾德隆政府開始大力掃蕩毒梟與毒品販賣。

2007　　　9 月，卡爾德隆訪問印度。

2008　　　墨西哥全面恢復與古巴的關係。1 月，美墨取消最敏感產品的關稅和限制措施。5 月，墨西哥與歐盟建立戰略夥伴關係。7 月，墨西哥與中國建立雙邊戰略機制，簽訂《促進和相互保護投資協定》。8 月，甫當選總統的卡爾德隆訪問美國。9 月，美國金融危機全面爆發直接衝擊墨西哥匯率市場。

2009　　　4 月，墨西哥爆發 H1N1 流感重創其經濟發展。7 月，墨西哥眾議院期中選舉，執政的國家行動黨大敗。

2012　　　6 月，墨西哥與智利、祕魯及哥倫比亞簽訂《太平洋聯盟協定》；墨西哥與智利、祕魯和哥倫比亞簽署《拉美太平洋框架協定》；墨西哥宣布成為《跨太平洋夥伴協議》第十個談判國。7 月，革命制度黨的貝尼亞當選墨西哥總統，完成二次政黨輪替。12 月，貝尼亞就任墨西哥總統，並與在野黨簽署《墨西哥協議》，以利貝尼亞政府進行結構性改革。

2013　　　貝尼亞政府提出多項政策改革，包括 2013 至 2018 年國家發展計畫、國家對抗貧窮社會計

畫、《聯邦公共行政法》、《教育改革法》、《電信及經濟改革法》、《能源改革法》、財政改革等。2 月，以非法轉移資金罪名，逮捕教師工會會長柯迪約 (Elba Esther Gordillo)。4 月，貝尼亞訪問中國並出席博鰲亞洲論壇年會。5 月，貝尼亞接待美國總統歐巴馬。6 月，習近平訪問墨西哥，並發表演說。9 月，爆發美國國家安全局竊取貝尼亞的資料。12 月，貝尼亞簽署《石油改革法案》，結束墨西哥石油業的國有壟斷。

2014　1 月，聯邦政府公布《金融改革法》，進行銀行業的改造。2 月，貝尼亞出席第九屆北美領袖高峰會。3 月，貝尼亞宣布國家人權計畫。4 月，成立墨西哥國家選務局 (Instituto Nacional Electoral)。9 月，墨西哥南部格雷羅州 (Guerrero) 發生 43 名學生失蹤事件。11 月，墨西哥首開高鐵競標，因只有中國財團入標被指不公，計畫擱置。同月總統貝尼亞夫人遭舉發向政府承包商購買豪宅，醜聞纏身。

2015　2 月，貝尼亞訪問英國與英國女王伊莉莎白二世簽署《經濟、金融及文化合作協議》。4 月，墨西哥發行 6 億 2000 萬美元的 100 年期債券。5 月，米喬阿肯州警方與幫派交火，造成 46 位民眾及 1 名警察死亡。7 月，墨西哥大毒梟 「矮子」 古茲曼從高維安的監獄逃脫。11

月，墨西哥通過大麻合法化。12 月，通過幼
兒計畫綱領。

2016　1 月，古茲曼第三度被捕並被引渡到美國。2
月，貝尼亞接見教宗方濟各，成為第一位蒞臨
墨西哥總統府的教宗。8 月，全國在十天內發
生三起市長謀殺事件；貝尼亞邀請當時為美國
總統候選人的川普訪問墨西哥。9 月，美國總
統候選人川普要求重新談判，揚言退出《北美
自由貿易協定》。10 月，墨西哥聯邦警察逮捕
涉入 43 名失蹤學生事件的伊瓜拉市前警察局
長佛羅雷斯 (Felipe Flores Velázquez)。

2017　墨西哥凶殺案高達 3 萬 1174 件，為墨西哥史
上最高。 墨西哥債務占國內生產毛額比重從
2012 年百分之三十三‧八，到 2017 年提高為
百分之四十六‧四。1 月，墨西哥汽油價格自
由化，汽油漲價，民眾生活燃料支出大幅提
高。2 月，墨西哥行憲一百週年紀念。7 月，
貝尼亞參加在德國漢堡的 20 國集團元首峰
會，首次會晤美國總統川普。9 月，墨西哥南
部恰帕斯州發生芮氏 8.2 級大地震。10 月，加
拿大總理杜魯道國是訪問墨西哥。11 月，貝
尼亞出席在越南的亞太經合會。

2018　墨西哥披索累積貶值高達百分之六十五。外國
觀光客達 3930 萬人次，成為全球第六大觀光
國。4 月，川普批評民主黨及墨西哥政府，未

能阻止非法移民潮。7 月，墨西哥國家復興運動 (Morena) 候選人羅培茲贏得總統大選，同政黨的墨西哥市長候選人善寶 (Claudia Sheinbaum Pardo) 亦當選首位民選女市長，打破民主革命黨主政首都 21 年的紀錄。12 月，貝尼亞卸任，羅培茲接任總統。

2019　　1 月，政府給予中美洲移民一年的人道簽證並允許在墨西哥工作及旅遊，但數週後突然取消。3 月，成立國家憲警 (Guardia Nacional)。6 月，美國對墨西哥、加拿大和歐盟鋼鋁產品徵高關稅。

參考書目

中文部分

向駿等，《拉丁美洲研究》，臺北：五南圖書出版公司，2001。

李建忠，《簡明拉丁美洲文化詞典》，北京：旅遊教育出版社，1996。

李春暉，《拉丁美洲史稿》，下冊，北京：商務印書館，1983。

李春暉、蘇振興等，《拉丁美洲史稿》，第三卷，北京：商務印書館，1993。

李浩德，〈墨西哥合眾國〉，《萬國博覽——美洲大洋洲卷》，北京：新華出版社，頁 789–817，1998。

何鳳嬌，《排華史料彙編：墨西哥》，臺北：國史館，1993。

徐世澄，《一往無前墨西哥人》，北京：時事出版社，1998。

徐世澄，〈墨西哥與泰國金融危機的異同〉，《拉丁美洲研究》，第三期，頁 1–8，1998。

郝名瑋、徐世澄，《拉丁美洲文明》，北京：中國社會科學出版社，1999。

馬森，《墨西哥憶往》，臺北：圓神出版，1987。

雷根、斯勒辛格著，蔡朝旭譯，《薩帕塔》，臺北：鹿橋文化，2003。

楊宗元，《拉丁美洲史》，臺北：華岡出版社，1978。

楊清，〈薩利納斯的改革與墨西哥金融危機〉，《拉丁美洲研究》，第五期，頁 43–47，1995。

劉文龍,《墨西哥：文化碰撞的悲喜劇》,臺北：淑馨出版社,1992。

鄧中堅,〈墨西哥民主化的發展〉,《問題與研究》,第三十五卷第七期,臺北,1996。

錢明德、金計初,《拉美文化與現代化》,瀋陽：江海出版社,1999。

外文部分

Aguayo, Sergio. (1991) *Relaciones exteriores de México en la década de los noventa*. México: Siglo XXI.

Altolaguirre y Duvale, Angel de. (1954) *Descubrimiento y conquista de México*. Barcelona: Salvat.

Barocio, Alberto. (1946) *México y la cultura*. México: secretaría de Educación Publica.

Barriga Villanueva, Rebeca, et al. (1999) *México*. Madrid: Arco Libros.

Bernal Sahagun, Victor M., et al. (1990) *La Integración comercial de México a Estados Unidos y Canadá alternativa o destino?* México: Instituto de Investigaciones Económicas, Universidad Nacional Autónoma de México.

Borbón-Parma, Maria Teresa de. (1990) *Cambios en México*. Madrid: Tecnos.

Camp, Roderic Ai. (1993) *La política en México*. México: Siglo XXI.

Cárdenas, Enrique. (1989) *Historia económica de México*. México: Fondo de Cultura Económica.

Colegio de México. Centro de Estudios Históricos. (1994) *Historia general de México*. México: Colegio de México.

Díaz Fuentes, Daniel. (1994) *Crisis y cambios estructurales en América*

Latina: Argentina, Brasil y México durante el periodo de entreguerras.
México: Fondo de Cultura Económica.

Dunlop, Fiona. (1995) Descubre México. Leon: Editorial Everest.

Durand Ponte, et al. (1994) La construcción de la democracia en México: movimientos sociales y ciudadanía. México: Siglo XXI.

Eadie, Peter McGregor. (2001) México. Madrid: Anaya.

Galeana de Valades, Patricia. (1988) Benito Juárez: el indio zapoteca que reformo México. Madrid: Anaya.

González Casanova, Pablo. (1979) El estado y los partidos políticos en México, mimeo, México.

Graulich, Michel. (1990) Mitos y rituales del México antiguo. Madrid: Itsmo.

Hernán Cortés. (1982) Cartas de relacion de la conquiesta de México. Madrid: Espasa-Calpe.

Krauze, Enrique. (1994) Siglo de caudillos: biografía política de México (1810–1910). Barcelona: Tusquets Editores.

Krauze, Enrique. (1976) Caudillos culturales en la Revolución Mexicana. México: Siglo XXI.

Labastida Martín del Campo. (1988) "De la unidad nacional al desarrollo estabilizador" en América Latina: historia de medio siglo (2. Centroamérica, México y el Caribe). México: Siglo XXI.

Longhena, Maria. (1998) México antiguo: historia y cultura de los mayas, aztecas y otros pueblos precolombinos. Barcelona: Folio.

López de Gomara, Francisco. (1988) Historia de la conquista de México. México: Editorial Porrua.

MacLachlan, Colin M. & William H. Beezley. (1999) *El Gran Pueblo: a history of greater México*. N.J.: Prentice-Hall.

Mendieta Núñez, Lucio. (1986) *México indígena*. México: Editorial Porrua.

Proskouriakoff, Tatiana. (1994) *Historia maya*. México: Siglo XXI.

Quezada, Sergio Aguayo. (2000) *El Almanaque Mexicano*. México: Editorial Grijalbo.

Rodriguez Araujo, Octavio. (1991) *La reforma política y los partidos en México*. México: Siglo XXI.

Tajonar, Hector. (1988) *México*. Madrid: Anaya.

Vasconcelos, José. (1956) *Breve historia de México*. México: Cía. Editorial Continental.

Vaillant, George Clapp. (1995) *La civilización azteca: origen, grandeza y decadencia*. México: Fondo de Cultura Económica.

Vázquez, Josefina Zoraida y Lorenzo Meyer. (1994) *México frente a Estados Unidos: un ensayo histórico, 1776–1993*. México: Fondo de Cultura Económica.

Werner, Michael S. (1997) *Encyclopedia of Mexico: history, society & culture*. Chicago: Fitzroy Dearborn Pub.

圖片出處：2, 3, 21: Kal Müller. 4, 6: Rogelio Cuellar. 7: Michael Calderwood. 11: Claudio Contreras. 20: Catherine Karnow/CORBIS. 35: NARA. 36: Hector Garcia. 37, 40, 41: 作者提供. 38, 39, 42: Reuters. 43: Shutterstock

國家圖書館出版品預行編目資料

墨西哥史：仙人掌王國／何國世著.－－增訂三版一
刷.－－臺北市：三民，2019
　　面；　　公分.－－(國別史叢書)
　　參考書目：面
　　ISBN 978-957-14-6726-9　(平裝)
　　1.墨西哥史

754.91　　　　　　　　　　　　　　　1080166678

國別史

墨西哥史——仙人掌王國

作　　　者	何國世
發 行 人	劉振強
出 版 者	三民書局股份有限公司
地　　　址	臺北市復興北路 386 號 (復北門市) 臺北市重慶南路一段 61 號 (重南門市)
電　　　話	(02)25006600
網　　　址	三民網路書店 https://www.sanmin.com.tw
出版日期	初版一刷 2003 年 7 月 增訂二版一刷 2014 年 3 月 增訂三版一刷 2019 年 11 月
書籍編號	S750030
I S B N	978-957-14-6726-9

三民書局